KB108088

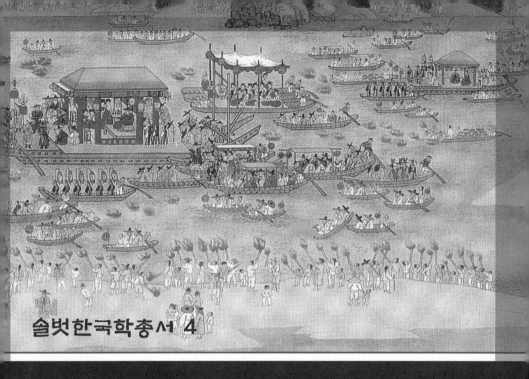

솔벗한국학총서 4

조선 후기 평안도 재정 연구

권 내 현

지식산업사

조선 후기 평안도 재정 연구

초판 1쇄 인쇄 2004. 11. 5.
초판 1쇄 발행 2004. 11. 10.

지은이	권내현
펴낸이	김경희
펴낸곳	㈜지식산업사
	서울시 종로구 통의동 35-18
	전화 (02)734-1978(대) 팩스 (02)720-7900
	한글문패 지식산업사
	영문문패 www.jisik.co.kr
	전자우편 jsp@jisik.co.kr
	jisikco@chollian.net
	등록번호 1-363
	등록날짜 1969. 5. 8.

책값   19,000원

ⓒ 권내현, 2004
ISBN 89-423-1082-6   94910

이 책을 읽고 지은이에게 문의하고자 하는 이는
지식산업사 전자우편으로 연락 바랍니다.

책을 내면서

　남북 정상이 분단 이후 역사적인 첫 대면을 이루었던 2000년 여름, 필자는 압록강에서 배를 타고 북녘 땅을 바라볼 수 있었다. 이성계의 회군지이며 조선 후기 청으로 가는 사신들이 마지막 여흥을 즐겼던 위화도 너머로 평안도의 끝자락인 신의주가 생생하게 눈에 들어왔다. 동북공정 문제로 소란스러웠던 올해 초에는 중국 동북 지역 답사 길에 얼어붙은 두만강가에서 잠시 머물 기회가 있었지만, 북녘 땅으로 들어갈 수는 없었다.

　최근 남북 관계의 급진전에도 불구하고 서로 오가는 일은 여전히 한반도를 둘러싼 정치 현실에 제약을 받고 있다. 남북 역사학자들 사이의 만남도 시작되었으나, 자유로운 학술 교류를 위해서는 앞으로도 많은 시간이 필요할 것 같다. 평안도 지역에 관심을 가지고 있는 필자 역시 당분간은 남아 있는 자료를 통해 역사를 재구성할 수밖에 없을 것이다.

　사실 남북 분단이라는 물리적 장벽은 역사 연구에도 많은 영향을 미쳤다. 필자가 대학원에 진학한 1990년 무렵은 조선 후기 향촌사회사 연구가 주목을 받던 때였다. 경제사 분야에서 축적된 성과와 1980년대의 사회 변화에 고무받은 연구자들은 조선 후기 사회 변동의 실상을 지역 단위에서 구체적으로 검증해보고자 했다. 이러한 분위기에 동참했던 필자는 얼마간 시간이 흐른 뒤 연구 성과를 정리하면서 의외의 사실을 발견했다. 연구 대상 지역의 상당수가 삼남에 한정되었을 뿐만 아니라, 그 성과가 조선 후기의 일반적 역사상으로 확대해석되기도 했던 것이다. 오랜 분단으로 말미암아 연구자들의 관심이 지금의 북한 지역으로까지 미치지는 못했고, 남아 있는 자료의 제약 또한 연구를 하는 데 한계로 작용한 것이라고 할 수 있다.

평안도에 대한 필자의 관심은 이러한 문제 제기에서 시작되었다. 그런데 자료를 탐독할수록 평안도는 흥미로운 지역이었다. 중국으로 이어지는 관문으로 국방·외교·무역의 요충지였던 평안도는 그 때문에 재정 운영의 독자성을 상대적으로 보장받을 수 있었다. 이 지역은 중국 대륙의 정세 변화와 조선의 대중국 정책이 일차적으로 접점을 이루었던 공간으로, 잇단 시련 속에서도 경제적으로 성장할 만한 기회를 지닌 곳이었다. 평안감사의 막강한 권력이나 중앙정부의 지역 재정에 대한 장악력 강화 시도도 이를 배경으로 한 것이었다. 필자가 이 책을 쓰며 저본으로 삼았던 박사학위논문 역시 이러한 내용을 심화시킨 것이었다.

논문을 쓸 당시 조광 선생님과 유승주 선생님은 좋은 결실을 맺을 수 있도록 오랫동안 필자를 이끌어주셨다. 돌이켜보면 연구 주제를 자유로이 오가며 새로운 분야를 개척할 수 있었던 것은 전적으로 이들 두 분 선생님의 덕이다. 사회사와 경제사에 두루 관심을 가지고 다양한 분야에서 활동을 할 수 있었던 것도 선생님들이 베풀어준 자유로운 학문적 풍토 때문에 가능한 것이었다. 아울러 정만조 선생님과 최완기 선생님 그리고 이헌창 선생님의 조언에 큰 힘을 입어 학위논문의 작성 과정에서 의욕만 앞선 채 정리하지 못했던 논리들을 정연하게 다듬을 수 있었다.

우리 사회는 여전히 내부 통합을 비롯해 주변국과 호혜적이면서도 평등한 관계의 정립이라는 과제를 안고 있다. 완성된 학위논문을 바탕으로 이 책을 보완하는 과정에서 필자는 이러한 과제들을 직시하지 않을 수 없었다. 우리 사회 내부의 갈등이나 남북 문제 그리고 주변국과 관계에서 어느 때보다도 실천적 관심이나 학문적 성찰이 역사학자들에게 요구된다고 하겠다. 그런 점에서 강만길·김정배·민현구·박용운 선생님을 비롯해 한국사학과의 여러 선생님들로부터 오랫동안 가르침을 받은 것은 진정 행운이었다는 생각이 든다.

필자는 이 책을 완성할 무렵 뜻하지 않게 모교의 역사교육과에 자리를 잡게 되었다. 학문이나 인격 면에서 부족한 필자를 인정하고 연구와 강의에 전념할 수 있도록 배려해주신 김현구·김택민·이병련·박현숙 선생님께 정중히 감사의 말씀을 드린다. 또한 오랫동안 비판과 격려를 아끼지 않았던 조선 후기 팀의 선후배와 동료들 그리고 단성호적대장의 전산화를 통해 유쾌한 학문적 교류를 가졌던 동아시아학술원의 여러 선생님들께도 고마움을 전한다.

6

이 책이 완성되기까지 필자는 일일이 열거할 수 없을 정도로 많은 분들에게 도움을 받았다. 빠른 시간 안에 이 책이 빛을 본 것은 전적으로 재단법인 솔벗 이온규 이사장님의 지원과 지식산업사 김경희 사장님의 배려 덕분이다. 두 분과 더불어 한 권의 책으로 완성될 수 있도록 깔끔하게 다듬어준 편집부 직원 여러분께도 이 자리를 빌어 감사를 드린다. 마지막으로 언제나 필자의 큰 버팀목이 되어주신 양가의 부모님, 학문적 동지로 용기를 주면서도 비판을 아끼지 않은 아내, 그리고 오랜 기다림 끝에 만난 아이에게도 고마운 마음을 전한다.

2004년 가을
권 내 현

차례

표 차례

그림 차례

서 론

조선시대 평안도는 중국 대륙으로 이어지는 외교의 관문이자 군사적 요충지였다. 이로 말미암아 평안도는 다른 지역과 구분되는 독특한 면모를 가지게 되었다. 이민족과 국경을 접하고 있던 이 지역은 대륙의 정세에 따라 외교적 마찰이나 군사적 충돌에 일차적으로 노출될 위험이 항상 있었다. 대륙 정세가 안정되면 무역을 매개로 상업과 수공업이 발전할 수 있었지만, 삼남과 같은 넓은 수전 지대가 드물어 농업 생산성은 낮은 편이었다.

이러한 조건은 조선의 지배 세력인 양반 사족층의 거주와 성장을 억제했고, 이는 다시 지역 차별로 이어졌다. 지역 차별은 19세기 전반 조선 사회 최대의 저항 운동이었던 '홍경래 난'의 한 배경으로 작용하기도 했다. 따라서 평안도에 대한 일반적 인식은 대중국 외교와 무역의 관문, 군사적 요충지, 지역 차별과 소외, 그리고 이와 같은 복합적인 내용들을 배경으로 한 대규모 저항이라는 사실에 기반하고 있다.

그런데 평안도에 관한 한 많은 사실들이 아직은 구체적인 논거를 통해 뒷받침되지 못한 채 피상적인 이해에만 머무르고 있는 실정이다. 평안도는 역사적 소외 못지않게 역사 연구에서도 오랫동안 소외되어왔다. 조선 사회의 성격과 발전 방향을 규정하는 주요 사건으로 연구자들의 평안도에 대한 관심을 대변해온 '홍경래 난'에 대한 연구도 손에 꼽을 정도이다.[1]

평안도에 대한 연구가 이처럼 저조한 것은 지역사의 정립이나 그 대상이 확장되지 못했던 데서 한 이유를 찾을 수 있을 것이다. 해방 이후 우리 역사학계는 식민 사학의 잔재를 청산하고 세계사적 보편성 위에서 민족사의 발전 과정을 찾기 위해 노력해왔다. 그 결과 짧은 기간에도 불구하고 이에 부응하는 많은 연구 성과들을 배출했으며, 새로운 방법론의 적용과 다양한 영역의 개척으로 연구의 폭을 확대해왔다. 이 가운데 특정 지역의 역사를 복원하려는 노력은 최근에서야 시작되었다.[2]

지금까지는 한국사의 구조적 본질을 논하는 거대 담론의 관점에서 지역의 역사에 대한 접근을 단순하고 미세한 사례 연구로 간주하기도 했다. 1980년대 이후 사회사의 하위 단위로서 향촌사회에 대한 연구

---

1) '홍경래 난'에 대한 연구 성과는 다음과 같다. 홍희유, 〈1811~1812년의 평안도 농민전쟁과 그 성격〉,《봉건지배계급을 반대한 농민들의 투쟁(이조편)》, 과학원출판사, 1963 ; 鄭奭鍾, 〈洪景來亂'의 性格〉,《韓國史硏究》7, 韓國史硏究會, 1972 ; 鄭奭鍾, 〈洪景來亂과 內應勢力〉,《嶠南史學》창간호, 영남대학교 국사학회, 1985 ; 鶴園裕, 〈平安道農民戰爭における參加層-その中層した性格おめぐって〉,《朝鮮史叢》2, 靑丘文庫, 1979 ; 鶴園裕, 〈平安道農民戰爭における檄文〉,《朝鮮史硏究會論文集》21, 朝鮮史硏究會, 1984 ; 高東煥, 〈1811~1812년 평안도 농민전쟁〉,《한국사-중세사회의 해체 2》, 한길사, 1994 ; 吳洙彰,《朝鮮後期 平安道 社會發展 硏究》, 一潮閣, 2002.
2) 한국사의 여러 시대 영역 가운데 특히 조선 후기사 연구에 대한 종합적인 검토로는 다음의 글들이 참고할 만하다. 近代史硏究會編,《韓國中世社會 解體期의 諸問題》上·下, 한울, 1987 ; 강만길 엮음,《조선후기사 연구의 현황과 과제》, 창작과비평사, 2000.

가 진전됨에 따라 지역 연구에 대한 편견이 완화되고, '향촌사회사'라
는 조어가 유행했다. 하지만 향촌사회사가 하나의 연구 분야로 성립
될 수 있느냐의 문제 제기에서부터 그 성과에 대한 논쟁까지, 아직 해
결해야 할 과제는 산적해 있는 상황이다.

더구나 지역을 대상으로 하는 해방 이후의 연구는 극심한 편중성의
문제를 안고 있다. 조선 후기사의 경우 영남 지역에 관한 연구가 압도
적으로 많고, 다음은 호남과 호서 순인데, 결국 삼남 지역으로 연구가
집중된 셈이다. 물론 도시·상업사 연구의 진전과 서울학 진흥으로 서
울에 대한 연구가 증가하고 있고, 연구자의 확대와 자료 발굴로 강원·
제주 등지로 관심이 넓어지고 있는 것도 사실이지만,[3] 서북 지역에 대
한 연구는 여전히 저조한 편이다.

조선 후기사 연구자들에게 삼남 지역은 근대로 전환되는 역동적 변
화를 추적할 수 있는 매력적인 곳으로 오랫동안 남아 있었다. 더구나
아직 연구자들이 다 소화해내지 못할 정도로 곳곳에서 많은 사료들이
발굴되고 있기도 하다. 이에 반해 평안도는 조선의 지배 세력을 배출
해내지 못했고 농업 경제의 비중도 높지 않았다. 게다가 양반 사족세
가 약해 그들에 따라 남겨진 자료도 많지 않을 뿐만 아니라 남북 분
단이라는 물리적 장벽 때문에 현지 조사나 사료 발굴도 불가능한 형
편이다. 이 모든 제약들이 평안도에 대한 연구를 부진하게 한 요인으
로 작용하고 있다.

한편 북한 역사학계 내부에서 지역 연구가 어느 정도나 진행되었는
지, 혹은 어떤 사료를 확보하고 있는지에 대해서도 정확한 정보를 얻
기 어렵다. 현재 조사한 바로는, 1957년 '평양향토사편찬위원회'에서
《평양지》를 발간하면서 다양한 특성을 가지는 지역에 관한 연구를

---

3) 권내현, 〈조선후기 지방사의 모색과 과제〉, 《조선후기사 연구의 현황과 과
   제》, 창작과비평사, 2000.

강조했다는 사실 정도가 눈에 띈다.[4] 하지만 이후 북한 권력 내부의 정치적 소용돌이와 역사학계의 세대 교체가 이루어지면서 이러한 관심은 발전적으로 계승되지 못한 것으로 보인다.

최근 우리 역사학계 내부에서 지역사 연구를 강조하고 그 대상 지역을 서북으로까지 확대하는 연구자들이 있어, 앞으로 평안도 연구도 점차 활기를 띨 것으로 기대된다. 오랫동안 조선 후기 역사에 대한 일반적 인식은 삼남 지역에 대한 이해에 기반한 것이거나 혹은 서북 지역을 공백으로 남겨둔 것이었다. 평안도 지역의 특성을 규명하는 작업은 이러한 역사 인식의 불균형을 극복하고 우리 역사의 외연을 확장하는 데 도움이 될 것이다.

이 연구는 일차적으로 지역사의 복원이라는 관점에서 평안도의 특수성을 검토하는 데 초점을 맞추었다. 이 지역은 중국과 국경을 접한 입지 조건 때문에 다른 어떤 곳보다도 군사·외교적 면모를 강하게 띠고 있었는데, 이러한 특징은 대륙의 정세 변화와 국내의 대응에 영향을 받기 마련이었으므로 시기에 따라 그 성격이 달라질 수밖에 없었다. 따라서 조선 후기 대중국 관련 군사·외교 정책이 평안도에서는 어떻게 실현되었는지를 시기별 변동 양상을 통해 구체적으로 확인해 볼 필요가 있다.

다음으로 이 연구는 평안도 지역의 군사·외교적 특수성에 대한 이해를 돕기 위한 매개체로서 재정 변동에 초점을 맞추었다. 조선왕조의 재정 운영은 각각의 시기나 기구에 따라 다원적이고 독자적인 측면이 많기 때문에 이를 체계적으로 분석하기는 쉽지 않다. 특정 제도

---

4) 김을천, 〈《평양지》(1957년 국립출판사판)와 일반 향토사 편찬에 대한 몇 가지 의견〉, 《력사과학》 4, 과학백과사전출판사, 1958 ; 전장석, 〈향토사 편찬에서 민속에 관한 부문을 어떻게 서술할 것인가〉, 《문화유산》 2, 과학원출판사, 1959 ; 홍희유, 〈향토지 편찬에 대한 몇 가지 의견〉, 《력사과학》 3, 과학백과사전출판사, 1959.

에 대한 연구 성과의 축적에도 불구하고 전체 구조에 대한 이해가 어
려운 것은 이 때문이다.[5] 다만 대부분의 연구자들은 중앙 재정이 갈수
록 부족해지면서 이것이 지방 재정의 위기를 초래했다는 사실에 공감
하고 있다.[6]

이러한 시각과 관련해 지방 재정 연구에서는 부세 제도 운영의 모
순에서 비롯된 위기상에 오랫동안 관심이 집중되었으며,[7] 이는 19세
기에 전개된 대규모 농민 항쟁의 사회·경제적 배경을 규명하려는 시
도와도 맞물려 있었다. 포흠(逋欠)이나 잡역세(雜役稅)를 분석한 최근
의 연구 역시 이러한 흐름의 연장선 위에 있는 것이다.[8] 그러므로 지
방 재정 연구는 분석 대상 지역의 확대 추세[9]에도 불구하고 여전히
그 구조에 대한 이해는 미흡한 편이다.

기존 연구나 자료가 제약되어 있는 상황에서 평안도 재정의 전체적
인 운영 과정과 구조 또한 쉽게 규명될 수 있는 것은 아니다. 따라서

5) 중앙과 지방 재정에 대한 포괄적인 이해를 시도한 것으로는 金玉根에 의
   해 이루어진 다음과 같은 일련의 연구를 들 수 있다. 《朝鮮王朝財政史硏究
   〔I〕》, 一潮閣, 1984 ; 《朝鮮王朝財政史硏究〔II〕》, 一潮閣, 1987 ; 《朝鮮王朝財
   政史硏究〔III〕》, 一潮閣, 1988.
6) 박석윤·박석인, 〈朝鮮後期 財政의 變化時點에 관한 考察－1779년(정조 3
   년)에서 1881년(고종 18년)까지〉, 《東方學志》 60, 연세대학교 국학연구소,
   1988 ; 오일주, 〈조선후기 재정구조의 변동과 환곡의 부세화〉, 《實學思想硏
   究》 3, 毋岳實學會, 1992 ; 金泰雄, 〈朝鮮末 勢道政治下 地方官衙 財政危機의
   원인과 실제〉, 《典農史論》 7, 서울시립대 국사학과, 2001.
7) 정연식, 〈조선후기 부세제도 연구현황〉, 《韓國中世社會 解體期의 諸問題
   (下)》, 한울, 1987.
8) 張東杓, 《朝鮮後期 地方財政硏究》, 國學資料院, 1999 ; 金德珍, 《朝鮮後期
   地方財政과 雜役稅》, 國學資料院, 1999.
9) 金鉉丘, 〈朝鮮後期 統制營의 財政運營에 관한 硏究〉, 부산대학교 박사학위
   논문, 1994 ; 權仁赫·金東栓, 〈조선후기 제주지역의 수취체제와 주민의 경제
   생활〉, 《耽羅文化》 19, 제주대학교 탐라문화연구소, 1988 ; 金泰雄, 〈朝鮮後
   期 開城府 財政의 危機와 行政區域 改編〉, 《韓國史論》 41·42, 서울대학교
   국사학과, 1999.

18

이 연구에서 우선적으로 검토하려는 것도 평안도의 특수성을 규정짓는 지역 재정의 흐름과 변동 양상이다. 물론 강력한 중앙집권 체제를 유지해온 조선왕조의 성격상 중앙과 지역 재정을 엄밀하게 구분할 수는 없다.

그런데 일상적인 행정 집행을 위한 재정을 넘어 국가 운영의 기본이 되는 국방이나 외교 재정의 상당 부분을 일정한 독자성을 확보한 채 운영한 지역들이 있었다. 그 가운데 평안도는 조선 후기 부세의 기본이 되는 삼정의 수취액을 모두 본 도[평안도]에 비축해 군사나 외교 목적에 충당했다는 점에서 다른 지역과 구분된다. 더구나 또 다른 군사 요충지인 강화나 통영이 재정의 많은 부분을 다른 지역으로부터의 지원에 의존한 반면, 평안도의 비축 재정은 오히려 다른 지역과 중앙을 지원하는 데 활용되기도 했다.

이를 가능하게 한 평안도 재정의 원천은 기본적으로 토지나 인신으로부터의 수취였다. 전세는 선초 이래 꾸준히 본 도에 군량으로 비축되었고, 17세기 전반 서량(西糧)과 결부되어 군량으로 활용된 공물(貢物)도 호란 뒤에는 수미(收米)라는 명목으로 본 도에 비축되었다.[10] 수미는 다른 도의 대동과 같지만, 평안도는 전액 본 도에서 활용했다는 점에서 차이가 있었다.[11]

이렇듯 조선 후기 평안도는 토지에서 나온 전세와 수미를 모두 군량으로 자체 비축했다.[12] 여기에는 낮은 농업 생산성이나 조운(漕運)의 어려움 등도 작용했지만, 더 본질적인 측면은 중국 대륙의 정세에 능동적으로 대처하기 위한 재정 비축의 필요성에 있었다. 결국 비축

---

10) 《度支志》卷15, 經費司, 五禮部3, 軍禮 西粮.
11) 徐榮輔, 《竹石館遺集》 冊6, 關西應旨啓 民庫摠論. '本道結役 有稅米收米 收米則他道大同之類也.'
12) 《續大典》卷2, 戶典, 收稅條. '西北稅穀 並留本道 毋得擅自轉移.'；《萬機要覽》, 財用編2, 收稅條.

혹은 예비적 성격이 평안도 재정을 특징짓는 주요 요소가 된다.

군포 역시 마찬가지였다. 평안도의 군사들은 중앙 군영에 소속되지 않고 감영과 병영 및 방어영을 비롯한 도 안의 군사시설에 편입되었으므로 수취된 군포 또한 본 도에서 활용되었다. 비축된 군량이 환곡으로 운영되고 모조(耗條)는 전량 본 도에 회록되었음을 감안한다면,[13] 조선 후기의 주요 부세를 평안도에서는 모두 중앙 상납 없이 자체적으로 이용한 셈이 된다.

평안도의 재정 원천에는 이 밖에도 전국 최대의 생산량으로 이름이 높았던 은점 수세와 대청 무역에 직·간접적으로 참여해 얻은 이윤도 포함되어 있었다.[14] 대청 외교나 무역에 사용한 은의 대부분은 일본에서 수입한 것이지만, 생산량이나 보유량으로 볼 때 이를 보조한 것은 평안도 은이었다.[15] 이 역시 오랫동안 본 도에서 수세와 관리가 용인되고 있었다.

이러한 경로를 통해 확보된 평안도 재정은 무엇보다도 군사·외교적 목적에 집중적으로 투여되었다. 수미의 일부나 잡역세는 지역 관아의 운영에 사용되었지만, 이 책의 주요 논의 대상은 중앙에 상납하지 않고 자체적으로 비축·활용한 군사·외교 재정의 쓰임과 변동 양상에 있다. 따라서 평안도 재정의 전체 흐름이나 그 내부 각 군현의 특수성을 규명하는 데까지 미치지 못한 것은 이 책의 한계이자 앞으로의 과제이기도 하다.[16]

---

13) 《大典會通》 卷2, 戶典 倉庫. '本曹穀 每石耗一斗五升內 本曹會錄一升五合…… 兩西則全數管餉會錄 常平賑恤廳會付穀會錄十五分之十二 平安道全數會錄.'

14) 조선시대 은광 개발과 운영에 대해서는 柳承宙, 《朝鮮時代 鑛業史硏究》, 고려대학교 출판부, 1993를 참고할 것.

15) 은의 수입량이나 국내 추정 보유량에 대해서는 다음의 논고를 참고할 것. 田代和生, 《近世日朝通交貿易史の硏究》, 創文社, 1981 ; 李憲昶, 〈1678~1865년간 貨幣量과 貨幣價値의 推移〉, 《經濟史學》 27, 경제사학회, 1999.

20

그런데 예비·비축적 성격을 가진 평안도 재정은 시기 변화에 따라 특정 부분에서 활용이 두드러졌다는 사실을 발견할 수 있다. 가장 먼저 주목되는 시기는 17세기 전반 후금(後金)의 흥기에서 병자호란에 이르는 기간이다. 후금의 성장은 조선에 직접적인 위협이 되었고, 그 여파에 따라 평안도로 밀려든 명(明)의 장수 모문룡(毛文龍)과 요동민(遼東民)들로 말미암아 긴장은 더욱 고조되었다.[17] 당연히 후금의 침입 관문에 위치했던 평안도에서는 군사 기구나 방어체제를 대대적으로 정비할 수밖에 없었다.

이 시기 후금의 성장이나 호란에 관해서는 몇몇 연구가 있어왔지만, 지역 단위의 군비 증강과 방어체제의 문제는 연구자들의 관심 영역 밖에 있는 실정이다. 당시 조선 내부에서는 광해군과 인조 정권의 교체와, 이 과정에서 불만을 품은 이괄(李适)의 반란이 잇달아 일어났다. 국내 정치의 혼란 속에서 후금에 대한 대응책은 집권 세력에 따라 차이를 보였는데, 이와 관련해서는 인조 정권의 중앙 군영 강화를 다룬 연구가 많은 시사점을 준다.[18]

평안도 방어의 문제는 이 지역 재정 운영의 성격을 규명하는 관건이 될 수 있다. 명·청 교체기라는 급박한 대외 정세와 이에 따른 군비 증강의 필요성이 커짐에 따라 재정 기구나 운용에서 군사적인 면모가 어느 때보다 강화될 필요가 있었기 때문이다. 이 시기에 비상 체제에 상응하는 재정 기구가 만들어지고 종래의 비축 재원 외에 새로운 군량 확보책이나 제도 개편이 추진된 것도 이를 뒷받침하기 위해서였다.

16) 평안도 하위 단위의 지역 조직이나 지역민의 동향에 대한 연구로는 高錫珪, 〈18세기말 19세기초 평안도 지역 鄕權의 추이〉, 《韓國文化》 11, 서울대학교 韓國文化硏究所, 1990가 있다.
17) 田川孝三, 《毛文龍と朝鮮との關係について》, 靑邱設叢卷三, 1932 ; 한명기, 《임진왜란과 한중관계》, 역사비평사, 1999.
18) 李泰鎭, 《朝鮮後期의 政治와 軍營制 變遷》, 韓國硏究院, 1985.

그러나 방어체제 정비와 군비 중심의 재정 운영에도 불구하고 후금과 치른 전쟁에서 조선은 패배하고 말았으며, 중국 대륙의 새로운 지배자로 떠오른 청은 조선을 지속적으로 견제하면서 기존의 조·명(朝明) 관계를 조·청(朝淸) 관계로 돌려놓고자 했다. 방어체제의 파괴에 따라 군사 재정으로서 면모를 상실한 평안도 재정은 이제 이러한 시대 변화에 부응해야 했다. 그 시기는 대개 병자호란 이후 18세기 초까지의 기간이다.

호란 직후 청은 높은 사행 빈도를 유지하며 조선을 감시했다. 이런 경향은 중국 대륙에 대한 지배가 안정되면서 다소 완화되었지만, 상호 불신이 남아 있던 18세기 초까지 청의 사행은 조선의 재정에 막대한 부담을 주고 있었다. 동질의 빈도를 유지했던 조선의 대청 사행까지 고려하면 그 부담은 더 커지게 된다. 필자가 이 책에서 평안도 재정의 흐름에 주목하는 것은 이 시기에 두 나라 사이 외교 관계를 지원하던 경비의 상당 부분이 평안도에서 나왔다고 보기 때문이다.

조·청 양국 사이의 공식적 외교 통로인 사행의 절차나 빈도에 대해서는 일찍이 통계 수치를 제시한 연구가 진행되었다.[19] 이 연구는 사행 빈도 파악을 위한 시기 구분의 기준을 청에 두었지만, 두 나라 사이의 사행 내용을 개괄적으로 이해하는 데 많은 도움을 준다. 문제는 양국의 관문에 위치한 평안도의 역할과 부담에 있다. 이들 사행의 전체 과정을 평안도를 중심으로 재구성하면 군사 문제와는 또 다른 이 지역의 특성과 재정 부담을 이해할 수 있으리라 생각한다.

칙행(勅行)이나 연행(燕行)에 대한 평안도에서 직접적인 접대 외에, 중국 안에서 연행 경비와 무역 자금 지원에도 평안도 재정이 직·간접적으로 투입되었다는 사실에 주목해야 한다. 역시 평안도를 중심에

---

19) 全海宗, 《韓中關係史硏究》, 一潮閣, 1977.

22

둔 것은 아니지만, 대청 무역에 관한 몇몇 연구는 평안도 재정의 활용에 대한 단서를 제공해준다.[20] 이들 연구는 역관에 대한 대출이나 관아(官衙) 무역을 통해 얻은 평안도의 비축은이 대청 무역에 사용되었음을 보여주는데, 그 비중이나 중앙 혹은 평안도 재정의 연관성에 대해서는 많은 사실들이 새롭게 규명되어야 한다.

그 과정에서 지역 경제의 성장과 비축 증가, 군비 지출 억제에 기반을 두었던 평안도 재정 운영의 중심축이 외교와 무역 경비 지원으로 이동했음을 확인할 수 있을 것이다. 군비 지출의 억제는 지역 방어체제가 오랫동안 복구되지 못했던 사실과도 연관되어 있었다. 북벌론 혹은 청의 재침입론은 18세기 전반까지 위력을 떨쳤지만, 파괴된 지역 방어 시설의 복구와 군액 정비에는 긴 시간이 필요했다.

현종 말에서 숙종 초에 다시 제기된 북벌론을 분석한 연구는 조선이 당시 상황을 방어체제 재건에 활용하려 했다는 사실을 알려준다.[21] 축성이나 군사 조련과 같은 평안도 방비 복원도 이에 따라 숙종대 후반부터 적극적으로 추진되기 시작했다. 그리고 이것이 일정한 성과를 거두며 일단락된 것은 영조대 전반이었다. 이러한 내용은 청의 몰락과 조선 재침입에 대한 가능성을 분석한 연구에서도 일부 언급되었다.[22] 또한 방어 시설의 정비와 함께 군제나 양역(良役) 변통도 추진되었다는 사실 역시 밝혀졌다.[23]

20) 柳承宙, 〈朝鮮後期 對淸貿易의 展開過程－17·8世紀 赴燕譯官의 貿易活動을 中心으로〉, 《白山學報》, 白山學會, 1970 ; 柳承宙, 〈朝鮮後期 朝淸貿易 小考〉, 《國史館論叢》 31, 國史編纂委員會, 1991 ; 柳承宙, 〈朝鮮後期 對淸貿易이 國內産業에 미친 영향〉, 《亞細亞研究》 37-2, 高大亞細亞問題研究所, 1994 ; 李哲成, 《朝鮮後期 對淸貿易史 硏究》, 國學資料院, 2000.
21) 洪種佖, 〈三藩亂을 前後한 顯宗 肅宗年間의 北伐論－特히 儒林과 尹鑴를 中心으로〉, 《史學研究》 27, 韓國史學會, 1977 ; 金良洙, 〈朝鮮肅宗時代의 國防問題〉, 《白山學報》 25, 白山學會, 1979.
22) 배우성, 《조선후기 국토관과 천하관의 변화》, 일지사, 1998.

그런데 오랜 기간에 걸쳐 서서히 진행된 방어체제의 정비에 17세기 전반과 같이 막대한 군비가 들어간 것은 아니었다. 더구나 양역 변통은 실질적인 군사력 증강은 물론 재정 보용을 위한 군액 확대를 동시에 추진한 것이었다. 따라서 군비 증강으로 말미암은 부담은 이 시기 평안도 재정 운영에서 부차적인 위치에 있었다. 또한 뒤늦게 정비된 군제마저 18세기 후반 이후 급속하게 이완되기 시작했다.

마지막으로 필자가 이 책에서 관심을 두고 있는 시기는 조·청 양국 관계가 장기간의 안정 기조에 접어든 18세기 중엽 이후이다. 청의 조선에 대한 관심 약화 및 조선의 청에 대한 실체 인정과 재침입 우려 완화 속에서 이 시기에는 두 나라 사이의 사행 빈도도 급속하게 감소했다. 평안도의 외교 경비 지원이나 군비 지출 부담은 자연히 줄어들었고, 오히려 변방 개발이 촉진될 수 있는 여건이 만들어졌다.

이 점은 18세기 중·후반에서 19세기 전반에 이르기까지 평안도 군제 변화와 지역 개발 문제를 살펴봄으로써 확인할 수 있을 것이다. 변방 개발에 대해서는 일찍이 변경 의식과 관련해 연구가 진행되었고, 평안도 폐사군 일대의 개발에 대해서도 논의가 이루어졌다.[24] 폐사군 일대를 비롯한 평안도 변방 지역의 개발 현상에 대한 검토는 조·청 관계의 안정상을 간접적으로 확인하는 작업이다. 더불어 사행 빈도가 감소한 시기 두 나라 사이의 사행 내용에 대한 분석은 평안도 재정의 부담 완화와 여유 증가에 대한 이해로 이어질 수 있을 것이다.

문제는 전통적인 지출 요인이 감소됨에 따라 늘어나게 된 평안도

---

23) 車文燮, 〈朝鮮後期 兵馬防禦營 設置考〉, 《國史館論叢》 17, 國史編纂委員會, 1990 ; 姜錫和, 〈조선후기 平安道의 別武士〉, 《韓國史論》 41·42, 서울대학교 국사학과, 1999 ; 鄭演植, 〈17·18세기 평안도 良役制의 변천〉, 《韓國文化》 27, 서울대학교 韓國文化硏究所, 2001.

24) 趙珖, 〈朝鮮後期의 邊境意識〉, 《白山學報》 16, 白山學會, 1974 ; 강석화, 《조선후기 함경도와 북방영토의식》, 경세원, 2000.

재정이 어떻게 활용되었는지를 밝히는 데 있다. 중앙 재정의 부족 현상이 심화되는 가운데 이를 타개할 적극적인 변통책을 추진하지 못했던 정부의 움직임이 주목되는 것은 바로 이 때문이다.

이에 대해서는 군사 및 외교용 예비·비축 재정이었던 평안도 재정을 둘러싼 새로운 논란이나 마찰이 발생했을 가능성도 충분히 예측할 수 있는 것이다. 당시는 중앙에서 평안도 재정의 활용에 관심을 보이면서 지역 재정의 기본 성격도 바뀔 수 있었다. 따라서 중앙과 지역 사이의 논리와 갈등, 그 결과나 영향 등을 구체적으로 검토해볼 필요가 있다.[25] 이는 평안도 재정의 변동 양상과 중앙 재정과 관계는 물론 중앙 재정 운영의 특질을 이해하는 데 도움을 줄 것이다.

한편 평안도 재정에 대한 중앙의 장악력이 강화됨에 따라 지역 재정 운영의 모순은 갈수록 심화되었는데, 그 대표적인 현상이 지역의 환곡 운영 확대와 이에 따른 비축 재정의 감소였다. 환곡 운영 과정을 전국 단위에서 분석한 연구 성과가 많아 지역 차원에서 모순 현상을 분석하는 데도 많은 시사를 받을 수 있다.[26] 다만 이 책에서는 환곡을 비롯해 재정 운영의 모순에 대한 민들의 저항으로까지 논의를 확장시키지는 않았다.

필자는 이 책에서 무엇보다도 평안도 재정 운영의 시기별 특성을 규명하는 데 초점을 맞추었다. 예비·비축용으로서 평안도 재정이 일정한 독자성을 가지고 운영되었다는 사실을 전제로 할 때, 두 차례의 호란과 명·청 왕조 교체로 이어졌던 17세기 전반의 이 지역 재정은 군

---

25) 중앙의 평안도 재정 활용에 대해서는 吳洙彰의 앞의 글에서 일부 언급되었다. 그 내용이나 성격, 시기별 특징 등에 대한 구체적인 검토가 필요하다.
26) 환곡 운영에 대한 대표적인 연구 성과는 다음과 같다. 오일주, 앞의 글, 1992 ; 梁晉碩, 〈17, 18세기 還穀制度의 운영과 機能변화〉, 서울대학교 박사학위논문, 1999 ; 文勇植, 《朝鮮後期 賑政과 還穀運營》, 景仁文化社, 2001 ; 송찬섭, 《朝鮮後期 還穀制改革研究》, 서울대학교 출판부, 2002.

사적 성격을 강하게 띨 수밖에 없었다. 전통적인 조·명 관계가 조·청 관계로 전환되고 이것이 굳어가던 17세기 후반에서 18세기 초반의 평안도 재정은 외교·무역 비용 지원으로 그 중심축이 전환되었다. 조·청 관계가 장기간 안정 기조로 접어드는 18세기 중·후반 이후 중앙에서는 군사·외교적 지출 요인이 감소한 평안도 재정을 적극 활용하기 시작했으며, 이 과정에서 다양한 모순이 파생되었다고 볼 수 있는 것이다.

이러한 세 단계의 시기 구분을 통해 이 책에서는 다음과 같은 사실들을 중점적으로 검토해보고자 한다.

첫째는 17세기 전반 평안도의 정세와 대청 방어 전략 그리고 군사 재정 정책에 관한 부분이다. 이 책에서 필자는 급변하는 국제 정세 속에서 모문룡군과 후금군의 침탈과 위협을 동시에 받고 있던 평안도 지역의 실상을 검토하고 중앙 정부의 대응 전략을 밝히고자 한다. 호란 연구에서 간과되었던 방어책의 문제를 평안도를 중심으로 시기를 나누어 살펴보려는 것이다.

이를 바탕으로 필자는 군사적 긴장에 따른 평안도 재정 운영의 실상을 검토하려 한다. 평안도 재정 편성의 관례, 군사 재정의 확보와 지출, 여기에 관계한 재정 기구에 대해 전반적으로 살펴보려는 것이다. 이는 평안도 재정의 일반적인 구조 그리고 후금과 전면전으로 이어지는 과정에서 전시적 특징을 규명하는 작업이 될 것이다.

둘째는 호란 이후 18세기 초까지 두 나라 사이의 사행과 무역, 이와 관련된 평안도의 재정 지원 증대에 관한 부분이다. 이를 규명하기 위해 먼저 평안도 재정 운영의 근간이 되어왔던 방어체제의 복구 과정을 검토하려 한다. 다음으로 평안도 재정의 중심축 이동과 관련해 두 나라 사이의 사행에 대한 분석을 시도하고자 한다. 여기에는 칙행과 연행의 빈도와 절차, 평안도의 직접적인 접대와 사행 경비 지원 내용이 구체적으로 포함될 것이다.

또한 이 시기의 평안도 재정이 직접적인 외교 경비 지원뿐만 아니라 무역 경비에 투여되고 있었다는 사실에도 주목하고자 한다. 사행 접대에 따른 일종의 반대급부였던 무역 참여나 수세는 물론 관은(官銀) 대출을 통해 평안도 재정이 어떠한 방식으로 그리고 어느 정도로 무역에 개입하고 있었는지를 검토해보려는 것이다. 이 과정에서 대청 외교 및 무역과 연관되어 있던 평안도 재정의 성격을 명확히 드러내고자 한다.

셋째는 18세기 중엽 이후 평안도 재정의 중앙 이전과 호조의 장악력 강화에 관한 부분이다. 우선 시대상의 변화를 이해하기 위해 군사·외교상의 향배를 평안도와 관련해 살펴보려고 한다. 이는 평안도 재정 운영의 전환을 가져온 대청 관계의 장기 지속적인 안정이 지역 사회에 미친 영향을 검토하는 것이기도 하다.

중앙의 재정 흡수에 대해서는 호조를 위시한 각 관청이 시기별로 평안도의 다양한 재정을 장악해 들어가는 논리와 본 도의 대응에 대해 구체적으로 검토하려 한다. 당시 심화되고 있던 환곡 운영상의 모순도 이 과정에서 밝혀질 것이다. 이는 결국 예비·비축 재정으로서 독자성을 일정 부분 확보했던 평안도 재정의 성격이 변질되는 과정에 대한 분석이 될 것이다.

이러한 내용의 검토는 조선 후기 군사·외교상의 변화와 관련해 평안도의 지역적 특수성을 규명하고 재정 운영을 매개로 한 중앙 권력과 관계를 살펴보는 데 도움을 줄 것이다. 재정을 분석의 중심에 둔 것은, 이 문제가 평안도의 지역성을 이해하는 핵심 고리이며, 조선왕조 국가 운영의 한 단면이 여기서 드러나기 때문이다. 평안도에 관한 많은 사실들이 주목을 받지 못했거나 분석 없는 추론에 머물었다는 사실을 감안한다면, 이 책에서 다루는 내용은 궁극적으로 이 지역의 역사를 복원하는 데도 기여할 것이라고 생각된다.

제1장 17세기 전반 후금의 흥기와 군사 위주의 재정 운영

제1절 북방 정세의 악화와 방어책의 강구

1. 북방 정세의 악화

금(金) 왕조(1115~1234)의 멸망 이후 16세기 말 누르하치의 세력이 강성해지기까지 여진족은 오랜 기간 분산·고립된 상태에 놓여 있었다. 명(明) 왕조의 대여진(對女眞) 분할 통치는 만주를 건주(建州)·해서(海西)·야인(野人)의 세 지역으로 나누고 위소(衛所)를 두어 편제하는 방식이었다.[1] 각 위(衛)에는 통치권과 조공 무역권을 공인해줌으로써 이반을 막아 명에 대한 복속의 효과를 노리는 한편, 위 사이의 대립과 견제를 꾀해 그들 각 세력 사이의 분열을 기도한 것이다.

이들 여진 집단 가운데 조선과 오랫동안 밀접한 관계를 맺고 있던 것은 건주위의 여진이었다. 건주 여진은 선초 이래 국경 지방에 와서 식료품을 요청하곤 했는데, 간혹 무력 충돌이 있기도 했지만 조선 정

---

1) 曺永祿, 〈入關前 明·鮮시대의 滿洲女眞史〉, 《白山學報》 22, 白山學會, 1977.

부는 대개 회유책으로 이들을 포용했다.[2] 이 과정에서 조선과 여진은
국지적인 충돌을 제외하면 오랫동안 소강 상태를 유지했다.

그런데 16세기 말 누르하치의 건주 여진이 세력을 급속히 확대해가
면서 조선과 여진 사이에는 새로운 관계 정립이 모색되고 있었다. 임
진왜란이 발발하자 누르하치는 조선에 대한 구원병 파견을 자청하고
나섬으로써[3] 적극적인 교섭 의지를 보였다. 이는 누르하치의 세력 확
대에 따른 자신감과 조선에 대한 대등 의식에서 발로한 것이었다.

전시 아래에서 후환을 걱정한 조선은 여진의 교섭 요구를 거부하면
서도 가능한 한 그들을 자극하지 않으려 했다. 여진인들이 산삼 채취
를 위해 국경을 넘어와 충돌이 빚어지는 상황에서도 조선은 각기 국
토를 보전하면서 화평하게 지낼 것을 주문했고,[4] 부족 통일 과정에서
원만한 외교 관계가 필요했던 누르하치 역시 조선과 불필요한 마찰을
피하고 있었다. 이 사이 누르하치는 여러 부족을 무력으로 정복하거
나 때로는 협상이나 결혼 정책을 복합적으로 전개하면서 만주 지역에
대한 독보적인 주도권을 확립해나갔다.

여진의 성장은 임진왜란으로 말미암은 조선과 명의 쇠퇴와 더불어
동아시아 국제 관계에 새로운 파장을 몰고올 수밖에 없었다. 1602년
부터 누르하치는 명을 종주국으로 섬겨오던 태도를 바꾸어 진공(進
貢)을 폐기하고 항거하는 태도를 보이기 시작했다. 1607년(선조 40)에
는 조선에 대해서도 왕호(王號)의 사용을 통고하고 국경 지대의 번호

2) 조선과 건주 여진의 교섭에 대해서는 李仁榮, 〈女眞貿易考〉, 《韓國 滿洲關
係史의 硏究》, 乙酉文化社, 1954 ; 金聲均, 〈朝鮮中期의 對滿關係〉, 《白山學
報》 24, 白山學會, 1978 ; 金鐘圓, 〈初期 朝淸貿易交涉考〉, 《釜山大社會科學
論文集》 20, 부산대학교, 1981 ; 徐炳國, 〈朝鮮前期의 對女眞關係史〉, 《國史
館論叢》 14, 國史編纂委員會, 1990 참고.
3) 《宣祖實錄》 卷62, 28年 4月 丙辰(國史編纂委員會 영인본 22권, 482쪽 나면.
이하 '22-482 나'와 같이 표기함).
4) 《宣祖實錄》 卷65, 28年 7月 丙申(22-539 라).

(藩胡)를 공격하는[5] 등 공세적 자세로 전환해 조선·명·여진 사이에는 점차 충돌의 가능성이 고조되어갔다.

선조의 뒤를 이은 조선의 새 군주 광해군은 즉위 초부터 여진의 침략 가능성을 예의 주시했다. 전란을 직접 겪고 우여곡절 끝에 왕위에 오름으로써 전후 복구와 왕권 강화가 절실했던 광해군에게 서북 변방의 위협은 실로 위력적인 것이었다. 하지만 여러 부족을 통합하며 세력을 확대해간 여진에 견주어 조선은 전란으로 피폐해져 있었고 변방 방어체제도 허술했다.[6] 따라서 여진과 직접적인 마찰을 피하고 불시의 침략에 대비해 방비를 강화해나가는 것만이 조선이 취할 수 있는 가장 현실적인 방안이었다.

명의 거듭된 요청에 불가피하게 원병을 파견하기까지 무력 충돌은 용케 피하고 있었지만, 여진의 침략에 대한 조선의 위기의식은 갈수록 고조되었다. 조선의 조정에서는 누르하치의 영역이 해를 거듭할수록 확대되고 있을 뿐만 아니라 그들의 군사가 수시로 변경에 출현한다는 사실을 인지하고 있었다.[7] 문제는 조선의 변경 방어가 소규모의 침입에 대비하는 체계였으며, 이마저도 충분하지 않다는 데 있었다. 또한 압록강과 두만강 연안의 긴 국경선 가운데 여진이 어디로 침입해 들어올지도 조선으로서는 알 수 없는 상태였다.

이런 때 적의 예상 침입로에 따른 방비의 중심을 평안도에 둘 것이냐 함경도에 둘 것이냐는 논자마다 견해를 달리했다. 광해군 초기에는 한때 함경도 방어가 긴요하게 여겨지기도 했지만, 누르하치의 세력이 명의 영역으로 뻗어나감에 따라 상대적으로 허술했던 평안도 방비가 중요해졌다.[8] 이에 따라 군사력 증원과 성곽 수축이 주로 평안도

5) 《宣祖實錄》 卷208, 40年 2月 己亥(25-307 가).
6) 《光海君日記》 卷7, 卽位年 8月 辛未(31-342 나).
7) 《光海君日記》 卷80, 6年 7月 乙丑(32-325 나).

를 중심으로 이루어지면서 광해군 후반에는 함경도 방어에 대한 걱정
이 잇달아 지적될 정도였다.[9)]

그렇다고 평안도 방비가 순조롭게 진행된 것만은 아니었다. 연이은
흉년과 명나라 사신의 행차는 평안도에 막대한 부담을 주었다.[10)] 이에
따른 민심의 불안정에도 불구하고 방비 강화를 추진해야 하는 어려움
속에서 상황을 더욱 곤혹스럽게 만든 것은 명의 원병 요청이었다. 명
과 후금 사이에서 중립을 지켜 전쟁을 피하려 했던 광해군과 사대 명
분에 충실하려 했던 비변사 신료들 사이에 갈등이 있기는 했지만, 조
선은 결국 명의 요구를 수용하기로 했다.[11)]

평안도 7,000명, 황해도 3,000명 등으로 구성된 원병의 파견 결정은
후금과 무력 충돌이 현실화되는 것을 의미했으며, 그만큼 그들의 침략
에 대한 조선의 위기의식은 높아질 수밖에 없었다. 더구나 조선과 명
의 연합군이 패배하면서 명은 이후 후금 사이의 전선에서 주도권을
상실해나갔으며, 조선의 변방 방어도 급박하게 돌아갔다. 조선군이 파
병되던 그해 겨울에는 얼어붙은 압록강을 넘어 후금이 침입해 오리라
는 걱정이 있었고, 구체적으로 창성(昌城)과 삭주(朔州) 사이가 침입
로로 예상되기도 했다.[12)]

그런데 비변사에서는 후금의 침략을 전면전이 아닌 변경에서 소요
를 일으키는 수준일 것으로 이해하고, 그 피해에 대해서도 심각하게

---

8) 《光海君日記》卷39, 3年 3月 己巳(31-616 가).
9) 《光海君日記》卷131, 10年 8月 癸亥(33-141 나) ; 卷143, 11年 1月 壬辰
  (33-261 가).
10) 《光海君日記》卷30, 2年 6月 丁亥(31-546 다) ; 卷114, 9年 4月 丁巳(32-585
  가.
11) 한명기, 《임진왜란과 한중관계》, 역사비평사, 1999, 244~255쪽.
12) 《光海君日記》卷143, 11年 8月 甲子(33-255 다) ; 卷144, 11年 9月 癸巳(33-266
  나). '傳曰 本司所爲 予未知也 胡書則至今不答 請救天朝事 又堅防于此 前頭
  合氷後 必有犯搶 不待智者而知之 其可以我國兵力 能遏滔天之勢乎.'

고려하지 않았다.[13] 반면 광해군은 후금의 대규모 침입과 조선의 방비 능력을 걱정하며 비변사의 상황 인식을 안이한 것으로 여겼다.[14] 그는 후금의 침입 가능성과 그 파장을 강조함으로써 명분론적 또는 안이한 현실 인식을 배격해 조선의 피해를 최소로 하고자 했던 것으로 보인다.

　하지만 광해군과 신료들 사이의 인식 차이는 후금의 대두에 대한 대응에서 지배층 내부의 조율이 이루어지지 못했음을 보여준다. 현실과 명분 그리고 정세 인식의 차이에 따른 갈등에서 전통적인 기미책(羈縻策)은 위기에 봉착했고, 그 사이 후금의 기세와 영역은 조선과 명이 손을 쓸 수 없을 만큼 확대되어갔다. 언제 어디로일지는 모르나 매년 겨울이 다가오면 얼어붙은 압록강을 넘어 후금의 대군이 들어오리라는 불안감 속에서,[15] 조선의 대응이란 평안도에 대한 방비를 점검하며 사세를 관망하는 것이었다.

　하지만 임진왜란 뒤에 국가 체제 정비가 절실한 상황에서 후금에 맞서 오랫동안 준전시체제를 유지한다는 것은 쉬운 일이 아니었다. 평안도 사람들은 급박하게 돌아가는 국제 정세 속에서, 계속되는 외교 행렬의 접대 부담은 물론 군수물자 확보와 군사시설 방비에 수시로 동원되고 있었다. 때문에 '조세와 부역에 시달리는 평안도에서는 적이 침입하는 것을 별로 두려워하지 않는다'[16]는 말까지 나돌았다.

　방어체제 정비의 어려움과 평안도 사람들의 고통을 짐작케 하지만,

---

13) 《光海君日記》 卷143, 11年 8月 戊寅(33-261 나) ; 卷177, 14年 5月 戊戌 (33-447 가).

14) 《光海君日記》 卷177, 14年 5月 戊戌(33-447 가).

15) 《光海君日記》 卷144, 11年 9月 癸巳(33-266 나) ; 卷169, 13年 9月 丙午 (33-400 라).

16) 《光海君日記》 卷166, 13年 6月 戊戌(33-387 나). '傳曰 關西人民等 頗以賊 來不畏云 此由賦役煩重 不堪其苦而然也 朝家別無卜定 侵民之事 而軍興四載 豈無怨苦 此意令本道監司 十分詳察 慰撫收拾人心.'

상황은 갈수록 악화되었다. 1618년 명의 무순(撫順)이 함락된 이후 많은 요동(遼東)민들이 후금의 공격을 피해 압록강을 넘어오기 시작한 것이다. 이 피난민 무리의 대표자격인 인물이 명의 장수 모문룡(毛文龍)이었다. 모문룡과 요동민의 조선 진입은 후금과 직접적인 마찰을 피하려 했던 조선 조정에 큰 부담을 안겨주었다. 조선에 상주하게 될 명나라 장수의 접대나 요동민의 처리도 문제였지만, 이들을 빌미로 한 후금의 침입을 걱정하지 않을 수 없었던 것이다.

조선이 마지못해 파견한 원병은 명의 전투 지역에서 후금군과 조우하게 되는 것이지만, 모문룡의 출현은 조선의 내지로 후금군을 끌어들일 수 있는 것이었다. 실제로 1621년(광해군 13) 수천의 후금군이 의주(義州)와 용천(龍川)으로 침입해 모문룡군을 공격하고 가산(嘉山)까지 내려왔다가 돌아가는 사건이 발생했다.[17] 모문룡은 간신히 몸을 피했으나, 이후로도 평안도 일대를 횡행하며 후금군과 충돌을 일으키면서 조선과 후금 사이에는 새로운 긴장이 조성되고 있었다.

그럼에도 가도(椵島)에 주둔한 모문룡의 입지는 광해군 정권의 붕괴와 더불어 한층 강화되었다. 광해군의 외교 정책을 비판한 인조 정권은 뚜렷한 친명 기조 속에서 적극적으로 모문룡을 지원했다. 모문룡은 한편으로 인조의 권력 장악에 대한 명의 승인을 끌어내는 데 기여하면서 조선에서 새로 형성된 정치 권력에 대한 자신의 영향력을 강화시킬 수 있었다.[18] 광해군대와 달라진 모문룡의 위상은 이후 그를 둘러싼 조선과 후금의 마찰 가능성을 증대시켰다. 또한 모문룡군에 대한 조선의 가중한 군량 지원 부담을 초래했으며, 그 폐해의 중심에는 평안도가 놓여 있었다.

모문룡으로 말미암아 후금과 마찰이 생길 것을 염려하는 분위기는

---

17) 《光海君日記》卷172, 13年 12月 乙酉(33-417 다).

18) 모문룡과 조선 정부의 관계에 대해서는 한명기, 앞의 책, 374~406쪽 참고.

인조 초부터 이미 있었다. 모문룡이 가도를 벗어나 압록강을 넘나들며 후금을 자극하는 일이 빈번했기 때문이다.[19] 그 휘하의 단약한 군사력으로 볼 때 후금과 직접 교전하는 데 목적이 있다기보다는 자국 정부와 조선으로부터 더 많은 지원을 확보하기 위해 벌인 과시용 행위였지만, 조선으로서는 걱정스러운 일이었다. 후금이 배후의 위협을 차단한다는 명분으로 언제든지 조선을 침입할 수 있었기 때문이다. 또한 모문룡은 압록강변 일대에서 널리 둔전을 시행하고 있었는데, 이 역시 후금의 습격을 초래할 수 있는 사안이었다.[20]

당시 모문룡의 군사력으로는 결코 후금군을 상대할 수가 없었다. 게다가 정묘호란으로 후금군이 대거 침입해 들어왔을 때 모문룡은 전세를 관망할 뿐 조선에 대한 어떠한 기여도 하지 못했고, 오히려 거짓 전황 보고를 통해 군량 지원과 영향력 확대를 꾀하는 기만적인 모습을 보였다.[21] 하지만 명분적 외교 논리에 집착한 조선 정부는 현실적인 대책을 내놓지 못했다.

후금은 모문룡의 배후 교란 행위에 대해 걱정하기도 했지만, 조선의 적극적인 친명 기조와 모문룡에 대한 지원을 침입의 명분으로 활용하기도 했다.[22] 한 예로 정묘호란이 화의를 통해 종료된 뒤에도 후금은 모문룡 축출을 내세우며 4,000여 명의 군사를 의주에 잔류시켜 완전한 철병을 수개월 동안 지연시켰다.[23] 철병 지연의 명분은 모문룡에 있었지만, 후금은 이 기간 동안 조선의 동태를 감시하고 더 많은 경제적 이득을 확보하려 했다. 결국 모문룡의 군대는 조선의 방어 전선에

19)《仁祖實錄》卷2, 元年 7月 乙未(33-540 나).
20)《備邊司謄錄》第3冊, 仁祖 2年 6月 16日(1-235 다).
21)《仁祖實錄》卷16, 5年 7月 丁卯(34-213 가).
22) 柳在城,《丙子胡亂史》, 國防部戰史編纂委員會, 1986, 43~50쪽.
23)《仁祖實錄》卷16, 5年 5月 癸巳(34-207 나).

실질적인 기여를 하지 못했고 후금의 침입에 활용될 뿐이었다.

　이러한 상황에서도 모문룡은 자신의 지위를 이용해 조선 정부에 지속적인 원조를 요구했고, 때로는 직접적인 침탈을 자행하기도 했다. 인조 정권은 적극적인 친명 노선을 표방하기도 했지만 책봉에 기여한 모문룡의 공로도 무시할 수 없었으므로 그의 군량 요청을 대부분 수용할 수밖에 없었다. 모문룡에 지급되는 군량은 매년 수만 석에 이르렀는데, 많을 때는 14만 석이나 되었다.[24] 이는 조선에 막대한 재정적 부담을 주어 '서량(西糧)' 혹은 '모량(毛糧)'으로 불린 새로운 부세 명목이 생기기도 했다.

　가도에 보내는 군량의 확보와 운반 등에는 양서(兩西) 지방, 특히 평안도의 부담이 커서 모문룡의 주둔 이후 관서(關西) 일대의 고을 창고는 모두 텅 비게 되었다는 불만이 있을 정도였다.[25] 이 지역은 모문룡의 주 활동 대상지였으므로 각 관아에서는 불시에 나타나는 이들에 대한 접응 부담도 떠안아야 했다. 그럼에도 모문룡은 군량 요청을 할 때 내놓는 얼마간의 은이나 돈을 빌미로 '조선에서 거저먹는 것은 물뿐이다'라고 큰소리쳤다.[26] 또 군량 공급이 여의치 않을 경우 모문룡은 인조 책봉 과정에서 세운 공로를 내세웠고, 그것도 힘들면 직접적인 침탈을 감행했다.

　모문룡의 휘하 군병뿐만 아니라 평안도 일대에서는 요동민들의 약탈도 끊이지 않았다. 특히 요동민들이 널리 퍼져 있었던 청천강(清川江) 이북 지역에서는 그 폐해가 심각했다.[27] 하지만 요동민 처리를 모

24)《仁祖實錄》卷13, 4年 7月 癸未(34-125 라).

25)《備邊司謄錄》第3冊, 仁祖 2年 5月 19日(1-226 다) ;《仁祖實錄》卷8, 3年 1月 壬子(33-667 라).

26)《仁祖實錄》卷13, 4年 7月 癸未(34-125 라). '備邊司啓曰 伏見李尙吉狀啓…… 且彼之討粮 專以貿易爲名 故其恒言曰 只飮朝鮮水 以此上欺天子 下誣本國 今年纔過半矣 所給之數 已至十四萬.'

문룡에 기댈 수밖에 없었던 조선 정부는 이들의 약탈을 적극적으로
저지하지 못했다. 따라서 청북(淸北) 지역은 모문룡이나 요동민의 침
탈과 후금의 침입 위협, 변방 방비 부담 등에 시달려야 했다. 여기에
정묘호란으로 현실화된 후금의 침입은 이 지역을 극도로 피폐하게 만
들었다.

정묘호란 당시 격전지였던 평안도에서는 후금이나 모문룡군 할 것
없이 모두 약탈자였다. 사세를 관망하고 있던 모문룡군은 후금과 교
전을 피해 다니다가 조선인을 공격하거나 민가를 덮쳐 재물을 탈취하
곤 했다. 그들은 때로는 '민가를 불태우고 인민을 살해해 시체가 들판
에 즐비'[28]하게 하는 침략자 같은 작태를 보이고 있었다. 이로 말미암
은 평안도 지역의 피해에 대해 조선의 조정에서는 분노하면서도 사태
의 추이를 지켜볼 뿐이었고, 오히려 요동민이 피해를 입을 경우 해당
지역의 수령을 처벌해 모문룡과 마찰을 피하는 실정이었다.[29]

이러한 조정의 미온적인 자세로 모군(毛軍)과 요민(遼民)의 침탈이
멈추지 않자 현지의 조선인 장수 가운데는 약탈자들에 대한 공격을
명하는 이도 있었다. 현지민들의 처지에서 보자면 새로운 부세 부담
을 떠안고 둔전을 경작하며 군량을 공급했지만, 모문룡은 후금과 접전
을 벌이기는커녕 오히려 칼날을 그들에게 들이대고 있는 꼴이었다.
때문에 평안도를 중심으로 한 양서 지역의 민심은 이미 모문룡과 일
전(一戰)을 원하는 분위기였다.[30]

---

27) 《備邊司謄錄》 第3冊, 仁祖 2年 5月 15日(1-224 다) ; 《仁祖實錄》 卷7, 2年
    11月 丁丑(33-658 다).

28) 《仁祖實錄》 卷16, 5年 4月 乙卯(34-194 나). '安州牧使李熽牒報以爲 毛舡
    五艘 一時卸泊安戎倉 焚掠閭閻 斸殺人民 僵尸遍野 慘不忍見 避亂男女萬餘
    人 又被毛兵擄掠 投水而生者 僅三百云.'

29) 《仁祖實錄》 卷17, 5年 12月 戊午(34-245 가).

30) 《仁祖實錄》 卷13, 4年 閏6月 壬子(34-116 가).

하지만 인조 정권의 속성상 조선인에 대한 침탈을 이유로 모문룡과 대결하기는 어려웠다. 그에 대한 직접적인 공격을 원하는 이들도 있었지만, 그것은 후금에 투항한다는 반역의 형상이 뚜렷할 경우, 그것도 명의 지휘를 받은 뒤에나 가능한 것이었다.[31] 결국 모문룡에 대한 처리는 조선의 손을 벗어나 명 조정의 처분 여하에 달려 있었다. 따라서 조선은 명에 정확한 실상을 알리기를 원했지만 모문룡을 의식해 주저하거나 때로는 그의 직접적인 방해를 받고 있었다.[32]

이 사이 조선의 조정은 표면적으로는 모문룡에 대한 지원 기조를 유지해나갈 수밖에 없었고, 모문룡 휘하 군병의 침탈도 여전히 개선되지 않았다. 그들은 평안도 일대의 민가를 약탈하고 제지하는 수령을 결박했으며, 중국으로 가는 조선 사신의 물화를 탈취하기도 했다.[33] 모문룡군의 활동은 한편으로 정묘호란 이후 잠잠했던 후금의 조선에 대한 위협을 야기했다. 가도의 명군이 본토로 완전히 철수하지 않고, 조선이 지원을 계속하는 한 후금은 언제든지 조선에 위협을 가해올 수 있는 것이었다.

그나마 다행이었던 것은 모문룡에 대한 본국의 평가가 달라지기 시작했다는 점이었다. 명의 조정에서는 모문룡의 조선에 대한 침탈과 허위 공로 보고를 감지하기 시작했으며, '2만 6,000여 명의 병력을 이끌고 1년 동안 10만 석이 넘는 곡식을 허비하면서 한치의 요동 땅도 회복하지 못했다'는[34] 비판적인 평가가 주류를 이루어갔다. 또한 외방에 오래 머물러 있어 후금에 투항하거나 반란을 일으킬 수 있다는 의

---

31) 《仁祖實錄》 卷14, 4年 8月 丙辰(34-132 나).
32) 《仁祖實錄》 卷18, 6年 4月 乙未(34-268 다) ; 4月 甲辰(34-270 가).
33) 《仁祖實錄》 卷19, 6年 11月 己卯(34-307 가) ; 11月 甲申(34-307 나).
34) 《仁祖實錄》 卷19, 6年 9月 丙戌(34-294 나). '於時 黃戶部中色 王兵備廷式 孫軍門國楨 皆曰 文龍有軍二萬六千 一年之餉 殆十餘萬 而不能收復遼陽一尺 土 國家虛費至此 勅令兵部酌處云.'

심이 제기되는 가운데 모문룡은 1629년 6월 영원 경략(寧遠 經略) 원숭환(袁崇煥)에 의해 전격적으로 처형되었다.[35]

모문룡의 처단은 조선으로서는 반길 만한 일이었지만, 문제는 그렇게 간단하지 않았다. 그의 죽음이 가도에 있는 요동 군민의 본국 송환을 의미하는 것은 아니었기 때문이다. 명은 모문룡 사후 가도에 새로운 책임자를 임명해 후금에 대한 견제 구실에 충실하도록 했다. 조선은 명군의 직접적인 침탈에서는 일시 벗어났으나, 가도에 대한 지원을 지속해나가야 했던 것이다.

인조 정권의 적극적인 친명 외교는 가도로 대표되는 막대한 경제적 부담을 민들에게 강요한 것이었으며, 평안도 일대에서 가혹한 약탈을 초래했다. 또한 가도를 통한 친명 기조의 유지는 병자호란에서 확인되는 바와 같이 후금의 침략을 가져온 하나의 빌미가 되고 있었다.

2. 대후금 방어책의 강구

(1) 광해군 집권기의 방어책

누르하치가 후금을 건국해 조선에 위협을 주기 이전부터 여진의 여러 부족은 수시로 변경을 침입해왔다. 때문에 이미 세종대 이래로 압록강과 두만강변에는 장성(長城)의 수축에 따른 방어체제 구축이 추진되었다. 그러나 장성의 건설은 막대한 물력과 시간이 소요되는 일이었으므로 오랫동안 논의와 수축을 거듭했음에도 완성을 보지는 못했다. 대신 조선 정부는 변경의 요해처에 진보(鎭堡)를 설치해 소규모의 성을 쌓고 군사를 주둔시켜 여진의 침입에 대비하는 방식을 취했다.[36]

---

35)《仁祖實錄》卷20, 7年 4月 壬子(34-324 다) ; 6月 癸未(34-333 가).

36) 陸軍士官學校 韓國軍事硏究室 편,《韓國軍制史 近世朝鮮前期篇》, 陸軍本部,

여진의 최전방 침입로에 해당했던 압록강변 진보의 군사력은 기본
적으로 지역의 정예병인 토병(土兵)들이 주축을 이루었다. 남방의 군
사보다 월등한 전투력을 가진 것으로 평가되었던 토병들은 하나의 진
보에 60~100여 명 정도 배치되어 '차경차수(且耕且戍)'하도록 했다.[37]
하지만 그 수가 많지 않았으므로 평안도 내지나 황해도에서 입방(入
防)하는 군사를 따로 배치했다. 특히 강이 얼어붙는 겨울에는 더 많은
군사들을 내지로부터 확보해야 했다.

변경의 이러한 방어체제는 조선 전기 이래 후금이 성장하고 있던
광해군대까지 큰 변화가 없었다. 이 기간 동안 진보의 증치나 성곽의
수축이 이루어졌지만, 오히려 전반적인 방어체제의 약화와 임진왜란
등의 영향으로 변경 방어는 후대로 올수록 피폐해지고 있었다.

압록강변의 경우 의주·삭주·창성·벽동(碧潼)·이산(理山, 초산[楚山])·
위원(渭原)·강계(江界) 등 흔히 '강변 7읍'으로 불리는 고을들이 연접
해 있었다. 여진의 침입을 가장 먼저 맞게 될 이들 지역에는 지형과
침입 예상로를 고려해 진보를 설치하고 토병과 입방군을 배치했으며,
겨울에는 입방군의 수를 증액하고 소보(小堡)를 대진(大鎭)에 포함시
켜 방비를 강화했다. 하지만 광해군 초기 진보의 형세는 매우 단약해
수십여 명에서 적게는 겨우 네다섯 명의 토병을 확보하고 있는 곳이
대부분이었다.[38] 또한 내지에서 충원되는 입방군을 보유하지 못한 진
보들도 상당수 있었다.

이러한 상황이 초래된 데는 전란의 영향도 있었지만 사행 접대에
따른 부담과 변장(邊將)들의 침탈 역시 주요한 요인으로 작용했다. 각

1968, 302~307쪽.

37) 토병에 대해서는 李章熙, 〈朝鮮前期 邊界守禦와 土兵〉, 《軍史》 2, 국방부
   전사편찬위원회, 1981를 참고할 것.

38) 崔晛, 《認齋集》 別集, 卷1, 關西錄 沿江列堡.

진보에서 발생했던 토병들의 도주는 바로 여기에서 기인하는 것이었
다. 때문에 당시 연변 진보에 대한 인식은 수비할 곳은 넓으나 군사는
없고 성은 폐치되어 믿을 만한 데가 없다는 것이었다.[39]

  광해군 초기 평안도 방어에 대한 걱정은 대개 이러한 시각에서 벗
어나지 않았다. 여진에 대한 대응은 선초 이래 기본적으로 방어에 초
점을 맞추고 있었기 때문에 수비할 곳은 많고 군사는 적은 한계를 가
지고 있었다.[40] 더구나 방어용 진보들은 소규모의 적에 대비하기 위한
것으로 강성해지고 있던 후금이 대대적으로 침입해올 경우 그들을 막
아내는 것은 쉬운 일이 아니었다.

  광해군이 가능한 한 외교적인 노력으로 후금과 마찰을 피하려 했던
것은 당시 조선의 방어 실상과 후금의 군사적 성장을 잘 알고 있었기
때문이다. 그렇지만 급변하는 정세 속에서 후금의 침략에 대한 대비
책을 다각도로 준비하지 않을 수 없었다. 우선 후금 방어의 중심이 평
안도로 옮겨지면서 도내 성곽 수축과 군사 확보를 위한 논의가 활발
하게 일어났다.

  여진과 충돌해온 오랜 역사적 경험을 통해, 조선의 위정자들은 그들
의 우수한 기병을 막아내기 위해서는 화포 공격과 축성에 따른 방어
가 최선이라고 여겼다.[41] 곧 일차적으로는 압록강변 여러 진보의 성곽
에서 방어망을 구축하고 화포 공격으로 적의 침입을 막아내며, 적이
내륙으로 들어올 수 있는 주요 길목의 산성에 재차 방어선을 형성해
남하를 저지하는 것을 기본 전략으로 삼고 있었던 것이다.

  그리하여 광해군 즉위년부터 평안도 안 성곽에 대한 조사와 수축이
논의되었고, 이듬해에는 후금의 침입 예상 지역인 창성과 삭주에서

---

39) 崔晛,《認齋集》別集, 卷1, 關西錄 沿江列堡.
40)《光海君日記》卷7, 卽位年 8月 庚午(태백산본).
41) 李時發,《碧梧遺稿》卷3, 請兩西山城修完箚.

사신 행차와 흉년에도 불구하고 축성이 진행되었다.[42] 또한 의주성도 중앙의 지원을 통한 개축이 추진되었다.[43] 당시 후금이 강변의 방어망을 뚫고 남하할 경우 서쪽을 경유하면 안주(安州), 동북을 경유하면 영변(寧邊)을 통해 평양(平壤)에 이르게 되어 있었다.[44]

이때 강변의 여러 진보는 잔폐하고 성곽이 견고하지 못했지만, 내지를 경유하는 주요 지역에도 축성되지 않은 곳들이 많았다. 이들 지역에서 축성하는 일은 사신 행차와 기근이라는 외적 조건에 따라 지연될 수 있었고, 축성 중심지에 대해서도 일차 방어선인 강변과 내지의 저지선을 두고 논자마다 의견이 달랐다.[45] 하지만 우여곡절 끝에 광해군 후반에는 평양성과 안주성 그리고 곽산(郭山)의 능한산성(凌漢山城)이 차례로 수축되는 등, 성곽을 통한 방어체제 구축은 지속적으로 이루어졌다.[46]

강변과 내지의 성곽 수축 외에 군사력을 확보하는 것도 급선무였다. 전기적 군사 편제가 무너지면서 변방에는 토병이나 윤번으로 들어오던 내지의 군병이 감소하고 황해도 군병의 방수(防戍)도 폐지되었다.[47] 따라서 평안도 방어를 위해 도내 자체의 군사를 확보하는 것은 물론 다른 지역의 군병을 동원하는 방식을 모두 활용했다.

---

42) 《光海君日記》卷7, 卽位年 8月 辛未(31-342 나) ; 卷14, 元年 3月 辛卯 (31-403 가).
43) 李恒福, 《白沙集》別集, 卷2, 西北守令擬薦非便啓.
44) 崔晛, 《訒齋集》別集, 卷1, 關西錄 內地控守之處.
45) 《光海君日記》卷39, 3年 3月 己巳 ; 崔晛, 《訒齋集》別集, 卷1, 關西錄 內地 築城之弊. '以國家言之 則平安一道 皆爲外地 而以一道言之 江邊列鎭 然後次 第可擧也 今江邊列鎭 殘破無形 城池不固 軍卒零落 而唯聽內地守令之言 築 城于諸處 是不知緩急先後之序也.'
46) 《光海君日記》卷129, 10年 6月 壬申(33-103 가) ; 卷169, 13年 9月 丙午 (33-400 다).
47) 《光海君日記》卷39, 3年 3月 己巳(31-616 가).

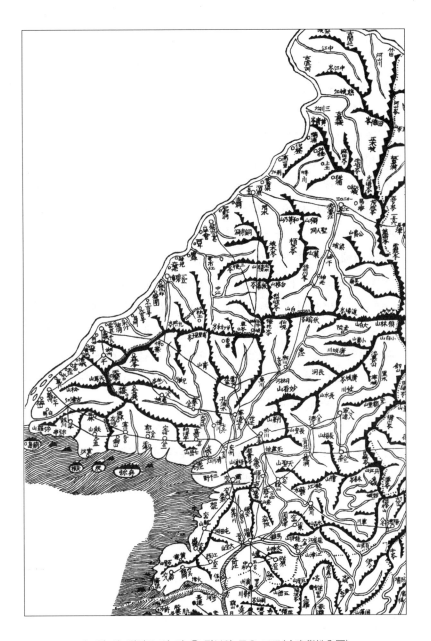

〈그림 1〉 평안도 안 각 읍·진보와 주요 도로(大東輿地全圖)

다른 도의 군사들에 대한 동원이 적극적으로 추진되었던 것은 1618
년(광해군 10) 명의 요구로 1만여 명의 원병이 출전한 뒤부터였다. 이
해에 전라도와 충청도의 군사 각 2,000명을 비롯해 다수의 무학(武學)
출신들이 평안도에 동원되었다.[48] 또한 그동안 중지 상태에 있던 황해
도 군병의 강변 방수를 재추진해, 이미 징병된 군사 외에 속오군 등으
로 입방군을 결성하게 했다.[49]

특히 차출 대상으로 주목받았던 집단은 임진왜란 이후 무과에 급제
한 무사들이었다. 이미 일부가 변방으로 나가고 있었지만, 각지에 흩
어져 있던 수많은 무과 출신들을 방어 군사력으로 활용했다.[50] 뿐만
아니라 광해군은 각 도에서 규정을 완화시킨 채 무과를 시행해 2~3
만 명의 무사를 추가로 확보하도록 했다. 이에 따라 흔히 만과(萬科)
로 불리듯, 1만여 명이 무과 별시(別試)에 입격해 서북의 방어 지역에
차례로 동원되었다.[51] 대규모의 무과 입격자 배출에는 많은 부작용이
뒤따랐지만, 서북 지역만으로 군사 확보가 어렵고 호구 파악이나 군
적(軍籍) 정리도 용이하지 않은 상황에서 이는 군사력 증강을 꾀할 수
있는 방안 가운데 하나였다.

그러나 다양한 방식으로 시도되었던 군병의 확보가 원만하게만 진
행된 것은 아니었다. 변방 진보에서 토병들의 도산이 계속되었고, 삼
남에서 군병을 징발하거나 교체군을 확보하는 일도 민들의 저항에 부
딪히고 있었다.[52]

이러한 가운데 비변사에서는 삼남인의 징발을 정지하고 변방 방어

48)《光海君日記》卷130, 10年 7月 癸巳(33-128 다).

49)《備邊司謄錄》第2冊, 光海君 10年 5月 26日(1-130 가).

50)《光海君日記》卷143, 11年 8月 甲戌(33-260 가).

51)《光海君日記》卷147, 11年 12月 甲子(태백산본).

52)《光海君日記》卷127, 10年 閏4月 乙亥(33-66 다) ; 卷142, 11年 7月 甲辰
(33-247 다) ; 卷169, 13年 9月 癸卯(33-399 라).

를 양서 군병으로 전담시키자는 견해를 보였다. 반면 후금의 침입 가능성과 대처 방안에 대해 훨씬 적극적 인식을 가졌던 광해군은 줄곧 광범위한 군병의 징발을 원했다. 그는 변방 방어를 위해서는 적어도 4만 명의 군사를 확보해야 할 것으로 보았고, 만과를 통한 무사의 선출도 그 방편으로 시행된 것이었다. 하지만 광해군 말기까지 실제 서북 변방 방수군의 수는 1만여 명이었으며, 여기에 교체군의 수를 합해도 2만여 명을 넘지 않았다.[53]

한편 군사 지휘 체계의 정비도 잇달아 추진되었다. 임진왜란 이전의 제승방략(制勝方略)적 분군법(分軍法) 아래, 조선왕조는 적침이 있을 때 중앙에서 도체찰사(都體察使)·도원수(都元帥)·순변사(巡邊使)·방어사(防禦使)·조방장(助防將) 등을 파견해 수습하게 하는 비상 체제를 형성했다. 일반적으로 도체찰사는 의정(議政) 중에서 겸했고 도원수는 군사 지휘 능력이 있는 2품직에서 선출되었으며 순변사 등은 전투에 능한 무장이 임용되었는데, 임진왜란에서도 이 방식은 그대로 적용되었다.[54]

북방의 여진에 대비한 비상 지휘 체계는 임진왜란 중이던 1595년(선조 28) 누르하치의 위협에 따라 만들어졌다. 전쟁이 끝난 뒤에도 남북방에 대한 경계를 늦출 수 없었으므로 비상 지휘 체계는 유지되었는데, 1601년 전쟁 뒤 처음으로 이원익(李元翼)을 삼도(평안·함경·황해) 도체찰사에 임명하고 평안도 성천(成川)에 체찰부(體察府)를 두었다.

여진의 위협이 갈수록 고조되는 가운데 광해군대에도 전시 지휘 체계를 해제하지 않았다. 광해군은 즉위 초 좌의정 이항복(李恒福)을 서북면 도체찰사에 임명했던 것이다. 그에게는 서북의 군무 지휘는 물

---

53) 《光海君日記》卷177, 14年 5月 戊戌(33-446 라).
54) 車文燮,〈朝鮮中期 倭亂期의 軍令·軍事指揮權 研究—都體察使·都元帥를 중심으로〉,《韓國史學》5, 정신문화연구원 역사연구실, 1983.

론 수령 천거권이 주어졌으며, 각 도에는 종사관을 파견해 업무를 보
조하게 했다.[55] 수령 천거권은 당초 육진(六鎭)과 평안도 강변 지역을
대상으로 했으나, 이항복의 사양에도 불구하고 서북 내지로 확대되었
다.[56] 광해군은 도체찰사의 수령 천거권을 적극 보장해, 변경 외에 정
주(定州)나 함흥(咸興) 등의 주요 지역은 물론 병사(兵使)의 천거도 전
담하게 했다.[57]

  광해군의 절대적 신임을 받고 병권을 쥐고 있던 이항복은 반대 세
력의 탄핵을 받자 1613년(광해군 5) 도체찰사에서 물러났으며, 체찰부
도 혁파되었던 것으로 보인다. 왜냐하면 그해 12월부터 체찰사 복설
여부를 두고 논란이 일었기 때문이다.[58] 이후 거듭된 논란에도 불구하
고 도체찰사의 재임명 기록이 보이는 것은 1618년에 이르러서다.[59] 이
해는 명의 요구로 조선의 군사들이 후금에 맞선 전쟁에 동원되었던
때이다. 후금과 직접적인 교전을 피하려던 노력이 수포로 돌아가버린
데 대한 부담 속에서 다시 비상 지휘 체계가 갖추어지고 있는 것이다.

  이에 따라 박승종(朴承宗)이 우의정 겸 도체찰사에 임명되어 삼남
을 제외한 나머지 5도 지역을 관할하게 되었으며, 부체찰사로는 장만
(張晩)이 선임되었다. 도체찰사의 관할은 변방 위기가 고조되면서 서
북으로 집중되었는데,[60] 변방이나 성곽이 있는 내지의 수령 천거권은

55)《光海君日記》卷21, 元年 10月 辛未(태백산본) ; 卷29, 2年 5月 己酉(31-534
    다).

56) 李恒福,《白沙集》卷6, 壬子六月辭薦西北守令箚·壬子八月辭西北方守令擬薦
    箚 ; 別集, 卷2, 西北守令擬薦非便啓.

57)《光海君日記》卷34, 2年 10月 癸未(31-570 라) ; 卷37, 3年 1月 壬戌(태백
    산본).

58)《光海君日記》卷73, 5年 12月 戊申(32-269 다).

59)《光海君日記》卷129, 10年 6月 乙丑(33-99 다).

60)《光海君日記》卷143, 11年 8月 戊寅(33-261 나) ; 卷176, 14年 4月 丁丑
    (33-434 다). '領議政朴承宗啓曰 臣忝冒西北都體察使 少無干預句管之事 虛

이항복 이후로는 비변사로 넘어갔다.[61] 따라서 전란에 대비한 도체찰
사 중심의 지휘 체계는 광해군 중반을 제외하고는 지속적으로 유지되
었다.

도체찰사 외에 고위직 군사 지휘관인 도원수를 두려는 움직임은
1614년(광해군 6)부터 본격화되었다. 도체찰사 혁파 뒤 서북 변방의
비상 지휘 체계 복설을 논의하면서 도체찰사나 도원수를 두기로 한
것이다. 도원수로 평안감사, 부원수로 평안병사를 임명하자는 의견도
있었지만, 정2품 이상의 고위 품직자로 대상이 제한되었다.[62] 이는 변
방의 현직 감사보다 중앙에서 따로 고위 관리를 선출해 전란에 대비
하려는 종래의 관례를 고수하기 위한 것이었다.

그러나 논의만 있었을 뿐 실제 도원수가 임명된 것은 도체찰사와
마찬가지로 후금 정벌을 위한 지원병 파견이 구체화된 1618년에 가서
였다. 후금과 충돌할지도 모를 위기가 눈앞에 다가오면서 도체찰사 복
설과 도원수 차출이 논의된 것이다. 도체찰사나 도원수 모두 제도(諸
道)를 호령하고 군대를 지휘하는 것은 마찬가지였는데, 당시 조정에서
는 '원수(元帥)는 형세를 살피다가 군전(軍前)으로 나아가야 할 관원이
며, 체찰사는 서울에 있으면서 방략을 요리해야 할 관원'[63]으로 규정
했다. 품계도 차이가 있어 종1품 숭정대부(崇政大夫) 이상으로 도체찰
사를, 정2품 정헌대부(正憲大夫) 이하로 도원수를 차출했는데,[64] 이에

名可笑 請特賜遞免 答曰 當此邊虞孔棘之日 西北之務 予旣全畀于卿 其何曰
無干預句管之事乎……'
61) 《光海君日記》 卷72, 5年 11月 丙辰(32-257 나).
62) 《光海君日記》 卷80, 6年 7月 壬戌(32-324 라).
63) 《光海君日記》 卷127, 10年 閏4月 丁丑(33-68 라). '答曰 知道 元帥觀勢 往
赴軍前之官 體使在京 料理方略之員 體察使以有計慮人 不可不預爲擇薦差出
使之規畫我國事……'
64) 《光海君日記》 卷127, 10年 閏4月 戊寅(태백산본).

따라 박승종이 도체찰사에, 강홍립(姜弘立)이 도원수에 임명되었다.

강홍립은 부원수로 임명된 평안병사 김경서(金景瑞)와 함께 평안도로 내려가 제반 군사 업무를 지휘했다. 이로써 여진과 충돌이 임박한 비상 상황 아래 평안도를 중심으로 한 변방에는 도체찰사와 체찰부사, 도원수와 부원수 등이 지휘 체계를 갖추었다. 조정에서는 이들 각자의 지휘 계통을 명확히 해 문신인 도원수의 응원과 절제를 받는 무장인 부원수가 전장에 나가고, 대신이 겸임한 도체찰사는 도성에 체부(體府)를 두고 제반 업무를 지휘하며 체찰부사를 변방에 파견해 도원수를 응대하게 했다.[65]

평안도로 내려가 방비를 강화하고 후금의 동태를 주시하던 강홍립과 김경서군은 명의 요구에 따라 1619년(광해군 11) 2월 창성에서 압록강을 건너 명군과 조우했다. 강홍립군은 추운 날씨와 부족한 군량에다 전진만을 강요하는 명장(明將)의 독촉에 시달리는 가운데 후금과 치른 교전에서 패배했다. 도원수 이하의 많은 조선군은 항복해 억류되고 사세가 긴박하게 돌아가자 조정에서는 한준겸(韓浚謙)을 새로 도원수에 임명했다.[66]

명의 압력과 신료들의 요구에 따라 출병한 군사가 패함으로써 광해군은 방비를 강화하는 한편으로 원병 파견을 더욱 꺼리게 되었다. 또한 패배해 귀환하지 못한 군사의 상당수를 구성했던 평안도 지역은 군액 감소와 부세 부담 과중으로 민력이 피폐해졌다.[67]

도체찰사나 도원수 외에도 전시를 대비해 각종 임시 직책을 띤 관원들이 중앙에서 속속 평안도로 파견되었다. 평상시 서북에는 당하관

---

65) 《光海君日記》 卷130, 10年 7月 壬辰(33-127 나).

66) 《光海君日記》 卷168, 13年 8月 癸巳(33-398 가).

67) 李時發, 《碧梧遺稿》 卷3, 陳西路民弊箚. '戰亡旣多 民戶不得不縮 民戶旣縮 田野不得不荒 而徭賦之重 百倍前時.'

을 어사로 파견해 변방을 살피게 했는데, 광해군대에는 관례를 깨고 종2품 가선대부나 정3품 통정대부 가운데 변방 방비에 대해 잘 아는 자를 순검사(巡檢使)라는 호칭을 주어 파견했다.[68] 그만큼 후금에 대한 위기의식이 높았던 것이며, 이러한 임시직의 관원들이 집중적으로 파견된 것은 역시 1618년 이후의 일이다. 이때 도원수의 휘하에는 무장인 방어사와 좌·우 조방장을 두고, 따로 순변사를 차출함으로써 완전한 전시체제가 갖추어졌다.[69] 강홍립군의 패배 뒤에는 새로운 지휘관들이 곧바로 임명되었고, 변방 업무를 주관하던 또 다른 관원이었던 찬획사(贊劃使)와 찬리사(贊理使)의 역할도 강화되었다.

결국 후금의 성장과 함께 임진왜란 당시의 비상 지휘 체계가 광해군대까지 지속되었다고 할 수 있다. 다만 광해군 초기에는 평안도 현지의 감사와 병사 그리고 여러 진보의 무장을 중심으로 한 지휘선 위에 중앙에서 임명된 도체찰사와 체찰부사가 변방 방어를 전반적으로 관리하는 체제였다면, 1618년을 계기로 도원수·순변사·조방장 등이 보강됨으로써 지휘 체계가 전시 대비용으로 더욱 확대되고 있다는 차이점이 있다. 이는 평안도 자체의 방어력만으로는 후금의 침입을 격퇴하기 어렵다는 인식 아래 중앙의 고위 관원과 무장들을 지속적으로 파견해 일종의 준전시체제를 유지한 것이라고 볼 수 있다.

(2) 인조 집권기의 방어책

광해군 정권의 몰락과 인조의 집권으로 조선과 후금의 충돌 가능성은 한층 고조되었다. 친명 노선과 모문룡군에 대한 지원을 강력하게 표방한 서인 세력은 대후금 방어책에 고심했다. 그들은 광해군대와

68) 《光海君日記》 卷80, 6年 7月 戊辰(32-326 다).
69) 《謄錄類抄》 14, 邊事, 戊午(光海君 10) 閏4月 23日 ; 《光海君日記》 卷128, 10年 5月 己丑(33-79 라).

마찬가지로 도체찰사와 도원수 중심의 비상 지휘 체계를 확립하고 각
종의 관원들을 파견해 수시로 변방 업무를 주관하게 했다. 반정 초기
인조는 후금이 침입할 경우 일선에 나가 직접 군사를 독려하겠다는
의욕을 보이며 도체찰사로 한준겸을 임명했으며, 이에 앞서서는 장만
을 도원수로 삼아 평안도를 전관하게 하고 서북 수령의 천거권을 맡
겼던 것이다.[70]

그런데 인조 정권이 변방 방비 이상으로 주력했던 것은 왕실과 수
도 방어를 위한 중앙군의 강화였다. 중앙군의 경우 궁극적으로는 외
침을 막는 데 동원되겠지만, 우선은 국왕과 반정 세력의 안위를 보장
할 수 있는 무력의 근거였다. 1623년(인조 1)에는 호위청(扈衛廳)을 만
들어 반정에 동원된 군사 일부를 국왕의 호위 부대로 전환했고, 이듬
해에는 국왕의 근위 부대로 어영군(御營軍)을 창설했다.[71]

평안도 방어의 경우 광해군대부터 군사력 증강과 성곽 수축이 꾸준
히 추진되었지만 만족스러운 상황은 아니었다. 일상적인 준전시체제
의 유지와 방비를 확충하는 데 들어가는 많은 물력을 확보할 수 없었
기 때문이다. 더구나 광해군은 새로운 궁궐을 영건하는 데 많은 인력
과 재정을 쏟아붓고 있었다. 이러한 가운데 광해군은 외교적 기미책
을 우선적으로 염두에 두면서도 평안도 안의 성곽을 조금씩 정비해나
갔지만, 반정을 일으킨 세력들은 창성과 벽동 외에는 지킬 만한 곳이
없다고 평가했다.[72]

방수군도 부족한 상황이라 인조 정권은 양서의 군병과 반정에 동원
된 사병인 별승군(別勝軍)을 확보하고 평안도의 내수사 노비를 새로

70) 《仁祖實錄》卷3, 元年 閏10月 甲辰(33-559 가).
71) 李泰鎭, 《朝鮮後期의 政治와 軍營制 變遷》, 韓國硏究院, 1985, 85～93쪽.
72) 《仁祖實錄》卷1, 元年 4月 辛巳(33-527 라). '上又曰 邊上城池 堅固可守者
幾處耶 晩曰 昌城爲最 碧潼次之 其餘則無可守之處矣.'

운 군사력으로 차출할 계획을 세웠다. 당시 서로(西路)의 군병은 1만 2,000명에서 1만 3,000명 정도였으나 도망자가 속출했기 때문에 빈 액수를 채우고 교체 군병을 확보하기 위해서는 다른 도의 지원이 필요했다. 다른 도의 군병으로는 삼남의 군사가 일찍부터 입방군으로 동원되었다.[73] 하지만 삼남의 민심 안정을 위해 평안도 변방 방어를 양서 군병으로 제한하자는 주장들이 제기되는 가운데, 삼남 군병의 입방도 순조롭게 진행된 것은 아니었다.[74]

변방 방어와 중앙군 강화를 동시에 추진했던 인조 정권의 첫 시련은 외침에 따른 것이 아니라 내부의 적이 감행한 도전에 따른 것이었다. 1624년(인조 2) 평안병사 겸 부원수였던 이괄(李适)이 반정의 논공행상에 불만을 품고 휘하 병력 1만 2,000여 명을 이끌고 반란을 일으킨 것이다. 조정에서는 영의정 이원익을 즉각 도체찰사에 임명하고 이시발(李時發)과 정엽(鄭曄)을 체찰부사로 삼아 도원수 장만과 함께 반란을 진압하게 했다.[75]

반란은 이괄군이 18일 만에 도성을 점령하면서 국왕이 공주로 파천하는 소동을 겪은 뒤에야 가까스로 진압되었다. 이들이 초기에 승기를 잡았던 것은 변방 군사를 확보해 불시에 급습해왔기 때문이지만, 대응 명령 체계의 혼선과 허약한 수도 방어에서 비롯된 측면도 컸다.[76] 일상적인 비상 지휘 체계가 실전에서는 상당한 혼란을 보였고, 꾸준히 추진된 수도 방어도 여전히 허술했던 것이다.

결국 이 사건은 변방 군사를 반란에 동원해 정권 자체를 위기로 몰아넣은 것으로, 평안도 방어에 일대 혼란과 공백을 초래했다.[77] 평안

---

73) 《仁祖實錄》 卷3, 元年 9月 丁酉(33-550 가).
74) 《謄錄類抄》 4, 賦役, 甲子(仁祖 2) 1月 19日.
75) 《仁祖實錄》 卷4, 2年 1月 己卯(33-573 가).
76) 《仁祖實錄》 卷4, 2年 2月 乙巳(33-584 라).
77) 鄭忠信, 《晩雲集》 卷2, 辭平安兵使疏.

도의 많은 군병들이 전사하거나 도망하고 삼남 군병의 입방도 일시 중단되었던 것이다. 후금의 주침입로에 위치했던 의주와 창성의 압록 강변 수졸(戍卒)은 겨우 15명에 지나지 않기도 했다.[78] 이때문에 황해 도 별승군과 평안도 영포수(營砲手) 그리고 무과 출신들이 추가로 동원되었고, 실시되지는 않았지만 낙강(落講) 유생을 입방시키자는 주장까지 제기되었다.[79]

이괄의 난 이후 새 도체찰사로는 병조판서 장만이, 도원수로는 평안감사를 역임한 이홍주(李弘胄)가 임명되었다. 장만은 팔도 도체찰사로서 변방 업무는 물론 모문룡에 대한 접대와 보장처인 남한산성의 축성 등을 총괄해나갔다.[80] 여기에서 가장 적극적으로 추진된 것은 호위군(護衛軍)과 어영군의 증강, 경기 군병을 통합한 총융청(摠戎廳)의 창설과 같은 중앙군의 강화였다. 도성의 함락을 경험한 인조 정권의 위기의식이 왕실과 수도 방어에 더욱 치중하게 한 것이다. 한편으로는 유사시 국왕의 파천을 가상해, 보장처로서 남한산성 수축과 강화군의 증강도 동시에 추진되었다. 보장처 확보는 적극적으로 적을 방어하는 '방적(防敵)'보다 적의 공격을 피하려는 '피적(避敵)'으로 비판받기도 했지만 꾸준히 추진되었다.[81]

국가의 재정과 군병 동원이 제한적이었던 상황에서 중앙과 변방 방어가 대등하게 강화될 수는 없었다. 광해군대에 외교적 노력과 변방의 방어가 동시에 추진되었다면, 인조대에는 외교적 기미책이 점차파탄에 빠지고 변방 방어는 답보 상태였으며 중앙의 군사력만이 한층강화되는 상황이었다. 여기에다 평안도는 전례의 각종 부담 외에 모

---

78) 《備邊司謄錄》 第3冊, 仁祖 2年 5月 21日(1-227 라).
79) 《仁祖實錄》 卷13, 4年 7月 癸未(34-126 가).
80) 《仁祖實錄》 卷7, 2年 11月 壬申(33-657 라).
81) 《仁祖實錄》 卷5, 2年 3月 己未(33-591 다).

문룡과 요동민의 침탈마저 가중되는 형편이었다.

한편 인조대에는 평안도의 어느 지역을 집중적으로 방어할 것인가의 문제도 논란의 대상이었다. 정묘호란 이전에 논의된 지역은 후금의 일차 침입로인 강변 방어선보다는 오히려 내지의 요충지였다. 인조는 힘의 분산을 막기 위한 요충지 방어의 중요성을 지적했는데, 신료들은 적이 들어오게 될 길목인 구성(龜城)을 중시했다. 그러나 구성에는 성곽이 없었으므로 차선의 방어지로 안주와 영변이 부각되었다. 김류(金瑬)는 직로(直路)인 안주로 적이 들어올 것이라 보고, 전세를 파악할 수 없는 궁벽한 영변에 군사를 주둔시킬 필요가 없다고 하면서 안주 방어를 역설했다.[82]

안주와 영변 방어는 평안병사의 주둔처와 관련해 신료들 사이의 대립을 불러일으켰다. 평안병사는 원래 결빙기에는 압록강변의 창성 행영(行營)에 머물며 방수를 지휘하고 해빙기에는 영변 병영(兵營)으로 내려와 주둔했다. 그러다 1619년(광해군 11) 이후로는 창성에만 머물었는데, 이괄이 병사가 되면서 다시 영변에 주둔했다.[83]

이괄의 난 이후 병사의 주둔지로 구성·영변·안주를 놓고 논쟁이 일어났다. 장만이나 평안병사 남이흥(南以興)은 직로의 요충지인 안주를 선호한 반면 우찬성 이귀(李貴)는 안주가 내지로 깊숙히 들어와 변경 방어가 소홀해질 수 있다는 이유로 극력 반대했다.[84] 병영은 1626년(인조 4) 영변에서 안주로 옮겨지는데, 이는 인조대에 오면서 내지 요충지 방어가 더욱 중요하게 인식되었음을 보여주는 것이다.[85]

압록강변 방어선의 경우 의주와 창주(昌洲)로 들어오는 길 외에는

---

82) 《仁祖實錄》 卷2, 元年 7月 辛卯(33-538 라). '(金)瑬曰 由昌義至安州 乃是直路 若僻處寧邊 則賊過安州 必未及知之 若欲擇守要衝之地 無過安州.'

83) 《仁祖實錄》 卷8, 3年 1月 辛未(33-673 라).

84) 《仁祖實錄》 卷9, 3年 6月 乙未(34-14 나) ; 3年 7月 壬子(34-17 다).

85) 宋奎斌, 《風泉遺響》 閑談.

수비가 제대로 이루어지지 않았기 때문에 그 단약함이 누누히 지적되었으며, 산성 수축도 건의되었다. 하지만 실제 성곽 개축이 이루어진 곳은 평안도의 중심인 평양으로, 이 역시 내지 요충지 중시 정책의 한 표현이었다.[86]

평안도 방어력 증강이 답보 상태에 놓이고 변경과 내지 요충지 방어를 둘러싼 논란이 일어나는 가운데 중앙군은 정묘호란 직전 2만 5,000여 명 선으로 대폭 증강되었다. 반면 이괄의 난으로 감소한 평안도 병력은 1626년(인조 4)에야 부분적으로 보충되었다.[87] 더구나 방비를 총괄하고 있던 도체찰사 장만은 후금의 침입에 대해 다소 낙관적인 전망을 가지고 있었고, 오히려 모문룡군과 요동민의 침탈을 주시했다.[88]

이러한 상황에서 1627년(인조 5) 1월 정묘호란이 발생했다. 후금은 3만 6,000명의 기병을 동원해 의주를 공격하고 창성을 함락한 뒤 다시 의주에 집결해 남하하기 시작했다. 후금의 주공격로는 의주 → 선천(宣川) → 곽산 → 정주 → 안주로, 조선에서 예상하고 있던 침입로와 대략 일치했다. 그러나 각지의 방어선은 쉽게 무너졌고 모문룡은 평소의 호기와는 달리 별다른 전투 한번 없이 가도에서 신미도(身彌島)로 달아나버렸다.

후금의 침입과 신속한 남하가 처음 알려지자 인조는 평안도 포기를 언급했으며, 이귀는 황해도도 방어하기 어려울 것이라며 안주가 무너지면 바로 강화도로 파천할 것을 주장했다.[89] 전쟁 초기부터 평안도 방어에 부담을 가지며 보장처로 이동할 구상을 내비친 것인데, 전열

86) 《仁祖實錄》 卷2, 元年 5月 乙未(33-531 나).
87) 柳在城, 앞의 책, 31~33쪽.
88) 《仁祖實錄》 卷10, 3年 10月 乙未(34-39 라) ; 卷13, 4年 閏6月 壬子(34-116 가) ; 卷14, 4年 10月 丙午(34-144 라).
89) 《仁祖實錄》 卷15, 5年 1月 乙酉(34-159 가).

을 가다듬을 시간을 벌기 위해 안주·평양·황주(黃州)·평산(平山)으로 이어지는 방어선을 구축하기로 했다.

하지만 이들 방어선도 차례로 무너지고 평산에 주둔해 있던 도체찰사 장만은 개성으로 후퇴했다. 관군의 거듭된 패배 속에서 평안도 지역에서는 의병이 일어나 활동했으나 후방으로부터의 군사력 증강은 이루어지지 않았다. 안주에서 패배한 뒤 국왕은 강화도로 옮겨 경기 지역 중심의 새로운 방어선을 구축했으며, 전쟁은 화의 단계로 넘어갔다.

황해도 평산까지 진출한 후금군은 명과 대치하고 있는 현실로 말미암아 화의를 서둘렀고, 일방적으로 밀리고 있던 조선은 이를 받아들여야 했다. 전후 평안도 일대는 방어 체계의 붕괴는 물론 군병 도산과 민의 유망이 이어지는 가운데 잔류한 후금군과 모문룡군의 침탈도 끊이지 않았다. 특히 주요 격전지이며 약탈이 심했던 청천강 이북 지역의 피해가 컸다.

인조 정권은 전후 피해를 수습하는 한편으로 후금에 대한 경계를 늦추지 않았다. 사실상 패배한 전쟁이지만 친명 노선에서 물러서지 않았고 배금(排金) 의식이 강해지면서 군비를 서둘러 재정비해야 했다. 이에 따라 체찰부사 김류가 팔도 도체찰사에, 평안감사 김기종(金起宗)이 체찰부사에 임명되어 전시 지휘 체계를 계속 이끌어나갔다.[90] 전쟁에 동원된 별승군이나 장서군(壯西軍)을 양서에 그대로 주둔시키는 한편 삼남 군병과 무학 출신들의 입방도 지속하게 하는 등 군병 확보에도 주의를 기울였다.[91]

한편 전란 뒤 평안도 방어의 중심을 둘러싼 논란은 직로 요충지와 산성을 두고 일어났다. 수도에 이르는 직로 요충지의 성곽을 수축해

---

90) 《仁祖實錄》 卷17, 5年 8月 庚子(34-219 라).
91) 《仁祖實錄》 卷16, 5年 4月 丙辰(34-195 다) ; 5年 6月 甲寅(34-210 다).

방어선을 형성할 것이냐, 아니면 군병과 민들이 주변 산성에 입보(入
保)해 방어할 것이냐 하는 문제였다.[92] 인조는 산성 방어를 대로에서
적을 피하려는 계책으로 간주하고 안주성과 황주성을 조속히 수축하
도록 했다. 하지만 직로의 성곽을 수축한다고 하더라도 피폐해진 평
안도에서 방어 군병을 확보하는 것이 용이하지 않았다. 그래서 안주
에 유민을 모집해 둔전 경작과 함께 방어를 책임지도록 하는 방안이
추진되었다.[93]

반면 우찬성 이귀는 평안도의 방어력 증강보다는 이미 수축이 끝난
남한산성에 대한 적극적인 방어책을 강구하고자 했다.[94] 정묘호란 전
부터 이루어진 경기 지역 중심의 방어 강화는 남한산성 수축과 함께
이후 수어청(守禦廳)의 성립으로 발전했다. 수어군은 창설된 뒤 대폭
증강되었고 훈련도감군이나 어영군 같은 나머지 중앙 군영의 군병수
도 계속 늘어났다. 평안도의 경우 바로 피해를 복구하거나 방어를 강
화하는 것이 용이하지 않은 상황에서 중앙 군영의 군사력이 지속적으
로 확대되었던 것이다.

당시 평안도 상황은 심각해서 군병이나 군기 모두 쓸 만한 것이 없
다고 평가되고 있었다.[95] 많은 사람들이 포로로 끌려가거나 도산한 가
운데 전후에는 후금 사행의 침탈마저 덧보태졌다. 가도의 모문룡은
처단되었지만 섬 안에서 잇달아 반란이 일어나고 명군의 약탈도 시정
되지 않았다. 이른바 '한(漢)'과 '호(胡)' 양쪽으로부터 피해를 입고 있

92) 《仁祖實錄》卷16, 5年 7月 辛未(34-213 라). '上曰 邊臣之欲棄安州 而入守
山城者 不過要避賊來之大路也 朝廷欲爲必守之計 則不可爲他議所動 體臣以
爲如何 墍曰 臣之本意 則以爲安州要衝之地 決不可棄 若遠入山城 則何以制
置路之賊兵乎……'
93) 《仁祖實錄》卷19, 6年 7月 丁丑(34-280 가).
94) 《仁祖實錄》卷17, 5年 9月 丁亥(34-227 다).
95) 《仁祖實錄》卷22, 8年 5月 庚辰(34-377 라).

었던 것인데, 양서 지역을 오가는 조선 사신이나 관료들마저 여기에 가세하는 형편이었다.[96]

후금과 가도에 있는 명군의 행보를 예측할 수 없는 가운데, 피폐해진 변방민들이 후금군에 붙좇거나 명군을 습격하는 일이 빈번하자 조정에서도 가장 피해가 큰 청북을 중심으로 한 수습책이 논의될 수밖에 없었다. 이는 조정이 청북 지역을 버리려 한다는 '청북 포기론'이 평안도 안에 급속히 확산된 데 따른 것이기도 했다.[97]

정묘호란 이후 평안도에서 그나마 중시된 곳은 청남(淸南)의 요충지인 안주였다. 당시 조정에서는 믿을 만한 곳은 안주성뿐이라는 평가 속에 성곽 수축을 서둘렀는데, 겨울철 평안도 유방병(留防兵)을 해산시키고 남는 군량으로 안주성 수축 재원을 마련할 정도였다.[98] 여기에는 인조 정권이 평안도 내지의 요충지 방어를 중시한데다, 안주 방어선이 보장처로의 파천을 판가름하는 시금석이라는 점과 중앙군 강화에 따라 변방 방어에 충분한 물력을 사용할 수 없었던 점 등이 복합적으로 작용했다.[99]

이에 따라 부원수 정충신(鄭忠信)은 청북을 청야(淸野)할 목적으로 이 지역의 장정을 모집해 안주성 방어에 동원하려 하기도 했는데, 이러한 일련의 움직임은 청북의 지방관과 지역민들의 광범위한 불만을 초래했다. 그들은 모두 압록강변의 관문인 의주성과 청북의 요충지로 적의 침입로에 있는 용천 용골산성(龍骨山城) 및 선천 검산산성(劍山

96)《仁祖實錄》卷20, 7年 3月 丙寅(34-320 다).
97)《仁祖實錄》卷25, 9年 10月 甲辰(34-450 나). '司諫金世濂上疏曰…… 平安道國家之門戶也 驟經兵火 淸北爲甚 而收合餘燼 保守安州 則國家亦豈嘗一日 忘義州哉 方繕甲儲粮 爲必守之計 不曾以淸北爲可棄之地也 割棄之說 播於一道 民皆曰 國家棄我 安所歸乎 互相傳訛 不平之氣滿腹.'
98)《仁祖實錄》卷23, 8年 12月 丙午(34-406 다).
99) 金尙憲,《淸陰集》卷20, 西路設鎭分兵便否箚에서는 국가의 안위가 안주에 달려 있다고 평하고 이를 안타까워할 정도였다.

山城)을 수축하고 군병을 증강해 방어할 것을 요구했던 것이다.[100] 평안감사 민성휘(閔聖徽)에게도 같은 요지의 주문이 잇달았는데,[101] 그 역시 청북 수복론에 동의해 세 성의 수축 뒤 곽산의 능한산성까지 수리하면 적이 침입하더라도 청남으로 내려갈 수 없으리라 보았다. 이들은 청북을 포기할 것이 아니라 의주성과 주요 산성을 수축해 청천강 이북에서 적을 제압해야 한다는 논리를 폈던 것이다.

조정에서는 흩어진 청북의 민심을 잡기 위해서라도 그들의 주장을 받아들여야 했다. 더구나 성곽의 형태가 대부분 갖추어져 있어 수축에 많은 어려움이 없다는 실리가 있었고, 용골산성은 정묘호란 당시 장기간 굴복하지 않고 후금군을 괴롭혔던 전술적 가치가 있는 곳이기도 했다. 비변사에서도 청북 지역민들이 평소에는 농사를 짓다가 전란이 발생하면 산성에 들어가 방어하는 것은 청야론(淸野論)과 일맥상통하는 것이라며 동의했다.[102] 청북 지역 산성의 수축은 이후 평안도 방어에 커다란 전환을 가져왔다. 적의 침입이 있을 때 직로 요충지에 방어선을 구축하는 것이 아니라 외곽의 산성에 군민이 들어가 방어하는 방식으로 바뀐 것이다.

청북의 성곽 수축은 나름대로 성과를 거두었고 부족한 군기도 각도로부터 조달받았다.[103] 이무렵 평안감사를 거쳐 병조판서 겸 체찰부사로 있었던 김시양(金時讓)이 서북과 강원도의 사도 도체찰사가 되었다. 그는 성곽 수축이 완료된 안주 방어를 다시 역설해 민들을 대거 모집하려 했으나 청북 지역의 분위기 때문에 인조는 머뭇거렸다. 의주성 수축을 계속 반대하던 부원수 정충신이 지역에서 배척받자 체직

100) 《仁祖實錄》 卷25, 9年 7月 丁酉(34-438 다).
101) 張維, 《谿谷集》 卷6, 送平安道巡察使閔士尙序 ; 申翊聖, 《樂全堂集》 卷5, 送閔監司聖徽出按關西序.
102) 《仁祖實錄》 卷25, 9年 7月 辛巳(34-437 나).
103) 《仁祖實錄》 卷25, 9年 10月 辛亥(34-451 나).

이 논의되던 때였기 때문이다.[104] 결국 안주에는 평안병사가 머물게 되어 있었으므로 청북의 여러 산성과 군사를 주관할 청북방어사(淸北 防禦使)가 새로 임명되는 것도 이와 관련이 있는 것이다.[105] 청북방어 사의 임명은 한편으로 후금의 조선에 대한 요구가 증가하면서 변방의 위기가 고조된 당시의 상황을 보여주는 것이기도 했다.

청북 방어에 대한 관심이 환기되면서 산성의 수축이 이루어졌지만 군사력이 얼마나 증강되고 있었는지는 의문이다.[106] 당시 중앙군이나 강화도 방비는 꾸준히 증강되었고, 남한산성의 경우는 성곽과 군량이 팔도에서 으뜸이라는 평을 받고 있었다.[107] 반면 의주부윤 임경업(林慶 業)은 백마산성(白馬山城)의 규모를 고려하면 방어에 최소한 4,835명 이 필요한데 의주에는 겨우 200호에 600구만 거주할 뿐이라며 군사 증원을 요청했다. 비변사는 이에 대해 군사와 재정 부족을 들며 이미 파견한 1,300명의 군사를 우선 체류시키는 조처만 취했다. 그럼에도 변방의 위기 고조에 따라 청북에 파견했던 중앙의 어영군은 사정이 다소 완화되자마자 바로 돌려보내고 있었다.[108]

청북 지역 성곽의 부분적인 수축을 제외하면 병자호란 전까지 가장 중점적으로 방어가 강화된 곳은 역시 강화도나 남한산성 같은 보장처 였으며, 평안도에서 방어가 강화된 곳은 안주였다.[109] 때문에 보장처 중시책이 전반적인 방어력의 약화를 가져왔다는 비판이 일었고, 안주

---

104) 《仁祖實錄》 卷25, 9年 9月 甲戌(34-441 라) ; 卷26, 10年 1月 丙辰(34-466 라) ; 10年 1月 丁巳(34-467 가).

105) 《仁祖實錄》 卷28, 11年 1月 壬戌(34-513 가). '以林慶業爲淸北防禦使 時備 局以爲 兵使入守安州 則淸北列城 無號令之人 林慶業久在淸北 聲績表著 若 差防禦使 常時檢節山城 臨亂領率江邊精銳 以爲安州聲援 合於機宜 上從之.'

106) 宋奎斌, 《風泉遺響》, 題丙子日記後.

107) 《仁祖實錄》 卷27, 10年 9月 甲寅(34-497 다) ; 10年 11月 乙未(34-504 라).

108) 《仁祖實錄》 卷28, 11年 7月 丙申(34-526 가).

109) 《仁祖實錄》 卷32, 14年 2月 乙酉(34-624 나) ; 14年 3月 壬子(34-627 나).

에 견주어 허술한 의주 방어가 문제시되기도 했다.[110] 도체찰사 김류가 의주 방어를 자신하는 가운데 판윤 최명길(崔鳴吉)은 확고한 방어 대책 없이 확산되고 있던 대후금 강경론을 비판했다. 그는 당시의 현실에서 전쟁이 발생하면 지휘 장수가 후방에 머물러 있는 사이 청북과 안주가 차례로 무너져 결국 파천하게 될 것이라 보았다.[111]

1636년(인조 14) 12월, 마침내 국호를 청(淸)으로 바꾸고 황제에 즉위한 태종(太宗) 홍타이지는 13만 대군을 이끌고 조선을 다시 침입했다. 인조 정권의 대청 대책이 외교적·군사적으로 허술한데 반해 청의 조선 침입은 상당히 조직적이었다. 당시 조선의 평안도 방어는 안주를 제외하고는 적이 침입할 경우 주변 산성으로 근거를 옮겨 적군의 남하를 저지하는 방식을 취했다. 하지만 청군의 선봉은 산성에서 접전을 피한 채 직로를 따라 도성으로 바로 진입해 들어왔으므로[112] 산성을 거점으로 한 방어책은 적에게 도성으로 향하는 길을 열어준 것이나 마찬가지가 되었다.

정묘호란의 피해가 완전히 복구되기 전에 또다시 이어진 전란으로 평안도는 극도로 잔폐해져 연락 수단인 파발마저 복구하기 어려운 형편이었다. 방어 체계는 완전히 붕괴했으며, 청의 견제에서 벗어나기 위해 병영을 옮기고 수비를 해제하자는 주장마저 나왔다.[113] 강화조약에서 성곽 수축과 개축을 일절 금했으나, 후일을 대비해 남한산성을 수축하다 청의 사신에게 발각되어 다시 허물어야 하는 형편이었다.[114]

---

110)《仁祖實錄》卷33, 14年 8月 辛卯(34-643 라) ; 14年 9月 乙巳(34-645 다).
　　　'上曰 然則安州可以守矣 義州則當如何…… 義州非安州之比 必須勿論冬夏而
　　　守之 今不能預加措備 而徒曰可守 豈不異乎.'

111)《仁祖實錄》卷33, 14年 9月 丙午(34-645 다).

112) 李蘊·崔國亮,《壇究捷錄》卷10, 關西道 關西直路事宜 ; 李植,《澤堂集》卷7,
　　　平安監司呈文. '乃於上年十二月初九日 鐵騎數萬 水渡鴨江 直向京路 勢如風
　　　颷 本道諸鎭 皆步卒短技 不敢出城遮截 彼輕兵迅馳 如入無人之境.'

113)《仁祖實錄》卷35, 15年 7月 癸巳(34-699 다).

새로운 도체찰사의 임명 논의도 있었으나, 광해군대와 인조대에 줄곧 이어진 비상 지휘 체계는 완전히 해체되어 복구가 어려웠다.

평안도에서는 특히나 전란으로 폐기된 성곽의 수축이 불가능했던 것은 물론 각 산성에 머물고 있던 주민들도 모두 내보내야 했다.[115] 이러한 상황에서 양서의 군병들을 다시 수습했던 것은 청의 요구에 따른 대명 원정군을 확보하기 위해서였다. 또한 청의 침입을 저지하기 위해 설치했던 압록강변의 파수군(把守軍)은 월경자(越境者)의 단속으로 임무가 바뀌었고, 오히려 조선 근해에 나타나는 한선(漢船)들을 감시하기 위해 연해안 파수가 강화되었다가 출현이 뜸해지자 해체되었다.[116] 결국 병자호란 뒤 조선은 강력한 청의 압력과 견제 아래 기존에 명과 맺었던 모든 관계를 청으로 돌려놓고 있었다.

---

114) 《仁祖實錄》 卷39, 17年 12月 辛卯(35-74 라).

115) 《仁祖實錄》 卷41, 18年 11月 丁酉(35-103 다).

116) 《仁祖實錄》 卷42, 19年 9月 乙未(35-123 다).

제2절 재원의 확보와 군사 위주의 재정 편성

　평안도 재정은 이미 선초 이래 일정한 독자성을 확보하고 있었다. 17세기 전반처럼 전면화하지는 않았지만 여진족의 국지적인 침입 가능성에 대비하고, 한편으로는 조선과 명 사이의 사행을 지원해야 했기 때문이다. 여진의 침입로 위에 위치한 평안도와 함경도의 전세를 중앙 상납 없이 본 도〔평안도〕에 비축하게 한 것도 이와 관련이 있었다.

　전세의 본 도 비축 외에도 평안도 재정은 사행이나 축성 등에 따른 빈번한 요역 징발, 본 도 방수 중심의 군역 운영, 낮은 공물 부담이라는 차별성을 가지고 있었다. 그러한 가운데 대외 정세가 불안해지면 다른 지역 군사의 본 도 방수나 공물 및 노비신공(奴婢身貢)의 군량화가 일시적으로 추진되었다. 군량의 경우 둔전의 설치는 물론 중앙이나 다른 지역의 지원을 통해 확보하기도 했다.[117]

　따라서 평안도 재정에는 토지와 호구에 근거한 공식적인 수취 부분

---

117) 조선 전기 평안도의 재정 편성에 대해서는 權乃鉉, 《朝鮮後期 平安道 財政 運營 硏究》, 고려대학교 박사학위논문, 2003, 44~53쪽 참고.

과 군량 확보를 위한 임시방편들이 혼재되어 있었다. 후자는 여진과 관계를 고려한 조처로, 다른 지역의 지원분까지 포함된다. 다른 지역의 지원분을 직접적인 평안도 재정으로 볼 수는 없지만, 군량 운영의 틀 속에서는 함께 논의되어야만 지역 재정에 대한 포괄적인 이해가 가능하게 된다.

군량 확보를 위한 임시방편들이 16세기 이후 전면에 대두되기 시작한 것은 임진왜란기였다. 전란 과정에서, 조선 전기 이래 북방의 긴장이 고조될 때 취해졌던 각종의 군량 확보책이 다양하게 시행되었던 것이다. 또한 이를 독려하기 위한 분호조(分戶曹)·독운관(督運官)·조도어사(調度御史) 등의 임시 기구나 직책도 속속 만들어졌다.[118] 그리고 이는 왜란이 끝난 뒤 후금에 대한 대응책으로 더욱 확대될 가능성을 가지고 있었다.

실제로 임진왜란의 피해를 극복하지 못한 상황에서 대두된 후금의 위협은 평안도 재정 편성에 군사적인 요소를 강화시켰다. 조선 전기에는 여진과 빚은 충돌은 국지적이었으며, 조선이 힘의 우위를 유지하고 있었다. 하지만 국가 건설로 막강한 군사력을 확보한 후금은 전시기와 비교할 수 없을 정도로 강성해지고 있었다. 그들의 위협이 전면전으로 확대될 가능성은 갈수록 커졌지만, 조선은 왜란으로 피폐해져 있었고 모문룡군에 대한 지원 부담마저 안고 있었다.

그 중심에 있던 평안도에서는 다양한 군량 확보책을 시행해나가야 했다. 기존의 평안도 재정에서 군비를 확충할 수 있는 요인들을 최대한 발굴해내고 부족한 부분은 다른 지역으로부터 지원을 얻어낼 필요가 있었던 것이다. 이 과정에서 조선 전기에 여진과 긴장이 고조될 당시 실시되었던 임시방편적 조처들을 비롯한 새로운 군비 확충 대책들

118)《宣祖實錄》卷48, 27年 2月 乙亥(22-229 가) ; 卷59, 28年 1月 癸卯(22-427 다).

이 다각도로 모색되었다.

그리고 이는 1618년 조선의 원군 파병을 계기로 본격화되었다. 평안도에서는 광해군 초부터 후금의 위협에 대비한 재정 확보가 절실했지만 대대적인 궁궐 영건이 진행되면서 오히려 평안도 재원이 중앙으로 이전되고 있었고, 다량의 목재와 철물을 운반하는 데는 많은 인력이 동원될 필요도 있었다.[119] 그러나 원병 파견의 결정은 이러한 분위기를 완전히 반전시켰다. 평안도 안의 재원 이전을 엄금하고 오히려 그것의 비축이 강조되었던 것이다.[120]

이 당시 장거리를 이동하게 될 원병에게 군량을 지급하기 위해 요양(遼陽)에서 식량을 구입하는 방안이 추진되었고, 한편으로는 평안도 청북 지역의 내노비(內奴婢) 신공을 작미(作米)해 운반하도록 했다.[121] 하지만 내노비 신공은 왕실 재정과 관련된 것이었으므로 광해군은 이를 작미하는 데 유보적인 태도를 보였다.

반면 호조는 작미의 범위를 양서의 일반 공물로까지 확대하기를 원했다. 평안도에서 방수하는 군병들은 으레 그들에게 지급되는 군량이 적어 사적으로 식량을 구입하곤 했는데, 흉년으로 이것마저 어렵게 되자 공물의 작미 방안이 나온 것이다. 현실을 무시할 수 없는 상황이라 광해군은 제향(祭享)과 어공(御供)에 지장을 주지 않는 범위 안에서 작미를 부분적으로 인정했다.[122] 결국 평안도에서 군량 확보를 위해 임시로 활용되었던 공물과 노비신공의 작미 방안이 다시 전면에 대두된 것이다.

비변사가 청북 지역 내노비와 각 아문 노비 1,000여 명의 신공에

---

119) 《光海君日記》 卷97, 7年 11月 丙申(32-440 라).
120) 《光海君日記》 卷127, 10年 閏4月 癸酉(33-64 다).
121) 《光海君日記》 卷133, 10年 10月 乙丑(33-175 가).
122) 《光海君日記》 卷134, 10年 11月 戊子(태백산본).

대한 작미를 요청한 것도 그 연장선 위에 있었던 일이다.[123] 공물과 노
비신공의 작미는 전세와 함께 평안도에서 자체적으로 확보할 수 있는
군량의 주 원천이었다. 여기에 다른 지역의 지원이 덧보태졌는데, 양
호(兩湖)의 미곡 외에 각 도 산간 지방의 공물을 작목(作木)하거나 작
미해 평안도로 넘겨준 것 등을 들 수 있다.[124]

찬획사(贊畫使) 이시발, 분호조 참판 윤수겸(尹守謙) 등은 군량 확
보와 역의 균등 부과를 위한 새로운 대안을 제시하기도 했다. 양서의
전체 토지 15만여 결에 결당 미 1석과 포 1필을 받아 진상 공물과 지
방 관아의 공용 물품을 조달하게 하자는 것이다. 이는 기존의 공물 부
과에 견주어 7만여 석의 미곡을 남겨 군량으로 사용할 수 있을 뿐만
아니라, 많은 토지를 소유한 자들에게 부담을 늘리게 할 수 있는 방안
이었다.[125] 하지만 구체적인 실천이 논의되지 못한 채 평안도의 곡물
을 군량이 아닌 다른 용도로 전용하거나 낭비하는 것을 엄금하는 등
의 현실적인 조처들만 실행되었다.

후금과 갈등이 고조되고 획기적인 군량 확보책이 마련되지 않은 상
황에서 무엇보다도 중요한 군량의 공급원은 평안도의 비축곡이었다.
광해군 후반, 관료들의 녹봉을 지급하지 못할 정도로 재정이 악화되
었을 때 분호조가 양호에서 작미한 것을 상납하게 했을 뿐 평안도의
군량을 사용하지 않은 것도 이 때문이었다.[126]

인조대에는 중앙군 강화와 평안도 방비가 동시에 추진되는 가운데
평안도에서 군량 비축 기조는 그대로 유지되었다. 부족분은 다른 지
역의 지원을 통해 보충했는데, 황해도의 전세나 전국적으로 수취된

123) 《光海君日記》 卷157, 12年 10月 丁未(33-344 라).
124) 《光海君日記》 卷150, 12年 3月 辛巳(33-300 다) ; 12年 6月 庚申(33-327
다).
125) 《光海君日記》 卷157, 12年 10月 丁未(33-344 라).
126) 《光海君日記》 卷177, 14年 5月 丁未(33-450 라).

서량이 대표적이었다. 모량·당량(唐糧) 등으로 불린 서량은 모문룡의 조선 주둔으로 생겨난 임시적 성격의 부가세였다. 가도에 군진을 형성한 모문룡은 본국으로부터 군량을 수송받았으나, 주둔이 장기화하고 많은 요동민들이 그 휘하에 몰려들면서 식량의 상당 부분을 점차 조선에 의존했다. 이러한 모문룡을 지원하기 위해 서량이 수취되었던 것이다.[127]

서량은 광해군 말부터 결당 1두 5승을 수취했다. 그런데 평안도에서 서량은 공물의 변통과 연관되어 다소 복잡한 양상을 띠고 있었다. 당초 서량을 거두어들일 때 양호 지역에서 운반하는 것이 쉽지 않자 양서에서 그것을 부담하고 대신 양서의 공물을 양호에 이정(移定)시킨 것이다. 이때 양서의 부담은 1두 5승이 아니라 7두였다.[128] 그러나 양서는 공물, 양호는 서량 부담에서 완전히 자유롭지는 않았다.

1627년(인조 5) 정묘호란으로 양서 지역이 피폐해지자 사헌부에서는 양서의 공물 작미를 전부 감면하고, 삼남으로 이정한 것까지 아울러 감면할 것을 요청했다.[129] 이는 양서에서 공물을 작미의 형태로 부담하고, 일부는 삼남에 이정하고 있었음을 보여주는 것이다. 양서의 부담은 형식적으로는 공물 작미이지만 내용상으로는 삼남에 공물을 이정한 대신 다른 도보다 훨씬 많은 서량을 납부하는 것이었다.

삼남에 이정된 양서의 공물은 5결 단위로 베 1필을 징수했다. 17세기 전반 중국에서 방문한 사신을 접대하기 위해 토지에 포를 부과하는 임시세인 결포(結布)가 여러 차례 시행되었는데, 양서의 공물가액 일부도 삼남에서 결포로 수취되고 있었던 것이다. 물력이 조잔(凋殘)했던 양서를 대신해 삼남에 이정한 결포와 가도에 대한 접응을 위해

127) 金玉根, 《朝鮮王朝財政史研究[I]》, 一潮閣, 1984, 303~305쪽.
128) 《增補文獻備考》 卷152, 田賦考12, 大同1.
129) 《仁祖實錄》 卷16, 5年 5月 癸酉(34-201 가).

전국적으로 거두어들인 서량이야말로 당시의 임시 부가세로서는 가장 큰 비중을 차지하는 것이었다.[130]

결국 평안도에서 다른 지역보다 높은 7두가 징수된 것은 모문룡에게 직접 양곡을 지급해야 하는 지역의 특수성은 물론 삼남으로 이정된 공물에 대한 반대급부가 반영된 것이라 할 수 있다. 따라서 양호에서 양서 지역의 공물을 전적으로 부담한 것은 아니며, 양호를 포함한 삼남에서도 1두 5승의 서량을 부담한 것이다.[131] 7두의 수미는 공물 작미의 성격을 띠지만 상납하지 않고 군량으로 사용했고, 전세까지 포함할 경우 평안도에서는 토지 1결에 약 10두를 수취한 셈이다.[132]

결당 1두 5승의 서량과 양서의 7두미는 평안도로 운반되었고, 인조대에는 관향사(管餉使)의 관리 아래 변방의 군량이나 가도에 지급될 양곡으로 활용되었다. 서량은 흉년으로 감면된 적도 있지만 군량 확보의 중요성으로 말미암아 대개 기준액을 징수했으며, 다른 용도로 전용하는 것은 인정되지 않았다.[133] 서량의 징수는 군량 운용에 많은 도움을 주었고 양서의 7두미가 차지하는 비중은 상당히 높은 편이었다. 더구나 평안도는 전세를 군사용으로 이미 비축한데다 황해도 역시 때로는 전세를 평안도로 수송해 군사 재정의 많은 부분을 이 두 지역이 부담했다.[134]

---

130) 《仁祖實錄》 卷18, 6年 5月 丁亥(34-274 나). '兵曹參判崔鳴吉上箚曰 當今 病民之政 固非一二 卽欲救之 須先革其弊源 近來科外之賦 其大者有二 曰五 結收布也 曰毛兵糧也.'

131) 《仁祖實錄》 卷18, 6年 5月 丁亥條(34-274 나)에 皂隷米 부담을 지고 있던 호서의 서량을 1두 5승에서 5승으로 감하자는 논의가 보이며, 《仁祖實錄》 卷39, 17年 12月 壬辰條(35-75 가)에는 삼남의 서량미 총계가 언급되고 있다.

132) 《備邊司謄錄》 第3冊, 仁祖 2年 3月 6日(1-189 다). '啓曰…… 一結一年收 米 兩湖京畿江原等道 則應納十六斗 兩西雖差減 而亦不下十餘斗.'

133) 《備邊司謄錄》 第4冊, 仁祖 12年 1月 4日(1-239 다) ; 12年 1月 8日(1-240 가).

134) 《仁祖實錄》 卷17, 5年 8月 乙巳(34-220 라) ; 卷19, 6年 9月 壬申(34-290 가).

평안도 군사 재정에 대한 이러한 지원은, 자체적으로 징수하는 전세와 서량의 규모로는 본 도에서 소요되는 군량마저도 충분하게 공급할 수 없었던 현실에서 비롯되었다. 강변과 내지의 요충지에 주둔한 군사들의 군량은 물론 가도에서 명군이 소비하는 군량에 대한 일차적 지원 책임이 평안도에 있었던 것이다. 따라서 평안도에서는 자체 토지로부터의 징수 외에 다른 지역의 군량 지원을 받고, 새로운 수취원을 계속 발굴해나가야 했다.

군량 공급과 가도에 대한 지원의 책임을 맡고 있었던 관향사 남이웅(南以雄)과 성준구(成俊耈)가 의주의 인산진(麟山鎭) 등지에 둔전을 널리 설치하려 한 것도 그러한 방편 가운데 하나였다.[135] 둔전은 조선 전기 이래 군량 확보 방안으로 수시로 논의되어왔고 인조 초에도 둔전 실시 주장이 잇달았지만, 군사의 단약함을 들어 쉽게 시행에 옮기지는 못했다. 그럼에도 논의가 지속되면서 일부 지역에서는 둔전이 설치되었다.[136]

또 다른 관향사인 김광욱(金光煜)은 각 도 산간읍의 전세 작목분과 평안도의 노비신공을 확보하려 애썼다. 산간읍의 전세를 작목한 250동은 원래 관향사 소속의 군량으로 사용하게 했지만, 호조에서 이를 넘겨주지 않자 김광욱이 적극 나서서 관향으로 편입시키려 했던 것이다. 그는 또한 정묘호란 뒤 평안감영으로 넘어갔던 관서 노비의 신공 작미분을 다시 상납하게 한 것에도 반대해 관향에 계속 남겨두려 했다.[137] 국가 재정이 전반적으로 부족한 상황에서 임시 군량 보충 방안으로 활용했던 재원을 두고 재정 운영 기구 사이에 관할권 다툼을 벌였던 것이다.

135)《仁祖實錄》卷7, 2年 12月 己酉(33-667 나) ; 卷15, 5年 1月 己卯(34-157 라).
136)《仁祖實錄》卷19, 6年 12月 丙辰(34-313 가) ; 卷21, 7年 9月 己亥(34-345 라).
137)《備邊司謄錄》第4冊, 仁祖 12年 1月 4日(1-239 라) ; 2月 9日(1-245 라).

평안도에서는 토지 외에 인신(人身)에 대한 파악을 통해 군량을 보
충하려는 노력도 있었다. 본 도에서는 서울로 상번(上番)하는 군사는
없었으나 많은 수가 강변이나 내지 요충지 방수에 동원되었다. 여기
에는 지속적인 군역 대상자의 확보가 필요했는데, 정착하지 못하고
떠도는 부류에게는 미곡을 거두어 군량으로 사용했다. 예를 들어
1626년(인조 4) 호패법의 추진과 함께 평안도에 4만 8,000여 명의 여
정(餘丁)이 생기자 비변사에서는 이들에게 입작민(入作民)에게 수포하
던 전례에 따라 1인당 미 7두를 거두게 했던 것이다.[138]

한편, 별도의 군량을 일시적으로 거두어들인 예도 있었다. 1633년
에 전운이 감돌자 비변사에서는 양서에 결당 3두를 추가로 부담하게
하고, 나머지 지역에서는 결당 2두를, 그리고 서울에서는 각 호를 상·
중·하로 나누어 1~5두씩을 수취하도록 했다.[139] 또 1636년에는 군사
들에 대한 접대와 산성 수축을 위해 양서에서 무려 결당 30여 필을
수취하기도 했다.[140]

그러면 이러한 여러 가지 방식을 통해 평안도에서는 과연 어느 정
도의 군량을 확보할 수 있었을까? 우선 평안도 자체의 수취분으로 들
수 있는 것은 토지에서 나온 전세였는데, 16세기경부터 전세는 대개
결당 4두의 정액세로 바뀌어나갔다.[141] 토지 생산성이 열세인 평안도
의 전세는 다른 지역에 견주어 낮은 수준이었고, 전량 군량으로 비축
되었다. 정액세의 관행이 법제화된 영정법(永定法) 아래에서 평안도의
전세 수취 방식은 다소 복잡했는데, 내부의 지역 여건에 따라 수취액
에서 차이가 났다. 그 구체적인 내용은 다음과 같다.[142]

138) 《仁祖實錄》 卷13, 4年 7月 壬辰(34-127 라).
139) 《仁祖實錄》 卷28, 11年 1月 辛酉(34-513 가).
140) 《仁祖實錄》 卷33, 14年 11月 乙卯(34-653 라).
141) 朴鍾守, 〈16·17세기 田稅의 定額化 과정〉, 《韓國史論》 30, 서울대학교 국
    사학과, 1993.

	단갑읍(강변7읍, 평양)	이갑읍(34읍)
수전 1결당 수취액	미 2두 6승 6합 6작	미 3두 3승 3합 4작
한전 1결당 수취액	전미 5승 3합 3작, 황두 1두 6승	전미 5승 6합 8작, 황두 1두 7승

〈표 1-1〉 평안도 전세이 지역 구분과 수취액

　단갑읍(單甲邑)과 이갑읍(二甲邑)의 구분은 전반적인 토지의 비옥도와 읍민의 부담이 고려된 것이다. 단갑읍의 전세 수취량은 다른 도의 약 3분의 2 수준이었다. 수전의 전세는 결당 미 4두가 기본이었으므로 평안도의 단갑읍에서는 그 3분의 1을 감해 징수했고, 한전에서는 전미(田米)와 황두(黃豆)를 합해 3두 2승을 기준으로 해서 역시 3분의 1을 감했다. 이갑읍은 단갑읍의 수취량에 두 배를 했는데, 실세액이 평안도 외의 지역보다 도리어 높아지게 되므로 여기에 다시 2두를 감해 징수했다. 즉, 이갑읍의 수전 전세액은 단갑읍의 2두 6승 6합 6작에 2를 곱하고 여기에 다시 2두를 뺀 것이다.[143] 따라서 평안도 이갑읍의 수전 전세액은 다른 도의 약 83퍼센트 수준에 해당하게 된다.

　한편 평안도는 함경도와 더불어, 훈련도감의 창설과 함께 1593년(선조 26)부터 토지 결당 미 2두 2승을 수취했던 삼수미(三手米)의 부담에서는 자유로웠다. 반면 전국적으로 수취된 임시 부가세인 서량은 공물 부담과 연계되어 7두를 거두어들였다.

　전세와 서량의 규모를 파악하기 위해서는 평안도의 토지 실결(實結)을 확인해보아야 하지만, 호란 이전 평안도의 토지 결수를 정확하게

---

142)《續大典》卷2, 戶典, 收稅條 ;《萬機要覽》財用編2, 收稅條에서는 二甲邑의
　　한전 수세액에서 田米가 5升6合6勺으로, 수전은 米 3斗3升3合3勺으로 되어
　　있다.
143)《萬機要覽》財用編2, 收稅條.

살펴볼 수 있는 자료는 제한적이다. 1603년(선조 36) 삼남을 제외한 5 도에 양전이 실시되었지만, 평안도의 원장부(元帳付)만은 병화(兵禍) 로 소실되었다.[144] 임진왜란 이전의 기록도 원장부 결수로 수세 실결 은 18세기 전반 이후에야 비교적 상세한 고찰이 가능해진다.[145] 다행 히도 광해군 초반의 대략적인 토지 결수는 확인할 수 있는데, 다음의 표를 통해 평안도와 황해도의 토지 결수 변화 추이를 살펴보자.

시기 지역	① 임란 이전 (원장부)	② 1603년 (원장부)	③ 1611년	④ 1623년	⑤ 1646년 (실결)
평안도	전 126,810결	미상	94,000여 결	90,000여 결	전 42,844결
	답 26,198결				답 4,717결
	합 153,009결				합 47,561결
황해도	전 78,779결	전 82,048결	61,000여 결		전 35,057결
	답 28,053결	답 26,163결			답 9,181결
	합 106,832결	합 108,211결			합 44,238결

※ 출전 : ①·⑤《磻溪隨錄》卷6, 田制攷說下 / ②《度支志》卷3, 版籍司, 田制部1, 各道田結摠數 / ③《增補文獻備考》卷148, 田賦考8, 租稅1 / ④《仁祖實錄》卷3, 元年 9月 丁酉

〈표 1-2〉 양서의 토지 결수(임란 이전~1646)

〈표 1-2〉를 보면 임진왜란 이전 황해도의 원장부상 토지 결수는 1603년(선조 36)의 양전 실시 이후 비슷한 수준을 보이고 있다. 이는 다른 도에서도 유사한 양상을 보이기 때문에 평안도의 당시 원장부상 결수는 대략 15만 결 정도로 추정된다. 여기서 실결이 얼마나 되었는 지는 알 수 없는데, 1646년(인조 24)의 실결은 평안도가 4만 7,561결, 황해도가 4만 4,238결이다. 병자호란 뒤 평안도는 한때 3만 결 수준까

---

144)《度支志》卷3, 版籍司, 田制部1, 各道田結摠數.
145)《度支田賦考》田摠, 出稅實結.

지 떨어졌다가 서서히 회복되는 과정에 있었다.[146]

문제는 1611년(광해군 3) 양서 15만 5,000여 결의 성격인데, 1603년 양서 원장부상의 결수가 25만 결 정도로 추정되므로 이는 실 경작 결수로 보아야 할 것이다.[147] 그렇다면 1623년의 9만여 결도 실 경작수가 될 것이다. 따라서 호란 전에 많게는 평안도에서 약 9만 4,000여 결, 황해도에서 6만 1,000여 결의 토지가 경작되었다고 할 수 있다. 이를 다시 1646년의 양서 전답 합계인 9만 1,799결과 비교하면, 1611년에서 1646년 사이에는 6만 3,000결 정도의 결수 차이가 생긴다. 이 추정을 인정할 경우 두 차례의 호란을 겪으면서 양서 지역의 토지는 상당 부분 피폐되었다고 할 수 있을 것이다.

그렇다면 17세기 전반 평안도의 실결수는 9만에서 4만, 혹은 3만 결까지의 큰 변동 폭 속에서 움직였던 셈이 된다. 이 토지를 대상으로 거두어들이는 전세와 수미가 변방 군량의 핵심을 이루며 여기에 황해도의 전세와 수미도 이용되고 있었다.

이제 실제 수취량을 파악해보도록 하자. 1646년 평안도에서는 전세로 미두(米豆)를 합해 7,882석, 황해도에서는 1만 1,796석이 수취되었

---

146) 《備邊司謄錄》第6冊, 仁祖 19年 9月 15日(1-502 나).

147) 1611년의 양서 토지 결수를 원장부결로 보기에는 너무 적고, 실결로 보기에는 다소 많은 편이다. 그 실상을 이해하기 위해 먼저 황해도의 토지 결수를 보면, 임란 이전의 원장부결은 10만 6,832결, 1603년은 10만 8,211결이다. 양서 지역은 삼남에 비한다면 임란에 따른 토지 피해가 적었으므로 1603년 평안도의 원장부결도 임란 이전과 큰 차이가 없는 15만여 결 내외였을 것이다. 그렇다면 1611년의 기록은 원장부결이라기보다는 실결에 가깝다. 다만 그것이 정확한 수치인지는 알 수 없는데, 李時發, 《碧梧遺稿》卷3, 陳西路民弊箚에서는 1620년경 평안도의 전결수를 8만여 결, 황해도의 전결수를 6만여 결이라 했다. 서로 비슷한 시기의 평안도 토지 결수에 1만 결 이상의 차이가 나는 것이다. 따라서 임란 이후부터 호란 전까지 평안도의 토지 결수를 정확하게 추정하기는 어렵지만, 대략 8만 결에서 9만여 결 사이였다고 볼 수 있을 것이다.

다.[148] 황해도는 결당 4두를 적용한 액수이며, 평안도는 지역에 따른 차이가 고려된 수취량이다. 여기에 7두의 수미를 계산하면 평안도는 2만 2,195석, 황해도는 2만 644석을 더 거두어들였다.

따라서 1646년의 토지 결수를 기준으로 할 때 전세와 수미를 합친 액수는 평안도가 3만 77석, 황해도가 3만 2,440석이 된다. 만일 평안도와 황해도의 토지 결수를 1611년의 것을 기준으로 한다면, 전세와 수미를 합한 추정 세액은 각각 5만 9,000여 석, 4만 5,000여 석 정도가 된다. 결국 호란 전 평안도에서는 매년 6만 석 정도의 군량을 수취했고, 황해도에서도 많게는 4만 석 이상을 지원했다고 할 수 있다. 양서를 합해 10만 석이 넘는 이 추정 군량은 1625년(인조 3) 양서에서 1년 동안 거둔 12만 석에 근접한다.[149]

그 밖에 삼남에서도 1두 5승의 서량을 부담했다. 삼남의 서량 총액은 1634년(인조 12) 양전 뒤 5만 1,497석에 이르렀다.[150] 양전이 실시되기 전에는 3~4만 석 정도였으므로[151] 삼남의 서량은 3~5만 석 사이의 규모에서 수취되었다고 할 수 있다. 토지 결당 수취량은 1두 5승으로 양서보다 적었지만, 면적이 넓었기 때문에 서량의 총액은 적지 않았다. 삼남 외에 경기와 강원도에서도 1두 5승의 서량을 수취했으므로 서량의 전체 규모는 이보다 더 늘어나게 된다.[152]

결국 17세기 전반 내부 반란과 전란으로 평안도의 토지 결수는 큰 폭으로 변동했고 다양한 군량 확보 방안이 시행되었으므로 전체 군량의 규모는 일정하지 않았다고 할 수 있다. 전세와 수미의 총액은 평안

148) 《磻溪隨錄》 卷6, 田制攷說下.
149) 《仁祖實錄》 卷10, 3年 12月 己亥(34-53 나).
150) 《仁祖實錄》 卷39, 17年 12月 壬辰(35-75 가).
151) 《仁祖實錄》 卷13, 4年 閏6月 乙卯(34-117 가).
152) 《仁祖實錄》 卷18, 6年 2月 癸丑(34-260 나) ; 卷19, 6年 9月 乙亥(34-290 라).

도에서 3~6만 석, 황해도에서 3~5만석 정도였다. 두 지역에서 한 해 거둔 군량이 많게는 12만 석에 이르렀고, 삼남에서도 3~5만 석의 서량을 지원했다. 평안도 군사 재정은 바로 이에 기반해 운영되었다.

이 가운데 평안도의 전세는 원래 군사용으로 비축되었던 것이라 여러 변수에 상관없이 일관되게 유지되었으나, 임시 부가세였던 서량은 상황에 따른 변동이 있을 수밖에 없었다. 1635년(인조 13)에는 삼남의 양전이 끝난 뒤에 실결수가 증가하자 토지에 부가된 임시 세목들이 견감되면서 양서 공물가로 이정된 5결포도 혁파되었다.[153] 하지만 변방의 위기가 사라진 것은 아니었기 때문에 서량에는 별다른 변동이 없었다.

서량에 대한 본격적인 변통 논의는 병자호란이 끝난 뒤 제기되었다. 군량으로도 이용되었으나 서량은 원래 가도의 모문룡에 대한 지원을 명분으로 만든 것이었다. 따라서 조선이 청에 굴복하고 가도의 명군도 소탕된 뒤에는 서량을 계속 수취할 명분이 없었다. 더구나 삼남의 양전 실시로 다른 임시세들은 모두 혁파된 뒤였다. 이에 따라 1639년(인조 17) 우선 삼남의 서량에 대한 견감 조처가 취해졌다. 1두 5승의 수취액 가운데 영남은 9승, 호남과 호서는 각 2승을 감해 삼남 서량의 총액은 5만 1,497석에서 3만 5,621석으로 줄었다.[154]

서량의 감면 조처는 번복과 시행을 거듭했고, 수취 명분이 사라진 이상 명목을 바꾸거나 혹은 서량 자체를 혁파해야 한다는 주장도 잇달았으나, 평안도에서 서량이 사용되고 있는데다가 실시한 지도 오래되었다는 이유로 서량의 징수는 지속되었다.[155] 병자호란 뒤에도 청의

---

153) 《仁祖實錄》 卷31, 13年 6月 辛巳(34-600 나).

154) 《度支志》 卷15, 經費司, 五禮部3, 軍禮 西粮.

155) 《備邊司謄錄》 第6冊, 仁祖 19年 5月 28日(1-475 나). '啓曰…… 所謂西粮 當初或稱唐粮 或稱毛粮西粮 而丁丑以後不改他名 誠是有司不察之故也 但旣 用於西粮而行之已久 今雖換他名目 旣捧其制 則終不免牽補苟且之歸 仍稱西

사신 접대와 군량 지원, 심양에 인질로 끌려간 소현세자(昭顯世子)와 봉림대군(鳳林大君) 일행의 경비 보조 등에 많은 재원이 필요했기 때문이다.

사실 전란으로 극심하게 피폐해진 평안도 자체의 재정만으로 이러한 비용을 감당하는 것은 불가능한 상황이었다. 호란 뒤 평안도의 실결수는 3만여 결로 감축되었고 수미도 한때 6두로 줄었는데,[156] 이를 환산하면 평안도 수미의 총액은 1만 2,000여 석에 지나지 않는 것이다. 이처럼 재정 보충이 절실해지자 평안도에서는 공명첩을 발급하고, 입방할 필요가 없게 된 군사들에게는 제방포(除防布)를 징수했으며, 정규의 부세 외에 별도로 쇄마가(刷馬價)를 거두어들였다.[157] 또 중앙에서도 피해가 복구될 때까지 병조목(兵曹木)을 지급하는 등의 지원을 벌였다.[158]

이후 관향(管餉)의 수요가 점차 줄어들면서 평안도가 조금씩 회복되고 공물 변통에 대한 논의도 일어나는 가운데 실제 서량 혁파의 계기가 마련되었다. 1646년(인조 24) 양호에 옮겨진 양서 공물에 대한 변통이 본격적으로 제기된 것이다. 하지만 논의를 주관한 호조에서도 양서 공물의 양호 이정과 운영 과정, 서량과 관계된 일 등에 대해 구체적인 사실을 혼동하고 있었다.[159] 1618년(광해군 10) 조선군의 파병으로 변방 위기가 고조되면서 양서 공물이 양호로 이정되었고, 인조대에는 양서 공물 명목으로 삼남에서 5결 단위로 포를 거두기도 했다.

粮 亦似無妨 敢啓.'

156) 《備邊司謄錄》 第6冊, 仁祖 19年 9月 15日(1-502 나).

157) 《備邊司謄錄》 第6冊, 仁祖 19年 3月 19日(1-452 나) ; 4月 3日(1-457 가) ; 8月 3日(1-493 라).

158) 《備邊司謄錄》 第7冊, 仁祖 20年 7月 13日(1-570 라).

159) 이와 관련된 논의는 《備邊司謄錄》 第10冊, 仁祖 24年 7月 3日(1-849 가) ; 7月 6日(1-849 다) ; 7月 14日(1-851 나) 참고.

여기에다 각 도에서 서량이 징수될 때 양서에서는 공물 작미의 형식으로 7두를 거두고 실제로는 군량으로 사용해 그 성격이 매우 복잡했던 것이다.

원래 양서에서 양호로 옮겨진 공물은 포로 환산하면 평안도가 320동 40필, 황해도가 463동 23필 정도 되었다. 이 가운데 삼남에서 양전이 시행되어 5결포가 혁파된 뒤에도 여전히 남아 있던 양서 공물가는 99동 22필로, 이는 본 도의 원공물에 의거해 본색(本色)으로 납부되고 있었다. 그런데 당시는 명·청 사이의 대결이 거의 마무리되고 평안도의 방어 체계가 아직 복구되지 않은 상황이었으므로 그전처럼 관향이 막대하게 소모되지는 않았다. 따라서 이미 명분이 퇴색한 서량을 계속 징수하기도, 양서의 공물을 양호에 지속적으로 부담하게 하기도 어려운 상황이었다.

결국 1646년에 서량과 양호에 이정된 공물을 모두 혁파하고 양서의 공물은 본 도로 환속했다. 양서에서는 이에 따라 기존의 7두에서 2두를 감했다. 구체적으로 황해도는 5두를 거두어 관향사가 아닌 호조에 공물가로 납부한 반면, 평안도는 여전히 군량으로 회록(會錄)해두고 공물가는 호조에서 대신 지급했다. 평안도의 경우 역(役)의 경중과 거리의 원근에 따라 지역을 나누어, 직로와 박천(博川) 등 13읍에는 결당 5두, 강변 등 29읍에는 6두를 수미로 부가했다.[160] 군량을 확보하기 위해 임시세로 부가한 서량과 이와 연관된 양서의 수미가 호란 뒤 조선 사회가 복구되는 과정에서 변통이 이루어진 것이다. 평안도의 수미는 다른 도의 대동(大同)과 같은 것이지만, 상납하지 않고 본 도에 비축하며 수취량은 매우 가벼웠다고 할 수 있다.[161]

---

160) 《增補文獻備考》卷152, 田賦考12, 大同1. 《萬機要覽》財用編2, 收稅條에서는 박천을 제외한 직로 12읍에서만 5두를 거두는 것으로 되어 있다.

161) 徐榮輔, 《竹石館遺集》冊6, 關西應旨啓 民庫摠論. '本道結役 有稅米收米 收

  평안도에서는 1618년 이후 전세 외에 공물도 변통의 내용에 상관없
이 계속 본 도에 비축되었다. 변방의 우려가 완화되는 경우 결과적으
로 이 지역에서는 해마다 상당량의 비축곡을 운용하게 되는 것이다.
군량은 양서관향사인 평안감사가 관리했고, 여기에는 해서의 관향곡
도 포함되었다. 관향곡은 환곡으로 운영되어 그 규모가 계속 확대될
가능성이 있었다.

米則他道大同之類也 而其數至爲輕歇.'

제3절 군비 지출과 재정 운영

1. 군사 재정 기구의 운영

17세기 전반 변방의 위기 고조는 국가 재정에서 군사 부분이 차지하는 비중의 증가를 가져왔다. 군사와 군량의 확보 및 성곽 수축은 막대한 재정 부담을 동반하는 것이었으며, 긴박한 국제 관계에서 파생되는 외교 비용의 지출도 적지 않았다. 임진왜란과 그 뒤의 복구 과정에서 증가한 후금의 위협은 안정적인 군비의 운영이 어려운 상황에서 돌출된 것이었므로, 군사적인 면에서 준전시적인 비상 체제가 일상적으로 유지되었듯이 이를 뒷받침한 재정 운영 기구도 그에 상응하는 면모를 가지고 있었다.

광해군대의 비상 재정 운영을 뒷받침한 기구는 분호조였다. 분호조는 국가에 중대사가 발생했을 때 호조의 업무 분담을 위해 설치한 임시 기구였다. 광해군대 이전에는 임진왜란 중에 분호조의 활동이 적극적으로 이루어졌었다. 일본군의 대규모 침입으로 국왕이 파천하고 세자가 분조(分朝)해야 하는 상황에서 호조나 병조도 기구를 나누어 업무를 분담했던 것이다. 이때 분호조는 호조와 마찬가지로 별도의 판서와 참판 그리고 참의 등을 두었다.

분호조의 업무는 예를 들면, 1593년(선조 26) 1월 명군이 평양성을 수복할 때 호조판서가 동행하며 군량과 마초(馬草)를 담당하고 분호조 판서는 강화(江華)와 교동(喬桐)에서 공사(公私)의 저축을 징발해 군량을 확보하는 것과 같은 식이었다.[162] 전쟁 중인 관계로 분호조의 활동은 주로 군량 확보와 운반에 집중되어, 분호조 관원은 세자나 관군과 명군의 이동로를 오가며 군량을 확보하고 공급했다. 군량과 관련해서는 분호조 외에 조도사(調度使)·독운어사(督運御史) 등도 잇달아 파견되었다. 때문에 많게는 한 도에 네다섯 명의 관원이 군량을 징발하고 다녀 민들의 피해가 극심했다.[163]

광해군대에도 후금의 침입 위협으로 말미암아 도체찰사 중심의 비상 지휘 체계를 유지하는 한편, 재정 지원을 위한 분호조를 다시 설치했다. 그런데 광해군 초기의 분호조는 군량 확보보다는 명의 사신 접대에 필요한 물품을 조달하는 데 주로 관여했다. 전란의 영향으로 각 관청이 모양을 제대로 갖추지 못한 상황에서 명의 사신이 나오자 각사(各司)의 공물을 모두 거두어들이고 필요한 물품을 변통하면서 분호조가 만들어진 것이다.[164] 1609년(광해군 2)에는 사신의 도착에 임박해서 시민(市民)들로부터 강제로 물품을 거두어들이는 폐단을 줄이기 위해 미리부터 분호조를 설치해 필요한 물품을 확보했다.[165] 이해에는 분호조의 창고도 남별궁(南別宮)의 서편에 정식으로 설치되었다.[166]

162) 《宣祖實錄》卷45, 26年 閏11月 甲午(22-149 다).
163) 《宣祖實錄》卷104, 31年 9月 戊戌(23-495 가).
164) 《光海君日記》卷113, 9年 3月 癸酉(32-572 다).
165) 《光海君日記》卷21, 元年 10月 甲戌(31-463 나).
166) 《萬機要覽》財用編 6, 諸倉, 戶曹各倉庫.

그런데 광해군이 별도로 분호조를 설치해 사신의 접응 물품을 사들이는 것에 반대하자 호조의 정랑(正郞)과 좌랑(佐郞)을 추가로 차출해 조도색(調度色)이라 하고 분호조의 임무를 대신하게 했다.[167] 조도색은 사신 접대에 필요한 물품을 주관하고 기타 국가의 주요 행사에 들어가는 경비 운영에도 관여했다.

그 밖에 국가의 재정 부족이 갈수록 심각해지면서 지방에는 따로 조도사를 두었다. 조도사는 한 도를 전관하는 감사나 군무를 담당하는 병사를 대신해 군량과 염철을 확보했으며, 궁궐의 영건이나 중건 재원 마련에도 깊숙이 관여했다. 그들은 정규 혹은 임시의 부세에 대한 납부를 독려하고 별도로 공명첩을 준비해 곡식 확보의 방편으로 활용했다.[168]

조도색으로 대체되었던 분호조가 다시 전면에 등장한 것은 1618년(광해군 10)이었다. 이해는 앞서 누차 지적했듯이 명의 요구에 따라 후금을 정벌하기 위한 조선의 원병이 파견되어 변방 정세가 매우 불안하던 때였다. 대규모의 군병 동원에 무엇보다도 절실했던 것은 군량이었는데, 이 문제의 해결을 위해 분호조를 다시 두고 참판·참의·종사관 등을 임명했던 것이다.

당시 분호조의 참판은 윤수겸으로 양서 지역을, 참의는 이창정(李昌庭)으로 양호 지역의 양향(糧餉)을 담당했다.[169] 이제 분호조는 광해군 초기와는 달리 후금과 충돌이 가시화되면서 군량과 관련한 군사적 임무를 강하게 지니게 되었는데, 우선 남방의 군사가 변방으로 올라가는 길에서부터 주집결지인 평안도에 이르기까지 적극적으로 군량을 조달했다.[170]

---

167) 《光海君日記》 卷23, 元年 12月 乙卯(31-473 나).

168) 《光海君日記》 卷114, 9年 4月 丙午(32-583 나).

169) 《光海君日記》 卷128, 10年 5月 丁未(33-91 나).

평안도와 황해도에서는 그해 윤4월부터 관청 소유곡의 민간 분급이 금지되고 수령이나 변장 또는 조도사가 마련한 곡식과 영건도감(營建都監)으로 올려보낼 곡식도 모두 본 도에 유치해 군사적 수요에 응하도록 했다.[171] 당시 평안도에는 대·소미 2만여 석과 콩 4만여 석이 보관되어 5개월 동안 1만 병마의 식량을 댈 수 있는 것으로 평가되었는데, 여기에다 가을에 환곡을 받아들이면 2~3개월의 군량을 추가로 지출할 수 있었다.[172]

평안도에서 군량에 관한 일을 전반적으로 지휘했던 분호조는 조선의 원군이 국경을 넘기 직전에 1만 2,000석을 마련해 강변으로 운반했다.[173] 1619년 조선군이 압록강을 넘자 분호조 참판 윤수겸도 동행해 군량 조달을 감독했다. 하지만 조선의 항복으로 후금과 물리적 충돌이 끝난 뒤 조선은 그들의 침입 위협에 더욱 긴장해야 했고, 분호조도 자연히 유지되었다.

광해군대, 국가의 재정 부족이 심화되고 궁궐 영건에 막대한 경비가 지속적으로 지출되는 어려운 상황에서 분호조는 군량 마련에 더욱 고심할 수밖에 없었다. 당시 평안도에서 자체적으로 조달할 수 있는 군량으로는 전세 유치분과 공물 일부를 작미한 것 등이 있었는데, 분호조는 이에 더해 다른 지역의 미곡과 공물 작미를 부분적으로 평안도에 이관시켰다.[174] 그럼에도 지속적인 군량 조달이 어렵자 노비신공을 작미해 군량으로 삼고 공명첩을 발급하는 방안도 추진했다.

---

170) 《光海君日記》 卷129, 10年 6月 甲戌(태백산본) ; 10年 6月 戊寅(33-111 나).

171) 《備邊司謄錄》 第2冊, 光海君 10年 閏4月 13日(1-88 다).

172) 《光海君日記》 卷130, 10年 7月 丙申(33-130 라).

173) 《光海君日記》 卷137, 11年 2月 乙卯(33-207 가).

174) 《光海君日記》 卷150, 12年 3月 辛巳(33-300 다) ; 12年 6月 庚申(33-327 다). '戶曹啓曰…… 且諸道山郡 各官貢物 則分曹參判尹守謙 分曹參議李昌庭 等句管 作木作米 專委西邊軍餉 關係甚重.'

결국 분호조는 광해군 초기 명나라 사신 접대의 필요에 따라 설치되었다가 후반에는 주로 후금과 빚은 충돌에 따라 군량 운영에 관여했다고 할 수 있다. 평안도에서 자체적으로 비축한 곡물과 다른 지역에서 평안도로 들여보내는 군량을 관리해 유사시에 대비하고, 기타 국가의 필요한 경비를 마련했던 분호조의 임무는 광해군 말기까지 지속되었다. 조사에 따르면, 인조반정이 일어났을 때 분호조 참판 윤수겸은 곡물 7만 석, 포목 1만 5,000필, 은화 9,000냥, 소 300마리를, 참의 이창정은 곡물 4만 3,000석, 포목 1만 필, 은화 500냥을 비축해두었다고 한다.[175]

인조 정권은 분호조나 조도사의 활동을 매우 부정적으로 인식했다. 그들은 반정을 정당화하기 위해서라도 민들에게 큰 부담이 되었던 분호조의 활동을 불법적인 수취로 규정할 필요가 있었다. 따라서 이와 관련된 문서를 모두 수거해 불태웠고,[176] 평안도의 환곡과 인삼 무역을 관리할 관원도 민폐를 이유로 분호조가 아닌 현지의 관향사가 맡도록 했다.[177]

분호조는 인조대 변방의 위기가 더욱 고조된 상황에서도 그 활동이 정체되어 있었는데, 정묘호란이 발생하자 군량 확보에 잠시 관여했다. 하지만 해운판관(海運判官)·호소상부사(號召上副使)·독운어사 등의 활동이 중복되자 양사(兩司)에서는 분호조를 먼저 혁파하도록 요청했다. 이에 따라 군량을 확보·운반하는 데 관계하는 관원들이 중복된다는 이유로 1627년(인조 5) 분호조는 마침내 혁파되었다.[178]

175) 《仁祖實錄》 卷3, 元年 9月 丁酉(33-550 나).
176) 《仁祖實錄》 卷3, 元年 9月 丁酉(33-550 나). '先是 領相李元翼白上曰 廢朝 分曹及調度等官 橫斂無藝 而守令皆自偸用 徒存虛簿 今皆徵督於民間 故怨咨 莫甚 司諫趙誠立 請盡焚其券 特進官李時發亦曰 朴燁聚斂簿書 並宜焚之 上 曰 固宜焚之.'
177) 《仁祖實錄》 卷10, 3年 10月 甲申(34-36 나).

　인조 정권은 분호조의 활동이 정체되어 있는 상황에서 새로이 관향사를 설치했다. 인조 정권으로서는 광해군대의 대표적인 대민 수탈기구로 인식되고 있었던 분호조나 조도사를 전면에 내세우기 어려웠던데다가 중앙 관료를 오랫동안 지방에 머물며 군량을 담당하게 하기도 곤란했다. 하지만 후금의 위협에 맞서 군량을 관리할 관료를 두지 않을 수는 없었으므로, 관향사를 설치하되 지방관이 겸임하는 방안을 택했다. 이리하여 1623년(인조 1)에 처음으로 남이웅과 정두원(鄭斗源)이 관향사로서 각각 안악군수(安岳郡守)와 성천부사(成川府使)를 겸해 양서의 군량을 책임지게 되었다.[179]

　후금의 침입로에 위치한 양서 지역, 특히 평안도에서는 군병과 군량 확보가 절실했으며, 가도에 주둔하고 있는 모문룡에 대한 지원도 고려해야 했다. 평안도에 부가되는 조세는 평소 군량으로 이용되고 있었으나, 상대적으로 여유가 있는 지역으로부터 곡물 지원도 필요했던 까닭에 호남과 영남에 따로 관향사가 잇달아 설치되었다.[180]

　하지만 반정 초기 민심 수습을 위해 수령이 관향사를 겸하는 것조차 반대하는 의견도 적지 않았다. 참찬관(參贊官) 정경세(鄭經世)는 변방으로 군량 수송을 하기 위해 임명한 양남관향사(兩南管餉使)의 경우 이미 이 일에 관련되어 있는 해운판관이 겸임하게 할 것을 주장했다. 뒤이어 비변사에서도 양서 외 지역의 관향사는 모두 혁파하도록 요청했다.[181]

　실제로 1624년부터는 양서 이외의 지역에서 관향사가 활동했다는 기록이 거의 보이지 않는다. 이 시기에는 분호조의 문서를 불태우는

---

178) 《仁祖實錄》 卷15, 5年 2月 辛亥(34-174 다).
179) 《仁祖實錄》 卷1, 元年 4月 庚辰(33-526 라) ; 元年 4月 癸未(33-528 가).
180) 《仁祖實錄》 卷2, 元年 5月 丁巳(33-535 다).
181) 《仁祖實錄》 卷2, 元年 6月 辛未(33-537 가) ; 元年 7月 戊申(33-542 라).

마당에 여러 곳에서 관향사를 운영하는 것이 부담스러웠으며, 이괄의 난 이후 피폐해진 양서 지역을 수습하는 것이 무엇보다도 중요했다. 또한 갈수록 거세어지던 모문룡의 식량 요구에 대처하기 위해서도 양서 중심으로 관향사를 운영할 필요가 있었던 것으로 보인다. 경성판관(鏡城判官)을 함경북도 관향관에 임명하고 안변부사(安邊府使)를 함경남도 관향사로 임명한 적이 있는데, 이 역시 함경도에 일시 수둔하게 될 모문룡에게 식량을 공급하기 위해서였다.[182] 가도의 명군에 대한 접응이 관향사의 주요 임무 가운데 하나였던 것이다.

그런데 평안도와 황해도에 각각 설치되었던 관향사마저 하나로 합치려는 논의가 곧바로 일어났다. 초기에 관향사는 관향곡을 준비하고 출납하는 일을 맡았고, 그것의 운송은 감영의 도사(都事)가 책임을 지고 있었다.[183] 관향사는 한 도의 군량을 담당하지만 수령을 겸했기 때문에 감영의 도사와 얼마든지 마찰을 빚을 수 있었다. 반정 초기에 민폐를 걱정해 현지 수령이 관향사를 겸하게 했던 데서 군량 운용의 효율을 위해 독자적인 관향사 체제가 필요해지고 있었던 것이다.

또 하나의 문제는 평안도와 황해도에서 각각 관향사가 활동하는 것이 효율적이지 못하다는 점이다. 관향사와 도사의 임무가 분리됨으로써 군량 운용에 대한 체계적인 지휘가 어렵기도 했지만, 변방의 위기가 고조되고 모문룡의 요구가 증가하는 상황에서 평안도와 황해도를 구분해 관향사를 유지할 필요가 없었다. 따라서 양서에 한 명의 관향사를 두되 군량의 확보와 운반 그리고 출납의 모든 과정을 관향사가 도맡도록 했다.

평안도 관향사 정두원의 경우 성천이 내지 깊숙이 있어 군량 조달의 책무를 제대로 하지 못했던 반면, 남이웅은 일찍부터 군량 확보와

---

182) 《備邊司謄錄》 第3冊, 仁祖 2年 4月 13日(1-210 라).
183) 《備邊司謄錄》 第3冊, 仁祖 2年 5月 11日(1-223 나).

관련해 명성을 얻었고 이괄의 난을 토벌하는 데도 기여했다. 따라서 1624년(인조 2) 5월 남이웅이 평안·황해 양도의 관향사에 임명되어 결국 양서관향사(兩西管餉使) 체제로 재편되었다.[184] 양서관향사는 독자적인 직책을 가진 채 종사관을 대동해 변방을 오가며 군량을 감독하게 되었는데, 남이웅은 평안도의 군사 지휘권을 지닌 도원수의 공백이 생겼을 때는 원수부(元帥府)의 찬획사를 겸해 군사를 통솔하는 권한을 가지기도 했다.[185]

남이웅을 이어 양서관향사에 임명된 이는 선천부사(宣川府使) 성준구였다. 아직까지 관향사는 평안도 지방관 출신 가운데서 임명되어 감사나 중앙에서 파견된 고위 지휘관들보다 지위가 낮은 편이었다. 군량 운용이나 모문룡에 대한 접응 등에서 새 관향사의 역할 역시 큰 변화가 없었으며, 정묘호란의 전시 중에는 도체찰부의 찬획사를 겸하기도 했다.[186]

정묘호란 뒤에는 극심하게 피폐해진 평안도 이외의 지역에서 군량을 확보할 필요가 생기면서 관향사의 종사관이 삼남에 파견되었다. 양서 외에는 이미 관향사가 폐지되고 없었기 때문이다. 관향 종사관은 이후 잉관(剩官)의 도태를 명분으로 한때 폐지되고 각 도의 도사가 그 일을 대신했으나, 양곡 확보가 용이하지 않자 다시 복구되었다.[187]

양서관향사 체제에 또 다른 변화가 생긴 것은 병자호란을 겪고난 뒤였다. 전란의 피해에 이어진 청의 견제와 감시로 조선의 대청 방어 체제는 완전히 붕괴되었으며, 관향사의 군량 운용도 정체 상태에 빠졌다. 관향사가 확보한 재화는 청에 끌려간 포로들의 속환 자금으로 쓰

---

184) 《備邊司謄錄》第3冊, 仁祖 2年 5月 12日(1-224 나).
185) 《仁祖實錄》卷9, 3年 4月 甲辰(34-5 가).
186) 《仁祖實錄》卷15, 5年 2月 戊戌(34-166 라).
187) 《仁祖實錄》卷19, 6年 9月 辛酉(34-286 라).

이거나 청의 사신을 접대하는 비용으로 활용되었다.[188] 이무렵 청은
북경을 향해 계속 진주해 들어가면서 조선으로부터 많은 군병과 군량
을 요구하고 있었다. 이 때문에 평안도에서 군량 확보와 운반은 이제
청을 지원하는 것으로 그 내용을 바꾸어야 했다.

그런데 호란 뒤 관향의 물화는 남아 있었지만 실제 양향을 담당한
것은 평안감사로 보인다.[189] 대청 방어를 위한 체계적인 군량 운용이
나 가도에 대한 지원의 필요가 사라지면서, 또한 거듭된 전란으로 평
안도가 극도로 피폐해지면서 독자적인 관향사의 운영이 절실하지 않
았다고 할 수 있다. 도체찰사나 도원수를 위시한 비상 지휘 체계도 이
미 해체되고 없었다. 따라서 감사는 전반적인 치민(治民)을, 병사는
군무(軍務)를, 관향사는 군량(軍糧)을 담당한 위에 중앙에서 군사 지
휘관들이 파견되었던 종전의 체제를 유지할 수 없었던 것이다.

이제 감사에게는 군량 관리와 운반이라는 새로운 임무가 부여되었
으며, 기존의 관향사가 양서 지역을 총괄했던 것처럼 군량의 효율적
운용을 위해 청과 국경을 접한 평안도의 감사가 양서관향사를 겸했
다.[190] 물론 감사가 군량을 관리하는 새로운 관행에 반대하는 의견도
있었다. 그것은 민을 적극적으로 안무해야 할 감사가 군량을 독촉해
서 거두어들일 수 없다는 논리였다.[191]

하지만 당시의 피폐한 평안도 사정을 들어 중앙에서 따로 관향사를
파견하는 것에 반대하는 의견도 만만치 않았다. 이후 평안감사의 양

188) 《仁祖實錄》 卷34, 15年 閏4月 丙寅(34-688 가) ; 卷35, 15年 8月 己未
    (34-702 가) ; 卷41, 18年 10月 乙卯(35-100 가).
189) 《備邊司謄錄》 第6冊, 仁祖 19年 4月 20日(1-459 라).
190) 《備邊司謄錄》 第6冊, 仁祖 19年 7月 3日(1-485 가). '上曰…… 且平安監司
    兼管餉 專委本道爲可' ;《關西觀察使先生案》을 보면 감사로서 관향사를 처
    음으로 겸임했던 인물은 1637년(인조 15) 윤4월에 임명된 李玹이다.
191) 《備邊司謄錄》 第7冊, 仁祖 20年 1月 16日(1-535 나).

서관향사 겸직은 서서히 뿌리를 내리면서 하나의 관행으로 정착했다. 결국 관향사의 지위는 그만큼 격상된 것이며, 감사로 보아서는 새로운 권한과 책임을 가지게 된 것이다.

한편, 압록강 너머로 군량을 운반하는 일을 직접 관장할 운향사(運餉使)라는 직책이 만들어져 허적(許積)이 여기에 임명되었다. 허적은 일찍이 평안도사와 관향 종사관을 역임하면서 군량 운반에 관여한 경력이 있었다.[192] 그런데 당시는 평안감사의 관향사 겸임이 적극 추진되었던 시기였으므로 운향사 역시 중앙에서 별도로 파견할 수는 없었다. 이 때문에 허적을 의주부윤에 제수해 운향사를 겸하게 했는데,[193] 의주부윤은 이후 관례적으로 운향사를 겸하게 되었다. 결국 인조대에는 초기부터 평안도에 기반한 군량 운용 체계가 마련되었고, 후기에는 그것이 평안감사와 의주부윤을 중심으로 체계화되었다고 할 수 있다.

2. 군비 지출의 내용

17세기 병자호란 이전 조선은 이중의 재정 부담에 시달리고 있었다. 후금의 침입에 대비해 평안도에 방어체제를 구축하고 방수 군병을 유지하는 데 많은 재원이 필요했던데다가 가도의 모문룡에 대한 지원은 오히려 그것을 능가하기도 했다. 평안도의 전세와 수미를 동원하고 황해도에서도 보조하게 하며 따로 임시의 부가세인 서량까지 징수한 것도 이 때문이었다. 그래도 늘 소요되는 군량의 액수를 채우는 데는 부족했다.

광해군 정권은 변방의 위기 속에 계속된 궁궐 영건으로 재정 압박

---

192)《備邊司謄錄》第6冊, 仁祖 19年 7月 28日(1-491 다).
193)《備邊司謄錄》第6冊, 仁祖 19年 12月 7日(1-524 가).

에 시달렸지만, 친명 노선을 강화한 인조 정권 역시 대후금 방비와 모
문룡에 대한 지원으로 재정이 궁핍했다. 모문룡은 더욱이 후금 공략
이라는 명분과 인조 책봉에 대한 기여를 내세워 수시로 조선을 공박
했고, 조선의 조정에서는 그의 역할에 의문을 가지면서도 외교적 명분
에 집착한 나머지 식량 지원 요구를 대부분 수용했다. 인조 초 양서에
서 거둔 미두 12만 석 가운데 일반적으로 변방의 군사와 가도에 각각
6만 석 정도가 지급되었는데, 가도에는 이 밖에도 관향사의 별도 지
원액이 더 있었다.[194]

모문룡은 시기상 대체로 정묘호란 이전에, 군량 지원이나 피난을
온 요동민에 대한 구호를 명분으로 내세워 여러 차례 곡물을 요구했
다. 그는 은화를 보내 식량을 교역하는 형식을 취하기도 했으나 곡물
가격을 지나치게 낮게 책정해 조선 측에 많은 부담을 주었다. 그리고
수시로 그 이상의 무상 지원을 얻어내고 있었다. 곡물이 주류를 이루
었지만, 조선으로부터 얻어간 물화는 다양해 전마(戰馬)나 조총 그리
고 인삼 등이 포함되어 있었다.

모문룡에 대한 곡식 지원 액수는 해마다 7~8만 석을 상회했으며,
1626년(인조 4)에는 그해 7월에 이미 14만 석에 이르렀다.[195] 14만 석
이라면 양서의 군량과 다른 지역의 서량 대부분을 차지하는 양이다.
그리하여 1629년, 관향사 성준구의 보고에 따르면 가도에 전후로 지
급한 미곡이 26만 8,700여 석이나 되었다.[196] 이는 조선왕조의 재정 운
영에 막대한 부담을 주는 것이었으며, 양서 지역 군량의 상당수가 모
문룡의 지원에 이용되었음을 보여주는 것이다. 그를 직접적으로 지원

---

194) 《仁祖實錄》 卷10, 3年 12月 己亥(34-53 나). '該曹之所指 以爲西邊軍餉 兩
　　道一年應捧米豆 通共十二萬石 除邊兵所食六萬石外 應輸督府者 亦不下六萬
　　餘石 而管餉使所措之數 則不在此.'
195) 《仁祖實錄》 卷13, 4年 7月 癸未(34-125 라).
196) 《仁祖實錄》 卷21, 7年 10月 甲戌(34-352 나).

한 주체는 관향사나 평안감사였으며, 때로는 평안도 지역의 수령 가운데 강압에 못이겨 고을의 곡식을 지급한 경우도 있었다.

하지만 가도에 대한 물화의 지급은 평안감사의 협조 아래 관향사가 주관하는 것이 원칙이었다. 의주부윤 유비(柳斐)가 관향사에 보고도 없이 모문룡에게 곡물을 내주었다가 추고(推考)를 당한 것은 이 때문이었다.[197] 그럼에도 모문룡은 곡물을 교역하거나 지원을 받는 것이 여의치 않을 때는 수시로 평안도의 여러 읍을 침탈했으므로 수령들이 이에 불응하기는 사실상 어려웠다. 관향사 역시 모문룡의 위협에 직면하면 굴복할 수밖에 없었던 것이 현실이었던 것이다. 결국 군량을 보관하고 있던 평안도 각지의 창고는 모문룡에 대한 지원으로 쉽게 바닥을 보였고, 황해도에서 곡물을 운반해 보충해야 할 정도였다.[198]

정묘호란 뒤에는 전란의 피해로 말미암아 조선의 지원 액수나 횟수가 대폭 감소했다. 때문에 평안도에서 모문룡의 직접적인 침탈은 더욱 기승을 부리기도 했으나, 1629년(인조 7) 모문룡이 처형된 뒤 가도에 대한 지원은 줄어들었다. 조선에 대한 무리한 요구를 명 당국이 일시 견제한데다가 모문룡 사후 잇따른 내부 반란으로 혼란이 발생하고 있었기 때문이다.

조선은 가도의 명군에 대한 지원이라는 명분은 지속적으로 유지하면서도 그들의 현실적 존재 의의에 회의를 가지면서 지원의 규모를 점차 줄여나간 것으로 보인다. 명군 사이의 교역이나 지원을 관향사의 엄격한 관리 아래 두고 무리하게 침탈하는 자를 추방하게 한 것도 이 무렵이었다.[199]

---

197) 《備邊司謄錄》第3冊, 仁祖 2年 3月 18日(1-196 나).
198) 《仁祖實錄》卷8, 3年 1月 壬子(33-667 라). '管餉使南以雄 請陸運海西倉貯 穀於平壤 以便支放 上不從 時西鄙有事 征戍連年 而毛都督開府海壖 求索糧 餉 故關西列邑倉廩皆虛 於時南以雄有此啓聞.'
199) 《備邊司謄錄》第4冊, 仁祖 12年 9月 20日(1-292 가).

군량 지출의 양대 축은 가도에 대한 지원 외에 실제 후금의 침입에 대비해 군병을 운영하는 데 소요되는 군비였지만, 그 규모를 정확하게 파악하기는 어렵다. 1633년(인조 11) 평안도 청북 지역의 각 성과 청남의 요충지 안주에서 한 달 동안 소비되는 미두는 8,234석이었고, 여기에 각지를 왕래하는 군병들에게 지출되는 액수 등을 포함하면 한 달에 소비되는 양은 1만 석이었다.[200] 따라서 평안도의 군사적 요충지 방어에 필요한 군량은 1년에 12만 석 정도였다고 볼 수 있다.

물론 이는 고정된 액수는 아니어서, 안주 한 곳에서 사용된 군량이 인조 초반에는 1만 6,000석이었다가 병자호란 전에는 5만 2,000석으로 늘어나기도 했다.[201] 이는 청남의 요충지로 직로상에 있던 안주의 방어선이 갈수록 중시되면서 군사와 군량이 확충된 결과이기도 하지만, 평안도에서 전체적으로 사용된 군량도 인조 초 6만 석에서 병자호란 전에는 12만 석으로 늘어났다. 정묘호란으로 한차례 전란을 치른 뒤에도 계속해서 후금과 관계가 악화되고 있던 당시 상황이 반영된 것이다.

평안도에서 매년 자체적으로 징수하는 군량과 황해도의 지원분 그리고 서량을 모두 합해도 가도에 대한 식량 공급과 방어 군병을 운용하는 데 충분한 것은 아니었다. 더구나 군량은 종종 다른 용도로 이용되기도 했다. 흉년이나 전란 혹은 명군의 침탈로 피폐해진 지역 구제에 군량인 관향곡(管餉穀)이 사용되기도 했고, 그것의 징수가 감면되기도 했던 것이다.[202] 가령 오랫동안 가장 피폐했던 청북 지역의 경우 방어와 구제가 동시에 추진되어야 했다. 또 정묘호란 뒤에는 후금에 포로로 끌려갔다가 돌아온 사람들의 구호나 개시(開市)에 필요한 미

200)《仁祖實錄》卷28, 11年 5月 乙巳(34-522 다).
201)《備邊司謄錄》第4冊, 仁祖 12年 10月 13日(1-296 라).
202)《仁祖實錄》卷8, 3年 3月 辛亥(33-685 나) ; 卷29, 12年 2月 己卯(34-545 가).

곡을 운반하는 데도 관향사가 관리하는 군량이 사용되었다.[203]

따라서 양서에서 수취된 곡물과 다른 도의 서량으로 운용된 변방의 군량은 가도의 명군과 후금의 침탈 그리고 자연재해 등의 변수로 말미암아 안정적으로 공급하기가 쉽지 않았다. 조선 전체적으로는 중앙군 강화와 보장처 수비에도 많은 물력이 소요되었으며, 외교 비용의 지출도 상당한 부담이었다. 수탈이나 다름없던 명의 사신 접대 때문에 토지에서 임시의 결포를 징수하고 모문룡으로부터 은자를 대출해 오기까지 했던 것이다.[204] 조선의 지원 아래 유지되고 있던 가도의 명군에게 은자를 빌려 명의 사신을 접대하는 어이없는 일이 벌어진 셈이다. 이는 긴박하게 돌아가던 국제 정세 아래 명분적 친명 노선을 강화했던 권력의 한계가 초래한 결과였다.

외교 비용의 증가는 사신이 왕래하는 관문에 위치한 평안도의 자체 부담의 확대로 이어져 물력의 고갈을 심화시켰다. 실례로 1625년(인조 3) 명에서 파견된 사신을 접대하는 데 서울에서 쓰인 은이 10만 7,000여 냥이었는데, 평안도에서도 2만 8,182냥을 사용했다.[205] 군사력 강화에 이용될 수도 있었던 많은 재원이 외교 비용으로 소모되었던 것이다. 병자호란 뒤에는 명의 사신이 더 이상 조선에 들어올 수 없었으나, 대신 그 비용을 모두 청과 관계해 돌려야 했다.

사실 호란 이후 조선에서는 명의 사신 접대 비용과 가도에 대한 지원은 필요 없게 되었다. 또 변방 방어체제도 파괴되고 복구가 어려웠던 이상 평안도에서 군량의 소모도 줄어들었다. 그러나 대청 관계로 말미암은 새로운 부담이 계속해서 생성되고 있었다. 군량이었던 관향은 포로로 끌려간 군병들의 가족 속환(贖還)이나 구호, 청의 대명 전

203) 《仁祖實錄》 卷16, 5年 5月 辛未(34-200 가) ; 卷18, 6年 1月 丙子(34-251 가).
204) 《仁祖實錄》 卷11, 4年 2月 丁酉(34-76 다).
205) 《仁祖實錄》 卷9, 3年 7月 辛未(34-21 가) ; 卷11, 4年 2月 丁酉(34-76 나).

쟁에 수차례 지원된 군사와 군량 동원 등에 두루 활용되었다.[206] 또한 조선을 견제하거나 경제적 실리 추구를 위해 수시로 파견된 청인들의 접대에도 으레 관향이 동원되었다.

그리하여 인조 말엽에는 평안도를 오가는 조선과 청의 사신 접대에 들어가는 많은 식량을 본 도 관향의 회부곡(會付穀)에서 회감(會減)하는 것이 관례로 되었다.[207] 이는 관향곡의 일부가 공식적으로 사신 접대 경비에 포함되었음을 의미한다. 이와 관련해 청으로 가는 미곡과 각종 물화 운송을 위해 평안도에서 부담하는 비용도 또한 관향에서 지출되었다.[208]

관향의 또 다른 주요 사용처는 심관(瀋館)의 운영과 관련된 것이었다. 병자호란 이후 청은 소현세자와 봉림대군을 청의 수도 심양(瀋陽)에 볼모로 억류해두었다. 소현세자는 1645년(인조 23)에 귀국할 때까지 8년 동안 심관에 거처하며 조선과 청 사이의 외교적 창구 구실을 했다. 심관에는 세자를 수행하거나 청을 방문한 많은 조선인들이 머문데다가 청의 공적인 혹은 제왕(諸王)과 제장(諸將)의 사적인 요구가 끊이지 않아 재정 부담이 적지 않았다. 이의 일부분을 관향사의 책임 아래 관향 물화로 해결했던 것이다.

소현세자 일행은 이미 압록강을 넘기 전부터 관향의 물화를 사용했고, 심관에 머물면서는 다양한 명목으로 본국에서 이를 공급받았다. 그것은 청 황제를 위한 연회를 베푼다든지 황실의 권력자들에게 물화를 지급하거나 그들이 보유한 조선인 포로의 속가(贖價)를 지불한다

---

206) 《備邊司謄錄》 第5冊, 仁祖 16年 8月 15日(1-382 라).

207) 《備邊司謄錄》 第13冊, 仁祖 27年 3月 20日(2-22 라). '近年以來 西路往來 使命及勅行時供饋 許多粮料 平安道各官 則例以管餉會穀許減 而黃海道各邑 則皆自其官廳供饋.'

208) 《備邊司謄錄》 第6冊, 仁祖19年 9月 15日(1-502 나) ; 第8冊, 仁祖 22年 9月 18日(2-692 가) ;《仁祖實錄》 卷48, 25年 9月 甲子(35-310 다).

든지 하는 일들이었다.[209] 호조나 비변사에서도 심관 재정의 많은 부분을 담당했으나 시일이 촉박한 것일수록 평안도의 관향 물화를 필요로 했다.[210] 심관을 통한 청의 압력과 경제적 침탈은 광범위했으며, 그것은 그만큼 불시의 관향 수요를 촉발하는 것이었다.

결국 병자호란 이전 평안도 방비와 가도의 지원에 주로 소모되었던 군량은 전후 청의 요구를 충족시키고 그들의 사신을 접대하거나 또는 심관의 수요를 충당하는 데 상당 부분 활용되었다. 전세든 수미든 평안도의 재정원은 기본적으로 중앙에 상납되지 않았으므로 그것의 비축과 확대 재생산 가능성은 계속 열려 있었지만, 대청 방어라는 본래의 기능을 상실한 평안도의 관향은 이제 청과 관계를 유지하고 지원하는 방향으로 목적을 바꾸어야 했던 것이다.

---

209) 《瀋陽狀啓》 庚辰(仁祖 18) 5月 22日 ; 庚辰 7月 3日 ; 壬午(仁祖 20) 3月 19日.
210) 《瀋陽狀啓》 癸未(仁祖 21) 8月 26日.

제2장 17세기 후반~18세기 초 대청 외교·무역 재정의 증대

제1절 평안도 방어체제의 정비와 재정 확보

1. 평안도 방어체제의 정비

청과 벌인 두 차례의 전쟁은 조선의 완전한 패배로 끝이 났다. 누르하치의 여진족이 변경을 위협하면서부터 병자호란으로 조선이 굴복할 때까지 장기간의 갈등 과정에서 최대의 피해 지역은 평안도를 위시한 양서 지역이었다. 이 시기 평안도는 청의 침입은 물론 모문룡과 요동민의 침탈 그리고 이괄의 난이라는 내부 반란까지 겪으면서 지속적으로 피폐한 상태에 놓여 있었다.

군비의 파괴, 재정의 탕갈과 함께 그 원천인 토지와 호구도 대규모로 감축되었다. 물론 호구와 토지는 전적으로 조선의 의지에 따라 복구가 가능했지만, 파괴되거나 해체된 군비의 정비는 성격이 달랐다. 청은 조선을 굴복시키면서 군사시설에 대한 재건을 전혀 인정하지 않음으로써 배후의 위협을 제거하고자 했던 것이다.

전란 뒤 보장처 정비를 위해 설치된 남한산성의 포루(砲樓)가 청사

(淸使)의 강압으로 훼철되는 마당에 사행로 위에 있는 평안도의 군비
를 정돈하는 것은 불가능한 일이었으며, 오히려 산성 안에 가옥을 짓
고 거주하던 주민들마저 모두 내보내야 할 형편이었다.[1] 이 때문에 방
치된 도내의 군사시설들은 갈수록 허물어지고 이를 걱정하는 목소리
도 높아갔다. 청이 입관(入關)해 중국 대륙의 새로운 지배자가 된 뒤
에는 청사를 통해 성곽 수축을 타진하고자 했으나 허사였다.[2]

청의 이러한 견제에도 불구하고 군비 재건을 적극 도모한 것은 반
청 의식의 심화와 청의 몰락, 재침입을 예상한 현실적 방비의 필요성
때문이었다. 소현세자와 함께 8년 동안 청의 볼모로 억류되었던 봉림
대군은 즉위한 뒤 반청 성향이 강한 산림(山林) 세력을 중용해 북벌을
모색했다.[3] 조선에 대한 강경책으로 일관하던 청 태종과 섭정왕(攝政
王) 도르곤[多爾袞]이 사망하면서 군비 수축의 활로를 넓힐 수 있게
된 것도 여기에 한몫 했다.

하지만 북벌론으로 대표되는 효종대의 군비 확충은 주로 중앙 군영
에 집중되어 있었다. 함경도에서도 일부 군비 점검은 이루어지고 있
었지만 양서의 군정은 여전히 포기 상태였다.[4] 여기에다 지속적인 유
민의 발생으로 평안도의 군액은 대폭 감축된 채 충정이 잘 이루어지
지 않았다. 효종 스스로도 "형세상 임의로 군정을 시행하지는 못하더

---

1) 《仁祖實錄》 卷41, 18年 11月 丁酉(國史編纂委員會 영인본 35권, 103쪽 다면.
   이하 '35-103 다'와 같이 표기함).
2) 《備邊司謄錄》 第13冊, 仁祖 27年 1月 17日(2-3 가).
3) 효종대의 군비 확충과 북벌론에 대해서는 다음의 글들이 참고할 만하다. 車
   文燮, 〈朝鮮朝 孝宗의 軍備擴充〉, 《檀國大論文集》, 단국대학교, 1967 ; 李泰鎭,
   《朝鮮後期의 政治와 軍營制 變遷》, 韓國硏究院, 1985, 154~173쪽 ; 李京燦,
   〈조선 효종조의 북벌운동〉, 《淸溪史學》 5, 청계사학회, 1988 ; 禹仁秀, 〈朝鮮
   孝宗代 北伐政策과 山林〉, 《歷史敎育論集》 15, 역사교육학회, 1990.
4) 《備邊司謄錄》 第16冊, 孝宗 4年 閏7月 23日(2-368 나) ;《孝宗實錄》 卷8, 3
   年 2月 乙巳(35-530 나).

라도 완전히 포기하는 지경에 이르지는 말라"고 할 뿐, 별다른 대책이 없었다.[5]

평안도의 군사시설에 대한 정비가 조심스럽게 추진되기 시작한 것은 현종대였다. 당시 조선의 조정에서는 청과 몽고 사이에 갈등이 있다는 소식이 몇차례 전해지면서 그 여파가 미치지는 않을지 걱정하고 있었다. 더구나 변경에서 여진인들의 출몰마저 빈번해지자 청사의 직접적인 감시에서 벗어나 있는 함경도부터 우선 성곽을 수축하고 평안도도 은밀히 무비(武備)를 보충하게 했다.[6] 청의 견제를 피해 군비를 갖추는 데는 매우 신중한 접근이 필요했으므로 몇 년이 지나서야 평안도에서도 자모산성(慈母山城)을 수축하는 성과를 거둘 수 있었다.[7] 또한 군병의 조련은 어려워도 무기와 화약은 조금씩 비축해나갔다.

현종 말에서 숙종 초에 청 내부에서는 오삼계(吳三桂) 등 삼번(三藩)과 대만(臺灣)의 정금(鄭錦)이 명조(明朝)의 부흥을 내세우며 반란을 일으켰는데, 이를 둘러싸고 청과 조선에서는 미묘한 기류가 흘렀다. 청은 조선에 군비 지원을 요청하면서도 조선이 반란 세력과 연합해 침입해 오지 않을까 의심했다. 조선의 일각에서는 실제 이를 북벌의 기회로 활용하자는 주장이 대두되었고, 한편으로는 정금이 조선을 견제하기 위해 서해안으로 침입해 올지도 모른다는 불안감이 확산되었다.[8]

조선의 조정에서는 논란 끝에 명조 부흥 세력과 연합해 북벌을 단

5) 《承政院日記》第131冊, 孝宗 5年 6月 9日(7-396 가). '傳曰…… 嚴飭兩西 雖因形勢 不得任意施措 豈可置之相忘之域 而甘爲自棄乎 亦令留意默會 俾不至全然抛棄之意 措辭別爲下諭 于該道監兵使處.'
6) 《顯宗實錄》卷10, 6年 8月 丙寅(36-475 다).
7) 《顯宗實錄》卷16, 10年 1月 壬寅(36-607 나).
8) 洪種佖, 〈三藩亂을 前後한 顯宗 肅宗年間의 北伐論-特히 儒林과 尹鑴를 中心 으로〉, 《史學硏究》 27, 韓國史學會, 1977 ; 金良洙, 〈朝鮮肅宗時代의 國防問題〉, 《白山學報》 25, 白山學會, 1979.

행하는 일은 현실성이 없는 것으로 간주했으나, 이를 양서 군비를 재건하는 기회로 활용하려 했다.[9] 그리하여 병사(兵使)의 주 방어처였던 창성(昌城)과 영변(寧邊)의 성곽을 수축하고 시채(恃寨)·막령진(幕嶺鎭) 등을 새로 설치했으며, 군기 확충은 물론 청의 의심을 피해 완급을 조절하면서 군병 조련도 재개했다.[10]

하지만 평안도의 군비 재건은 항상 청의 시선을 의식해야 하는 불안정한 상황에서 진행되었다. 청사가 모문룡의 주둔지였던 가도에 대한 시찰을 요청했을 때, 이곳으로 옮겨온 철산(鐵山)의 선사진(宣沙鎭)을 급히 철수시킨 것이 그 단적인 예이다.[11] 이 때문에 직로(直路) 주변에는 나무를 심어 방어 시설을 대신하게 했고, 감영과 병영에 군사를 모아 조련시키는 방식도 저들에게 알려지는 것을 꺼려 감사가 봄가을에 직접 여러 읍을 순행하며 점검하도록 바꾸었다.[12] 더구나 17세기 후반의 지속적인 재해와 대기근이라는 내적 요인도 적극적인 군비 확충을 어렵게 했다.[13] 따라서 숙종대 전반까지의 방비 상황은 몇몇 성곽 수축과 진보 재편에 머무르고 있었을 뿐, 여전히 폐기된 상태나 마찬가지라는 평가를 받았다.[14]

숙종대 후반 이후 변방 방비는 크게 두 가지 요인에 따라 촉발되었

---

9) 《肅宗實錄》 卷1, 卽位年 11月 壬申(38-219 나) ; 卷2, 元年 2月 辛卯(38-243 가).

10) 《備邊司謄錄》 第31冊, 肅宗 元年 閏5月 27日(3-172 다) ;《肅宗實錄》 卷6, 3年 4月 丁未(38-353 다).

11) 《備邊司謄錄》 第32冊, 肅宗 2年 9月 12日(3-261 가) ;《肅宗實錄》 卷11, 7年 3月 癸酉(38-521 라).

12) 《肅宗實錄》 卷25, 19年 1月 丁未(39-274 가).

13) 《備邊司謄錄》 第59冊, 肅宗 34年 8月 21日(5-810 라) ; 17세기 재해와 기근에 대해서는 김성우, 〈17세기의 위기와 肅宗대 사회상〉,《역사와 현실》 25, 한국역사연구회, 1997 참고.

14) 李蘊·崔國亮,《壇究捷錄》 卷10, 關西道 關西直路事宜 ;《備邊司謄錄》 第45冊, 肅宗 17年 12月 19日(4-431 라).

다. 하나는 대청 인식의 한 축을 이루었던 '영고탑회귀설(寧古塔回歸
說)'이 여전히 위력을 지녔다는 점에 있었다. 청이 몰락할 경우 그들
의 본거지인 영고탑으로 돌아가는 길에 몽고의 저항을 받아 조선땅을
거치게 될 것이라는 생각은 18세기 전반까지도 지속되었다.[15] 청의 백
두산 탐사나 황제 사망 소식도 '오랑캐의 운세는 100년을 넘기지 못
한다'는 관념에 따라 이를 뒷받침하는 근거가 되었다.[16] 따라서 변방
지역은 회귀가 예상되는 청의 침입에 대비할 필요가 있었던 것이다.

또 다른 하나는 청 내부에 해적이 창궐하자 자문(咨文)을 보내 조
선에서도 방비에 전념할 것을 당부한 점이다. 해적 침입의 우려로 민
심이 한때 불안했지만, 1710년(숙종 36)의 이 자문은 조선의 군비 재
건에 결정적인 구실을 했다.[17] 청은 해적에 대한 방비를 이유로 그동
안 철저하게 억제해왔던 조선의 군비 확충을 부분적으로 완화한 것이
지만, 조선은 이를 대청 방어 체계를 복구하는 방편으로 적극 활용한
것이다.

이에 따라 직로나 요충지에 위치한 평양·안주·정주성과 창성 당아
산성(螳峨山城) 등이 잇달아 수축되었고,[18] 평안도 안 군사력 확보와
조련에 관심을 기울여 군제가 대대적으로 개편되었다. 청이 침입해
올 경우 일차 관문이 되는 압록강변 진보의 파수 군사력 강화를 위해
주변의 유민을 안집시키고 그들에게 조총을 훈련시키는 방안도 강구
되었다. 사실 호란 뒤 압록강변 진보는 범월인을 단속하기 위한 소수

---

15) 배우성,《조선후기 국토관과 천하관의 변화》, 일지사, 1998, 64~93쪽.
16) 宋奎斌,《風泉遺響》, 閑談. '若論天下之大勢 則自古北人之入主華夏 至再至
三 而始有運無百年之謠矣.'
17)《備邊司謄錄》第60冊, 肅宗 36年 9月 30日(6-11 라).
18)《肅宗實錄》卷50, 37年 1月 癸丑(40-386 나) ; 卷60, 43年 8月 乙酉(40-669
나) ;《備邊司謄錄》第66冊, 肅宗 39年 8月 27日(6-579 가) ; 第71冊, 肅宗
44年 1月 23日(7-11 가). '右參贊李健命所達…… 西關關防 廢弛久矣 曾因北
咨中用意防守之語 平壤定州皆有新築.'

의 파수병만 운영되었고 조총 사용도 억제되어 있었기 때문이다.[19] 강변 지역에서는 오가통제(五家統制)를 엄격히 운영해 파수병을 단속했으나 군사력으로서의 의미는 크지 않았다.[20] 여기에다 1712년(숙종 38)의 백두산 정계 회담으로 조·청 사이의 중간 지대가 사라지고 양국이 직접 국경을 접하게 됨으로써 조선 내부의 걱정이 높아진 점도 작용했다.[21]

청의 내정 안정으로 중국 대륙 지배가 기정 사실이 된 이후로는 군사 문제를 비롯해 조선의 내정에 대한 간여는 거의 사라졌다. 그럼에도 조선에서는 그들의 몰락과 침입을 전망하고 있었으므로 군비 강화를 필요로 했다. 이러한 분위기 속에 영조대 이후로 군비 수축은 적극적으로 추진되었고, 그 과정에서 더 이상 청의 견제를 의식하지 않게 되었다. 평안병사의 경우 도내 각 읍의 군비를 수시로 살펴 공개적으로 수령을 처벌할 수 있게 되었을 만큼 군정은 이제 조선 내부의 문제였던 것이다.[22] 따라서 현종대부터 조심스럽게 추진된 평안도 방어 시설의 재건은 숙종대 후반을 고비로 영조대 전반에 가장 활발하게 이루어질 수 있었다.[23]

병자호란 이후, 군비 재건과 마찬가지로 군제 정비도 서서히 추진되었다. 청의 침입에 대비해 전시 혹은 이에 준하는 수준으로 운용되

---

19) 《備邊司謄錄》第24冊, 顯宗 5年 12月 18日(2-867 나)의 기사에서 江界 梨洞堡의 土兵이 12명에 지나지 않아 파수병 충당마저 어렵다고 해 호란 뒤 변경 지역 군사 운용의 실상을 단적으로 보여주고 있다.

20) 閔維重, 《文貞公遺稿》卷6, 平安道淸北御史特廉問別單. 오가통제에 대해서는 권내현, 〈숙종대 지방통치론의 전개와 정책운영〉, 《역사와 현실》25, 한국역사연구회, 1997 참고.

21) 《備邊司謄錄》第67冊, 肅宗 40年 6月 7日(6-662 가).

22) 《承政院日記》第666冊, 英祖 4年 7月 22日(36-725 나).

23) 《增補文獻備考》卷30, 輿地考18, 關防6, 平安道 城郭條를 보면 도내 관방 시설의 수축은 영조대 전반에 가장 많이 이루어졌음을 알 수 있다.

던 군사 체제는 완전히 해체되었다. 예를 들어 평안도에는 더 이상 중
앙에서 파견된 도체찰사·도원수·순변사·조방장 등의 군사적 활동이
이루어질 수 없었을 뿐만 아니라 평안도 자체 군병의 입방(入防)이나
조련도 불가능했던 것이다. 이제 평안도에서는 점진적이지만 군병의
재편과 조련의 재개를 추진하고 방어영(防禦營)·진영(鎭營)과 같은 상
위 군사 기구들을 정비해나갈 필요가 있었다.

　방어영의 책임자인 방어사는 원래 전시 비상 체제 아래에서 파견된
무장이지만, 후기에는 경기·강원·함경·평안도의 요충지에 상설되어
수도와 변방 방어에 일익을 담당했다.[24] 이 가운데 방어영의 설치와
정비가 가장 늦은 곳은 평안도였다. 전시체제가 유지되는 동안 임시
의 방어사 파견이 계속되었고, 호란 뒤에는 청의 견제를 받았기 때문
이다.

　물론 광해군대와 인조대에도 임시로 파견된 방어사 외에 상황에 따
라 지방관이 이를 겸한 적이 있었다. 일례로 광해군대 후금의 위협이
고조되자 청남의 직로 요충지인 안주의 목사가 방어사를 예겸(例兼)
하도록 했다.[25] 그런데 1627년(인조 5) 병사의 주둔지가 창성·영변에
서 안주로 옮겨지는 등 청북 방어의 공백이 생겨난 가운데 전운이 다
시 감돌자 의주부윤 임경업(林慶業)을 청북방어사(淸北防禦使)로 임명
했다.[26] 또한 영변부사 유림(柳琳)이 약산산성(藥山山城)을 수축할 때
그에게 청남방어사(淸南防禦使)를 겸하게 하고 이후로도 존속시켰다
는 기록이 있는 것으로 보아, 영변에도 방어사가 설치되었음을 확인
할 수 있다.[27]

---

24) 車文燮, 〈朝鮮後期 兵馬防禦營 設置考〉, 《國史館論叢》 17, 國史編纂委員會,
　　1990.
25) 《備邊司謄錄》 第1冊, 光海君 9年 2月 13日(1-6 가).
26) 《仁祖實錄》 卷28, 11年 1月 壬戌(34-513 가).
27) 《備邊司謄錄》 第5冊, 仁祖 16年 8月 16日(1-384 나). 그런데 《仁祖實錄》

평안도의 경우 인조대로 들어오면서 지방관이 방어사를 겸하는 방식이 확산되고 있었던 것이다. 그러나 병자호란으로 이들 방어사는 모두 혁파되었다가 1642년(인조 20)부터 복구되기 시작했다. 이해 선천(宣川)에 청북수군방어사(淸北水軍防禦使)를 두고 부사로서 겸하게 한 것이다.[28] 의주와 영변의 방어사가 혁파된 상황에서 연해읍인 선천에 수군방어사가 설치된 것은 당시 서해안에 수시로 출몰하고 있던 한선(漢船)과 관련이 있는 듯하다. 몰락이 임박한 명의 선박들이 조선 근해에 자주 나타나자 청은 한선에 대한 철저한 감시와 방비를 요구했고, 이에 따라 양서도순검사(兩西都巡儉使)까지 파견되고 있었던 상황이었다.[29]

이를 계기로 선천의 방어사는 청북방어사라는 명칭으로 존속되었다.[30] 하지만 청북방어사를 제외하면 효종·현종대까지 더 이상의 방어사 설치는 이루어지지 않았다. 이는 북벌이 논의되었던 효종대 중앙 군영이 일부 확충된 것 외에 평안도에는 별다른 조처를 취할 수 없었던 것과 궤를 같이하는 것이다. 또 다른 방어사는 청이 내부 반란을 겪고 있던 숙종 초에 가서야 설치되었다. 삼화현(三和縣)에 소속된 광양진(廣梁鎭)의 첨사(僉使)를 청남수군방어사(淸南水軍防禦使)로 삼아 해안 방비를 강화한 것이 그것이다.[31] 이때 청남수군방어영에는 평안도 11읍진과 황해도 5읍진의 전선(戰船)이 모두 소속되었다.

卷28, 11年 11月 乙巳條(34-538 나)에는 청남방어사가 아니라 寧邊防禦使 柳琳으로 되어 있다.

28) 《輿地圖書》, 平安道 宣川 建置沿革.

29) 《仁祖實錄》 卷42, 19年 5月 庚子(35-118 가).

30) 《備邊司謄錄》에서는 第14冊, 孝宗 元年 1月 12日(2-97 나) 기사부터 청북 방어사를 임명하는 기록이 나타나기 시작해 이후로도 계속된다.

31) 《備邊司謄錄》 第36冊, 肅宗 8年 7月 3日(3-526 가) ; 《肅宗實錄》 卷13, 8年 9月 丁巳(38-600 다).

그런데 첨사가 방어사를 겸해 그 위상이 낮아지자 삼화 현감을 부
사로 승격시키고 청남방어사를 예겸하게 했다.[32] 이로써 평안도에는
청북·청남의 상설 수군방어영이 갖추어졌고, 이제 필요한 것은 육로
에서 청의 침입을 제압할 수 있는 방어영을 구축하는 일이었다. 이는
1691년(숙종 17)에 현실화되어 최북방의 강변읍인 창성과 강계(江界)
에 육군의 병마방어영(兵馬防禦營)이 설치되었고, 이때부터 창성부사
와 강계부사는 각각 평안도 좌방어사(左防禦使)와 우방어사(右防禦使)
를 겸했다.[33]

숙종대 세 개의 방어영이 추가로 설치됨으로써 평안도에는 압록강
변과 서해안 요충지에 모두 네 개의 방어영이 갖추어졌다. 청의 몰락
에 따른 긴장 고조를 전망하면서 주요 지역 지방관을 방어사로 삼아
일단의 군제 정비를 이루어내고 있었던 것이다. 상설 방어영의 운영
과 함께 군제 정비의 또 다른 축은 진영의 설치에 있었다. 임진왜란
당시 단초를 보인 영장제(營將制)와 속오군(束伍軍)은 조선 후기 지방
군제의 핵심을 이루는 것이었다.[34]

속오군의 지휘와 조련을 전담하는 영장은 1627년(인조 5) 정묘호란
에 자극받아 설치되었다가 병자호란으로 혁파되었다. 1654년(효종 5)
영장제는 다시 부활했으나 청을 의식해 삼남에서만 제한적으로 실시
되었다. 숙종 초에 가서야 서북 지역을 마지막으로 영장제의 전국적
인 확산이 이루어졌으나, 평안도에서 구체적인 설치 과정은 뚜렷하지
않다.[35] 다만 압록강변의 경우 숙종 초 청의 정국이 혼란하자 창성과

---

32)《備邊司謄錄》第40冊, 肅宗 12年 6月 13日(3-961 라).

33)《備邊司謄錄》第45冊, 肅宗 17年 3月 23日(4-364 라).

34) 營將制와 束伍軍에 관해서는 車文燮, 〈束伍軍 硏究〉·〈朝鮮後期의 營將〉,
《朝鮮時代軍制史硏究》, 檀國大出版部, 1973 ; 徐台源, 《朝鮮後期 營將制 硏
究－鄕村支配와 관련하여》, 東國大博士學位論文, 1998 ; 金友哲, 《朝鮮後期
地方軍制史》, 景仁文化社, 2001 등을 참고할 것.

만포에 각각 강변좌우영장(江邊左右營將)을 두고 주변 읍의 군사를 관할하게 해 방어력을 증대시켰음이 확인된다.[36] 청이 침입해 올 경우 일차 관문이 될 이 지역은 앞에서 말했듯이 이후 방어영이 들어서면서 방비가 더욱 강화되었다.

이러한 일련의 과정을 거쳐 평안도에는 전국에서 가장 많은 아홉 개 지역에 영장이 설치되었는데, 이들 영장은 초기와는 달리 모두 수령이 겸하는 겸영장(兼營將) 체제로 운영되었다. 결국 청의 견제를 서서히 극복하며 평안도 지역의 군비를 재건해나갔던 숙종대 군제의 한 축으로 방어사와 영장제의 정비가 이루어진 것인데, 그 현황을 도표로 옮기면 〈표 2-1〉과 같다.[37]

이 표에서 방어영 소속 군병은《여지도서(輿地圖書)》에 기재된 내용으로 역의 부담 방식에 따라 나눈 것이다. 평안도의 군사 편제는 군종별 구분이 쉽지 않을 만큼 다양하고 독자적인 성격을 띠고 있었다. 〈표 2-1〉의 도시(都試)만 해도 방어영 소속 기병인 별무사(別武士)를 1년에 네 차례 시사(試射)해 포상하거나 전시(殿試)에 직부(直赴)하는 혜택을 준 것을 말한다.[38] 그 밖에 감영·병영·방어영·진영 및 각 읍진

---

35) 1675년(숙종 1) 兼營將 운영에 관한 기록이 보이며(《肅宗實錄》卷2, 元年 2月 己酉[38-246 나]), 1678년(숙종 4)에는 영장이 군사를 통솔해 수령 휘하의 군병이 없다는 지적이 있는 것으로 보아(《備邊司謄錄》第34冊, 肅宗 4年 9月 9日[3-372 나]) 적어도 숙종 원년에는 평안도에서도 겸영장을 중심으로 한 영장제가 실시되었다고 하겠다.

36) 《備邊司謄錄》第34冊, 肅宗 4年 11月 4日(3-385 라). '平安道繼援將革罷事目.'

37) 이 도표는 《續大典》卷4, 兵典 外官職條와 《輿地圖書》平安道 각 읍 軍兵 條를 참고해 작성했다. 방어영 군병은 여러 읍에 기재된 방어영 소속을 합산한 것이며, 진영 군병은 입역 형태가 뚜렷이 구분되지 않아 병영 군병조에 기재된 내용을 옮긴 것이다.

38) 별무사에 대해서는 姜錫和, 〈조선후기 平安道의 別武士〉, 《韓國史論》41·42, 서울대학교 국사학과, 1999 참고.

구분		兼官	소속군병(入役別)				
			都試	入番	赴操	收布	合
방어영	左兵馬防禦使	昌城府使	330	227	772		1329
	右兵馬防禦使	江界府使	330	32	879		1241
	淸北水軍防禦使	宣川府使	330	646		3704	4680
	淸南水軍防禦使	三和府使	330	851		2832	4013
진영	前營將	肅川府使	馬兵	309	步兵	合	
					1862		2171
	左營將	德川郡守		277			1612
					1335		
	中營將	中和府使		552			2441
					1889		
	右營將	順川郡守		584			2544
					1960		
	後營將	咸從府使		200			2597
					2397		
	別前營將	龍川府使		112			1282
					1170		
	別左營將	龜城府使		162			2053
					1891		
	別右營將	嘉山郡守		82			2116
					2034		
	別後營將	寧邊府使		214			3530
					3316		

〈표 2-1〉 평안도 방어영·진영 현황

에 소속된 군병들은 명칭부터 다른 지역과는 다른 독특한 면모를 가지고 있었다.

방어영 네 곳의 별무사는 모두 1,320명, 입번군은 1,756명, 조련군은 1,651명이다. 수포군은 이들보다 훨씬 많아 6,536명에 달한다. 따라서 비수포군 대 수포군의 비율은 34.3퍼센트 대 65.7퍼센트로 수포군의 비율이 높게 나타난다. 방비 강화를 위해 설치한 방어영 소속 군병의 상당수가 재정 보충에 이용되고 있는 것이지만, 실제 방수에 동원될 입번군이나 조련군의 증가에 대해서도 의미를 부여해야 할 것이다.

전반적으로 평안도에서는 호란 뒤 긴 시간에 걸쳐 방어 시설과 군제가 정비되어나갔다. 그 과정에서 나름대로 방수 군병을 확보했고 증가한 군액을 자체 재정에 활용했다. 군포 수입은 뒤이어 확인하겠지만 군량으로 비축되었던 전세나 수미와 함께 평안도의 주요 재정 원천이 되고 있었다. 이 시기 방비 재건과 방수 군병의 충원에도 불구하고 호란 전만큼 평안도에서 군사 재정이 차지하는 비중이 높았던 것은 아니었다. 오히려 그것은 전후 청과 새로운 외교 관계 모색과 정립 과정에 투여될 가능성을 안고 있었다.

2. 재원의 확보와 현황

후금의 흥기로부터 병자호란에 이르는 과정에서 가장 큰 피해를 입었던 평안도 지역은 전후 점진적인 회복 과정을 거치면서 경제적 성장의 발판을 마련했다. 청의 견제로 말미암아 방어체제를 복구하는 데는 많은 시간이 필요했지만, 이에 앞서 토지와 호구는 지속적으로 증가했다. 또한 청에 대한 외교적 부담에도 불구하고 무역이 활기를 띠면서 상업이나 수공업 발전이 촉진되었다.[39]

우선 주목되는 점은 재정의 기본 원천인 토지와 호구의 증가 추세이다. 앞 장에서 살펴본 것처럼, 평소 9만 결 수준이던 평안도의 토지 실결수는 호란 직후 3만여 결로 줄었다가 1646년 4만 7,561결로 다소 늘어났다. 이후 17세기 후반의 평안도 토지 결수를 확인할 수 있는 자료는 뚜렷하지 않다. 〈표 2-2〉는 18세기 전반 평안도와 전국의 토지 결수를 기록한 단편적인 자료들을 정리한 것이다.

이 표를 보면 1720년대와 1740년대 사이 평안도의 원장부결은 1만 3,000여 결, 실결은 1만 2,000여 결가량 증가했다. 1744년의 실결은 1646년과 견주어 3만 결 이상 늘어난 7만 8,814결로 호란 전의 8~9만

---

39) 柳承宙, 〈朝鮮後期 對淸貿易이 國內産業에 미친 影響〉, 《亞細亞硏究》 37-2, 高大亞細亞問題硏究所, 1994.

결 수준에 접근했다.[40] 이에 따라 전국의 원장부결이나 실결에서 평안
도가 차지하는 비중도 꾸준히 높아졌다. 실결만을 보면 1646년에는
7.1퍼센트[41]였던 것이 1744년에는 9.2퍼센트로 올라갔는데, 이는 임란
이전의 10퍼센트에 다가서고 있는 수치이다. 다만 평안도에서는 오랫
동안 양전이 실시되지 않았기 때문에 토지 결수의 회복 속도는 표에
서 드러나는 것보다 빨랐을 가능성이 있다.

연도	원장부결			실결		
	평안도	전국	평안도 비중	평안도	전국	평안도 비중
① 1720	90,804	1,395,333	6.5%			
② 1726				66,866	830,509	8.1%
③ 1744	103,586	1,401,135	7.4%	78,814	854,303	9.2%

※ 자료 : ①·②《增補文獻備考》卷142, 田賦考2 / ③《度支田賦考》田摠

〈표 2-2〉 평안도의 토지 결수 변화(1720~1744)

　토지 결수의 점진적인 회복은 전세와 수미에 기반한 지역 재정 수
입의 증대로 이어졌다. 16세기에 기틀이 잡혀 17세기 전반 법제화된
영정법(永定法) 아래에서 토지 결당 전세 수취액은 4두였다. 앞 장에

---

40) 18세기 전반의 평안도 토지 결수를 확인할 수 있는 자료가 많지 않아《度
　支田賦考》(驪江出版社, 1986)의 1744년조 기록을 인용했다. 그런데 이 자료
　의 해제에서는 出稅實結이 처음 나오는 甲子年을 1684년으로 추정했다. 하지
　만《萬機要覽》財用編2, 田結, 四都八道元帳付田畓에 기재된 1807년 丁卯年
　의 토지 결수와 비교해보면《度支田賦考》의 出稅實結 기록이 시작되는 갑
　자년은 60년 뒤인 1744년으로 보아야 서로 일치하게 된다. 이 책을 쓰기 전
　에 발표한 필자의〈17세기 전반 平安道의 軍糧 운영〉(《朝鮮時代史學報》20,
　2002) 182쪽〈표 1〉에 나오는 1684년과 1720년의 평안도 토지 결수도 각각
　1744년과 1780년의 오류임을 밝혀둔다.
41) 1646년의 전국 실결수 67만 4,308결에서 평안도가 차지하는 비중을 말한다.

서 지적한 것처럼, 평안도에서는 이보다 더 낮은 액수를 수취했고 이 시기에도 별다른 변동이 없었다.

다소 변화 과정을 겪었던 것은 공물과 관련된 수미였다. 17세기 전반 북방의 긴장 고조에 따라 작미(作米)해 군량에 보태었던 양서(兩西)의 공물은 1646년(인조 24) 복구되었다. 이때 황해도에서는 결당 미 5두를 징수하되 해읍(海邑)은 미로, 산군(山郡)은 미 7두 5승을 면 포 1필로 작목(作木)해 호조에 상납하도록 했다.[42] 반면 평안도에서는 직로와 여타 지역을 구분해 수미라는 명목으로 5~6두를 거두고 군량 으로 비축하게 했다. 호란 뒤 급박한 군량 운영의 필요성이 사라지면 서 황해도의 공물은 복구되었으나 평안도에서는 비축의 관행을 유지 했던 것이다.

이는 청과 긴장 관계가 완전히 해소되지 않았고, 전후 두 나라 사이 의 사행을 지원하는 데서 평안도의 부담이 매우 컸기 때문이다. 따라 서 다른 지역에서 대동으로 정비된 공물을 평안도에서는 전량 비축하 는 특징을 가지게 되었으며, 이 수미에서 각 영읍(營邑)의 필요 경비 도 일부 조달되었다. 다만 원래 평안도의 공물 비중이 높지 않았으므 로 결당 수취량은 다른 지역의 절반 수준에 지나지 않았다.

그런데 평안도 공물의 변통은 작미 과정과 마찬가지로 내용에 다소 모호한 측면이 있었다. 《탁지지(度支志)》에서는 1646년에 양서 공물 을 복구할 때 평안도의 경우 고마(雇馬) 마련이 어려워 군량에 회록 (會錄)하고 공가(貢價)는 호조에서 지급했다고 했다.[43] 하지만 같은 자 료의 다른 부분에서는 평안도에서 수취한 결당 5~6두의 수미 가운데 3두를 호조에 양서 공물가로 납부했다는 내용이 나온다. 즉, 수취한

---

42) 朴賢淳, 〈16~17세기 貢納制 운영의 변화〉, 《韓國史論》 38, 서울대학교 국 사학과, 1997.

43) 《度支志》 卷10, 版籍司 貢獻部2, 大同 事實.

수미 전체를 본 도[평안도]에 비축한 것이 아니라 절반가량을 호조에
상납했다는 말이다. 두 내용 사이에 시차가 있는 것으로 본다면 평안
도에서는 시점이 명확하지는 않지만 수미의 일부를 호조에 납부한 것
으로 간주할 수 있다.

이 3두마저 완전하게 본 도에서 비축한 것은 1708년(숙종 34)이었
다. 이해에 평안감사 이제(李濟)는 평안도의 공가 수송의 어려움을 호
소하며 황해도에서 평안감영에 납부하는 관향곡(管餉穀)과 서로 맞바
꿀 것을 제안했다.[44] 다시 말해서, 평안도에서 호조에 상납하는 공가
를 황해도가 부담하는 대신 황해도에서 평안도로 보내는 관향곡을 면
제하자는 것이다. 황해도의 관향곡과 평안도의 공물가 상납액이 서로
비슷하다면 평안도에서는 비축 곡물의 양에 큰 변동 없이 운반 부담
을 줄일 수 있는 방안이었다. 이 방안은 결국 황해도의 상정법(詳定
法)과 맞물리면서 그대로 시행되었다.

상정법에서 황해도는 1646년 이후 결당 5두를 거두었던 수미를 3두
로 줄이고 양서 공물가라는 명목으로 호조에 납부하게 되었는데, 별
수미(別收米)로 불린 이 3두가 평안도를 대신해 납부하는 공물가였다.
황해도에서는 이와는 별도로 본 도 공물가 일부와 사신 접대비 그리
고 영읍의 경비 충당을 위해 원수미(元收米) 12두를 수취했다.[45]

양서 사이에 일부 명목의 곡물이 교환되는 과정을 통해 평안도의
수미는 완전하게 본 도의 비축으로 남게 되었던 것이다. 토지로부터
확보할 수 있었던 주요 세원인 전세와 수미를 평안도에서는 모두 비
축하게 된 것인데, 이제 그 수취량을 파악해보도록 하자.

---

44) 《度支志》 卷10, 版籍司 貢獻部2, 貢物 兩西貢物. '平安道收米 卽大同條 而
每結直路五斗 江邊山郡六斗 而其中三斗條 以兩西貢價 上納戶曹矣 肅宗朝戊
子詳定時 因平安監司李濟移文 收米之駄運京納 大有弊端 以海西管餉穀之移
送箕營者 自當換錄 而其代自海營移換都納事 永爲定式.'

45) 金玉根, 《朝鮮王朝財政史硏究[III]》, 一潮閣, 1988, 239쪽.

연도	전세 각곡(石)	수미 각곡(石)	합계(石)
1726	10,573	18,672	29,245
1744	12,462	22,009	34,471

〈표 2-3〉 평안도 전세와 수미의 예상 수취량(1726~1744)

〈표 2-3〉은 1726년과 1744년의 토지 실결을 기준으로 평안도에서 수취한 전세와 수미의 양을 나타낸 것이다. 이 수치는 실제의 수취액이 아닌 추정치로, 기준 값은 1807년 수세 실결이 8만 4,910결일 때 거둔 전세 각곡(各穀) 1만 3,426석과 수미 각곡 2만 3,711석에 두었다.[46] 이를 해당 연도의 실결수와 대비시켜 얻은 값이 이 표의 내용이므로, 실제 수취액과 큰 차이는 없을 것으로 보인다.

수취 대상 곡물은 전세의 경우 미(米)·전미(田米)·태(太)로, 수미는 미와 전미로 구성되어 있었으나 여기서는 각곡의 합만 표시했다. 표에서 드러나듯이 수세 실결이 증가하면서 전세나 수미의 양도 조금씩 늘어났다. 그리하여 1720년대 후반부터 전세와 수미의 합계는 대략 3만 석이 넘었을 것으로 추정된다.

토지에서 수취한 이 곡물은 관향(管餉)에 회록해 본 도에 비축해두었는데, 비축곡은 환곡으로 운영되었으므로 증식 가능성을 가지고 있었다. 1725년(영조 1)에 평안도 환총(還摠)은 100만 석에 이르렀고,[47] 그 규모는 지속적으로 증가했다. 전 시기와 같은 급박한 군사적 용도가 사라지고 수미의 본 도 비축이 관행을 넘어 법제화되었으며 토지의 결수도 꾸준히 증가했으므로 경제적 조건이 크게 호전되고 있었던 것이다.

이 사실은 호구의 증가와 이에 기반한 군액의 확대를 통해서도 확

---

46) 《萬機要覽》 財用編2, 收稅, 八道四都時起田結收稅.

47) 《備邊司謄錄》 第77冊, 英祖 元年 4月 23日(7-681 가).

인할 수 있다. 다음 〈표 2-4〉의 통계를 통해 평안도의 호구 변동에 대해 살펴보자.

		호		구		호증감		구증감	
		호수	비율	구수	비율	증감액	비율	증감액	비율
1648 (인조 26)	평안도	39,927	9.0	145,813	9.5				
	전국	441,321	100	1,531,365	100				
1657 (효종 8)	평안도	55,623	8.4	184,799	8.1	15,696	39.3	38,986	26.7
	전국	658,771	100	2,290,083	100	217,450	49.3	758,718	49.5
1669 (현종 10)	평안도	177,912	13.5	720,391	14.4	122,289	219.9	535,592	289.8
	전국	1,313,453	100	5,018,644	100	654,682	99.4	2,728,561	119.1
1678 (숙종 4)	평안도	150,689	11.2	706,675	13.5	−27,223	−15.3	−13,716	−1.9
	전국	1,342,428	100	5,246,972	100	28,975	2.2	228,328	4.5
1717 (숙종 43)	평안도	167,749	10.7	763,340	11.1	17,060	11.3	56,665	8.0
	전국	1,560,561	100	6,846,568	100	218,133	16.2	1,599,586	30.5
1726 (영조 2)	평안도	172,720	11.0	734,944	10.5	4,971	3.0	−28,396	−3.7
	전국	1,576,598	100	7,032,425	100	16,037	1.0	185,857	2.7

※ 출전 :《增補文獻備考》 卷161, 戶口考1, 歷代戶口[48]

〈표 2-4〉 평안도 호구 변동의 추이(1648∼1726)[49]

48) 肅宗 43년의 평안도 호구 통계는《增補文獻備考》와《肅宗實錄》사이에 큰 차이가 있다.《肅宗實錄》卷60, 43年 11月 甲子條(40-683 가)에 보이는 평안도의 호수는 22만 6,135호이며 구수는 107만 8,406구이다. 따라서《增補文獻備考》보다 호수는 5만 8,386호, 구수는 31만 5,066구나 더 많다. 한편 전국의 호수는 154만 7,709호, 구수는 682만 9,771구로 두 기록 사이의 차이가 크지 않다. 이는《肅宗實錄》에 보이는 경상도의 호구수가《增補文獻備考》보다 대폭 줄어 있기 때문이다. 어떤 기록을 더 신뢰할 수 있을지는 알 수 없는데, 여기서는《增補文獻備考》의 기록을 일률적으로 인용했다.

49) 이 표에 보이는 호구수나 증가율은 실상을 그대로 반영한 것이 아니라 기록상의 수치이다. 조선시대의 인구 파악은 전체 호구를 대상으로 한 것이 아니며, 일정한 내부 원리에 따라 호구를 편제해 파악하는 방식을 취했다(이와 관련해서는 권태환·신용하, 〈조선왕조시대 人口推定에 관한 一試論〉,《동

전란으로 크게 감소했던 평안도의 호구수는 〈표 2-4〉를 보면 알수 있듯이 1648년에도 3만 9,927호, 14만 5,813구에 지나지 않았다. 이후 호구는 꾸준히 증가하지만 1648년에 대비한 1657년의 증가율은 전국 평균에 미치지 못했다. 피해가 컸던 평안도는 다른 지역보다 호구의 회복 속도가 늦었던 것이다. 그런데 1669년이 되면 1657년에 견주어 호와 구의 증가율이 219.9퍼센트와 289.8퍼센트로 전국의 증가율을 두 배 이상 앞서게 되고, 이로 말미암아 전국의 호구에서 평안도가차지하는 비중도 대폭 상승했다.

호구수와 비중의 급격한 증가는 호구 파악의 강화와도 관련이 있지만, 병자호란으로부터 30여 년이 지난 이 무렵에야 평안도 사회가 안정 기조에 접어들었음을 나타내는 것이다. 1669년의 증가 뒤 호구수는 다소 정체되어 이후로는 전국의 증가율을 밑돌았다. 이 역시 호구파악 강도와 관련된 것이겠지만, 호란 이후의 지역 복구 효과가 이미일정하게 반영되었음을 보여주는 것이다.

18세기 전반의 평안도 호구수는 대략 17만여 호, 73~76만여 구 사이에서 움직였는데, 이는 1648년 단계와 비교하면 네다섯 배 이상 신장된 수치이다. 호구의 증가는 한편으로 군액의 증가를 의미하는 것이고, 군액의 증가는 다시 방어체제의 복구에 필요한 군병의 확보는물론 재정에 기여할 군포 수입의 증가를 의미하는 것이었다.

전쟁이 끝난 뒤 조정이나 평안감영에서는 사실상 도내의 군병 현황

아문화》 14, 동아문화연구소, 1977 ; Tony Michell, 〈조선시대의 인구변동과경제사〉, 《부산사학》 17, 부산사학회, 1989 ; 정진영 외, 〈丹城戶籍의 史料的성격〉, 《大東文化硏究》 39, 성균관대학교 대동문화연구원, 2001 ; 김건태 외,〈조선후기 戶籍大帳의 '戶'〉, 《大東文化硏究》 40, 성균관대학교 대동문화연구원, 2002 등을 참고할 것. 서북 지역의 호구 파악 방식이 삼남과 또 다른원리가 있었는지는 알 수 없다). 다만 현종대와 영조대 전국 증감율을 대폭상회하는 평안도의 호구 증가는 호란의 극복이나 지역 경제 성장과 밀접한관련이 있었던 것으로 추정해볼 수 있다.

을 전혀 파악하지 못했고 오로지 병사가 이를 주관하고 있었다.[50] 평안
병사는 정군과 봉족을 막론하고 1인당 2필의 군포를 부과해 매년 1,000
여 동을 거두어들였다. 1,000여 동은 5만여 필이므로, 1인당 2필씩 수
취했다면 당시의 군액은 2만 5,000여 명 정도 되었다는 이야기이다.
평소 7만 명이 넘었던 평안도 군액은 전쟁을 겪으면서 4만 7,000여 명
이 감소해 3만 명 수준에 머물렀으므로,[51] 이는 당시 현실과 어느 정
도 부합하는 수치이다.

　방어 시설의 수축이나 군사 훈련이 어려운 상황에서 남아 있는 군
병으로부터 수취한 군포는 평안도 재정에 직접적으로 기여했다. 군포
는 각종 경비에 지출되었으며, 특히 400동을 고마가(雇馬價)에 사용할
정도로, 많은 부분이 연행(燕行)이나 청사 접대에 할애되었다.[52] 조정
의 관심은 이러한 군포 운영을 중앙에서 관리하고 도산한 군액을 충
정하며 역 부담의 균일화를 꾀하는 데 있었다. 군포 관리를 감사에게
넘기자는 주장도 있었지만, 이는 효종 초에 비변사로 넘어갔다.[53]

　한편 감소된 군액의 충정을 위해 1648년(인조 26)부터는 매 5년마다
본 도에서 일정 수를 채워 넣도록 규정했다.[54] 이러한 노력과 호구의
증가에 힘입어 군액은 서서히 확대되어나간 것으로 보인다. 군액의
실제 증가 과정을 추적하기는 어렵지만, 〈표 2-4〉에서 보는 것처럼
1669년에는 1657년에 견주어 구수가 네 배 가까이 신장되었다. 이는
그만큼 군액도 늘어났음을 의미하는 것으로, 실제 1690년(숙종 16)에

50) 《備邊司謄錄》第11冊, 仁祖 25年 3月 11日(1-893 가).
51) 《備邊司謄錄》第12冊, 仁祖 26年 9月 14日(1-988 나) ; 《孝宗實錄》卷11,
　　4年 閏7月 乙卯(35-644 다).
52) 《仁祖實錄》卷46, 23年 10月 癸巳(35-245 가) ; 卷48, 25年 4月 丁亥(35-299
　　다).
53) 《備邊司謄錄》第15冊, 孝宗 3年 4月 19日(2-274 나).
54) 《承政院日記》第128冊, 孝宗 4年 閏7月 28日(7-232 라).

는 감영에 소속된 잡색군만 4만여 명에 이르렀다.[55] 군병의 방수나 조련의 재개에 많은 시일이 걸렸다는 점을 감안한다면, 증가된 군액의 대부분은 여전히 재정원으로 활용되었다고 할 수 있다.

확충된 군액의 일부에 대해서는 숙종 초 청의 내부 혼란을 빌미로 조련이 재개되기 시작했지만, 수포(收布)를 줄이고 조련군을 늘려나가는 것은 쉬운 일이 아니었다. 여전히 청의 견제를 의식하고 있던 상황에서 적극적으로 조련을 재개하기도 어려웠지만, 감·병영의 수포는 이미 사행 경비에 상당 부분 보조되고 있었기 때문이다.[56] 방어를 위한 군병 조련의 확대는 대청 관계와 평안도 자체 재정원의 확보를 고려하는 가운데 해결될 수 있는 것이었다.

또한 군제 정비와 재정 확보의 효율을 높이기 위해서는 역 부담이 다른 다양한 군종들을 정리해야 했는데, 감영의 착호군(捉虎軍)·요군(遼軍), 병영의 정초군(精抄軍)·삼수군(三手軍)·장무대(壯武隊)·수영패(隨營牌) 등을 통합해 정군(正軍)과 수포군(收布軍)으로 이원화를 추진한 것도 이와 연관되어 있었다.[57] 감영의 착호군이 1필 납부에 잡역이 없었던 반면, 병영 소속 군병들은 2필을 납부하고도 사행에 따른 각종 잡역에 시달리는 등 군종에 따른 부담의 차이가 컸기 때문이다. 그러한 차이는 쉽게 좁혀지지 않았는데, 다른 도의 속오군에 해당하는 삼수군에 대한 수포의 타당성 문제나 여타 군병의 조련에 관한 논의는 이후로도 지속되었다.[58]

결국 군액을 증가시키고 역 부담을 균일화해 실질적 방비와 재정 확보를 동시에 만족시키려는 당시의 추세 속에서 군액의 경우 1699년

55) 《備邊司謄錄》第44冊, 肅宗 16年 10月 29日(4-331 라).
56) 《備邊司謄錄》第40冊, 肅宗 12年 5月 5日(3-950 가).
57) 《肅宗實錄》卷10, 6年 12月 丙申(38-504 라).
58) 《備邊司謄錄》第38冊, 肅宗 10年 9月 5日(3-785 라) ; 第45冊, 17年 5月 5日(4-380 가) ; 第47冊, 19年 1月 5日(4-497 다).

(숙종 25) 감영의 수포군이 6만에 이를 정도로 늘어났다.[59] 병영이나 방
어영 역시 증가하고 있기는 마찬가지여서, 1723년(경종 3)에는 평안도
전체 군액이 20만이나 되었으며[60] 역 부담도 1721년에는 1필로 균일
화되었다.[61] 군역자 총액의 절반에서만 1필을 수취해도 2,000여 동을
확보할 수 있었던 것이다.

　평안도 재정의 또 다른 원천은 무역과 관련되어 있었다. 청과 무역
과정에서 평안도는 직접적인 참여, 관은(官銀) 대출, 수세와 같은 방
식으로 많은 이익을 확보할 수 있었다. 평안도에서 직접 참여한 무역
으로는 중강개시(中江開市)와 심양팔포(瀋陽八包)를 들 수 있다. 중강
개시의 경우 거래된 물화의 상당수가 평안도 안 각 읍에서 준비되었
지만, 청의 필요에 따라 개시가 열려 평안도를 비롯한 조선 측의 이익
은 별로 없었다.

　평안도 재정에 기여한 것은 의주부·평안감영·평안병영 등의 별장
(別將)이 참여했던 심양팔포 무역이었다. 역관들이 무역을 통해 많은
이익을 확보했듯이, 두 나라 사이의 사행 접대 부담을 안고 있던 이들
관청 역시 무역 과정에서 큰 이익을 얻었을 것으로 추정할 수 있다.
특히 의주부의 무역 비중이 컸고, 재정이 어려워지면 더 많은 참여 권
한을 보장받기도 했다.[62] 하지만 그 액수나 재정에 대한 기여 정도를
확인하기는 어렵다.

　사행 원역에 대한 관은 대출은 무역 과정이 순조로울 경우 일정한

59) 《承政院日記》 第388冊, 肅宗 25年 12月 20日(20-701 나).
60) 《備邊司謄錄》 第58冊, 肅宗 33年 6月 26日(5-768 나) ; 《景宗實錄》 卷11,
　　3年 2月 戊午(41-279 라).
61) 《景宗實錄》 卷4, 元年 8月 癸亥(41-168 다). 평안도 양역의 균일화 과정에
　　대해서는 鄭演植, 〈17·18세기 평안도 良役制의 변천〉, 《韓國文化》 27, 서울
　　대학교 국사학과, 2001 참고.
62) 《備邊司謄錄》 第74冊, 景宗 3年 11月 2日(7-456 나).

이자 수입을 확보할 수 있었다. 1710~1720년대 평안감영과 병영에서
는 공식적인 기록상 한 번의 사행에 2,000~2만 9,000냥의 은화를 대
출해주었으나, 관은 대출에는 무역 사정과 역관들의 형편에 따라 이
자는 물론 대출 원은도 회수하지 못할 가능성이 내재되어 있었다. 18
세기 초에 이미 평안도 안 은화 33만 냥 가운데 상당수가 이와 관련
된 장기 미상환 은이었던 것이다.[63]

후시(後市)에서 무역 수세는 특히 의주부 재정 수입과 직결되어 있
었다. 중강후시(中江後市)는 일찍이 혁파되었지만, 책문후시(柵門後市)
는 상황에 따라 치폐를 거듭했다. 의주부에서는 책문에 들어가는 사
상인의 마필에 징세했는데, 상인과 마필의 수가 많아 수세 규모도 적
지 않았을 것으로 보인다.[64] 책문후시는 사행이 들어오고 나올 때 각
각 이루어졌는데, 18세기 초까지 연행 횟수가 세 차례 정도였다는 것
을 감안하면 수세 규모가 컸을 것으로 추측된다.

무역 외에 은점(銀店)에서 수세도 평안도가 다량의 은화를 보유하
는 데 일조했다. 평안도 은점의 생산량이나 수세액은 전국 최고였는
데, 호조 소속 7도 은점의 총합이 평안도 한 곳에 못미친다는 평가를
받았을 정도였다.[65] 대청 외교나 무역에 지원된 은화의 상당수가 왜은
(倭銀)이었고, 이를 보조한 것이 국내 생산 은이었다. 액수 파악은 불
가능하나, 그 가운데 다수는 평안감영에서 설점수세권(設店收稅權)을
가지고 있었던 평안도 은이었다.

평안도에서는 이러한 여러 가지 방식으로 재정을 확보했다. 그리고
확보된 재정은 민간에 대여함으로써 이를 통해 그 규모를 늘려나갔
다. 17세기 후반에 이미 토지에서 확보한 관향의 모곡(耗穀)이 한 해

---

63)《備邊司謄錄》第57冊, 肅宗 32年 7月 14日(5-579 가).

64) 金正中,《燕行錄》, 壬子 3月 3日.

65)《備邊司謄錄》第84冊, 英祖 4年 12月 17日(8-507 나).

수만 석을 넘어섰다.[66] 전세나 수미의 수취량보다 환곡의 이자 수입이
더 컸던 것이다.

미곡 외에 감영이나 병영에서는 비축한 다양한 재원들을 대출했다.
재정 확보에 필요한 대출을 막을 수 없었던 상황에서 정부는 부실(富
實)한 자를 대상으로 삼아 폐단 발생을 억제하도록 할 뿐이었다.[67] 18
세기에 들어서는 각 읍에서도 사행 접대 비용 마련 등을 목적으로 민
고(民庫)를 속속 설치했다. 공채(公債)에 대한 이자율은 원래 10분의
1로 규정되어 있었지만, 각 관청에서는 수입을 높이기 위해 이를 제
대로 지키지 않았다.[68]

여러 경로를 통해 확보된 재원의 보유량은 매년의 운영 결과에 따
라 달라질 수 있었다. 1726년(영조 2)을 예로 들면, 호조는 평안도 안
주요 창고에 목(木) 5,000여 동, 전(錢) 32만 냥이 보관되어 있는 것으
로 보았다.[69] 그런데 1729년에는 전후 감사의 노력에 따라 감영의 전
화만 70만 냥에 이르고 있었다. 여기에 곡물과 은화를 고려하면 전체
보유량은 훨씬 더 늘어날 것이다.[70] 이러한 재원은 청의 견제에 따른
군비 지출의 억제 속에서 이제 두 나라 사이의 외교와 무역 경비를
지원하는 데 적극적으로 투입되어갔다.

---

66) 《備邊司謄錄》第14冊, 孝宗 元年 5月 13日(2-162 나).
67) 《備邊司謄錄》第42冊, 肅宗 14年 4月 4日(4-127 라).
68) 《備邊司謄錄》第75冊, 景宗 4年 4月 16日(7-519 나).
69) 《備邊司謄錄》第79冊, 英祖 2年 4月 10日(7-875 다).
70) 《備邊司謄錄》第85冊, 英祖 5年 2月 22日(8-535 나).

제2절 청의 사행 접대와 평안도의 재정 조달

1. 청의 사행과 평안도의 부담

(1) 사행 빈도 변화와 접대 절차

17세기 청은 두 차례의 전쟁을 통해 조선을 군사적으로 제압해 중원(中原) 진출의 배후 위협을 제거하고 조공을 강요해 물질적 욕구를 충족시켰다. 입관 이후 명을 대신해 중국의 새로운 지배자로 군림하면서부터는 조선에 대한 청의 걱정과 관심은 조금씩 감소되었다. 사회와 경제가 안정되면서 조선에 대한 견제나 침탈의 필요성이 완화되었기 때문이다. 양국은 이후 명이 중국을 지배하던 때와 마찬가지로 전형적인 조공-책봉(朝貢-冊封) 관계를 형성해나갔다.[71]

청이 조선에 파견한 사행의 성격도 이러한 관계에 따라 변화했다. 호란 뒤 청은 북경을 함락하고 명왕조의 잔여 세력을 격퇴할 때까지

---

71) 김한규, 《한중관계사Ⅱ》, 아르케, 1999, 725~742쪽.

사행을 통해 조선을 지속적으로 견제했는데, 이 시기 사행의 빈도는 매우 높았고 청사들의 형태도 강압적이었다. 청이 중원을 장악해 그 지배가 안정 기조에 접어들어서야 사행의 빈도가 점차 줄어들기 시작했다. 그럼에도 청의 사행으로 말미암은 조선의 부담은 결코 적지 않았는데, 우선 청의 사행 빈도 변화를 조선의 각 왕대별로 구분해 살펴보도록 하자.[72]

	연수	사행		순부		합계	
		횟수	연평균	횟수	연평균	횟수	연평균
인조(1637~1649)	13	25	1.9	22	1.7	47	3.6
효종(1650~1659)	10	26	2.6	2	0.2	28	2.8
현종(1660~1674)	15	18	1.2	0	0	18	1.2
숙종(1675~1720)	46	35	0.8	0	0	35	0.8
경종(1721~1724)	4	10	2.5	0	0	10	2.5
영조(1725~1776)	52	24	0.5	3	0.1	27	0.5
정조(1777~1800)	24	6	0.3	7	0.3	13	0.5
순조(1801~1834)	34	10	0.3	15	0.4	5	0.7
헌종(1835~1849)	15	4	0.3	5	0.3	9	0.6
철종(1850~1863)	14	5	0.4	16	1.1	21	1.5

※ 각 왕대의 연수는 재위 기간이며, 인조대는 병자호란 이후부터이다. 사행 횟수는 즉위 연월과 승하 연월을 고려해 계산했다.

〈표 2-5〉 청의 대조선 사행과 순부 빈도 변화(인조~철종)

---

72) 이 표는 《同文彙考》 第44冊, 詔勅錄을 근거로 작성한 것이다. 조선과 청 양국 사이의 사행 빈도에 대해서는 全海宗, 《韓中關係史硏究》, 一潮閣, 1977, 70~76쪽에도 분석되어 있다. 전해종은 청 황제의 재위 기간에 따라 사행 빈도를 분석했다.

위의 표에서 순부(順付)는 직접 사신을 파견하지 않고 청에 들어온 조선 사신편에 조서(詔書)를 보내는 것을 말한다. 따라서 조선에 많은 피해를 주고 평안도 재정에도 부담이 된 것은 청사의 직접적인 행차였다. 연평균 사행 빈도는 대체로 경종대까지 높은 수준을 유지했고, 순부는 줄어들다가 영조대 이후 조금씩 증가했다. 사행 빈도가 대폭 감소한 영조대부터 순부가 다시 등장해 증가해나간 것은 직접적인 사행의 필요성이 줄어들었음을 보여주는 것이며, 이는 양국 관계의 안정과 연관된 것이었다.

호란 직후인 인조대는 사행 못지않게 순부의 횟수도 많았다. 인조가 재위하던 13년 동안 청에 파견된 조선 사행은 무려 76차례나 되었고,[73] 이를 통해서도 청의 대조선 견제가 이루어졌다. 순부는 감소한 뒤 사라졌지만 효종·현종대 연평균 사행 빈도는 여전히 높았는데, 숙종대에 갑자기 1회 아래로 떨어졌다. 이는 기본적으로 양국 통치자의 재위 기간과 일정한 관련이 있다. 숙종은 46년을 재위했고, 그와 재위 기간이 대부분 겹치는 청 성조 강희제(康熙帝)는 61년 동안 제위에 있었다. 때문에 양국 통치자나 그 가족의 책봉·등극·사망 등의 사건 발생 요인이 적어 상대적으로 여러 명목의 사행 감소를 가져왔다.

반면 경종이 재위하던 4년 동안에 청에서는 강희제의 죽음과 세종 옹정제(擁正帝)의 권력 계승이 이루어졌다. 이 기간 동안 청은 숙종에 대한 조문, 경종과 세제(뒷날의 영조)의 책봉, 강희제의 죽음과 옹정제의 등극, 황태후의 죽음과 새로운 황후 책봉에 관련된 사신을 잇달아 파견했다. 이에 따라 경종대는 재위 기간이 짧았음에도 사행 빈도가 매우 높았던 것이다. 영조대 이후에는 순부의 증가에도 불구하고 연평균 사행 빈도가 0.3~0.5회로 크게 감소함으로써 조선의 재정 부담

---

73) 《同文彙考》第43冊, 使行錄.

도 대폭 줄어들었다.

조선이나 청의 상호 사행은 자국 내부나 상대국에 일어난 정치적
변동, 또는 양국이 동시에 관련된 사건의 발생에 따라 이루어졌다. 그
러므로 사행 변화의 흐름을 좀더 객관적으로 이해하기 위해서는 일정
한 시기로 구분해 살펴볼 필요가 있다. 〈표 2-6〉은 청이 조선에 직접
파견한 사행에 초점을 맞추어 20년 간격으로 그 빈도와 사신(使臣)·
통관(通官)수의 변화를 추적한 것이다.

시기	사행 횟수	순부 횟수	합계	연평균 사행수	1회 평균 사신수	1회 평균 통관수
1637~1656(인조 15~효종 7)	46	23	69	2.30	3.0	3.9
1657~1676(효종 8~숙종 2)	26	1	27	1.30	2.5	4.0
1677~1696(숙종 3~숙종 22)	22	0	22	1.10	2.0	4.0
1697~1716(숙종 23~숙종 42)	7	0	7	0.35	2.1	3.9
1717~1736(숙종 43~영조 12)	23	0	23	1.15	2.0	3.9
1737~1756(영조 13~영조 32)	9	1	10	0.45	2.0	4.7
1757~1776(영조 33~영조 52)	6	2	8	0.30	2.0	4.8
1777~1796(정조 1~정조 20)	3	5	8	0.15	2.0	4.7
1797~1816(정조 21~순조 16)	7	4	11	0.35	2.0	5.0
1817~1836(순조 17~헌종 2)	6	15	21	0.30	2.0	5.0
1837~1856(헌종 3~철종 7)	6	14	20	0.30	2.0	2.5
1857~1876(철종 8~고종 13)	6	14	20	0.30	2.0	2.0

〈표 2-6〉 청의 대조선 사행 빈도와 사신·통관수의 변화(1637~1876)[74]

---

74) 위의 도표 역시 《同文彙考》第44册, 詔勅錄을 근거로 작성한 것이다. 왕대
별이 아닌 20년 간격으로 구분하면서 하한은 1876년으로 잡았다.

사행의 횟수나 연평균 사행수는 표에서 보는 것처럼 호란 직후에 가장 많았으며, 18세기 초까지는 대체로 높은 빈도를 유지했다. 17세기 말에서 18세기 초 사이의 예외적인 감소는 앞서 지적한 숙종대의 상황이 구체적으로 적용된 탓이며, 18세기 중엽 이후 그 수치가 크게 낮아지는 것은 대청 관계의 안정과 동시에 사신 접대 비용의 감소를 암시하는 것이다.

우선 청사의 방문이 가장 빈번했던 호란 직후 1637년에서 1656년 사이의 사행 횟수는 모두 46차례로 연평균 2.3회꼴이었다. 이는 청의 중원 지배 실현 과정에서 조선에 대한 견제를 강화한 것과 일맥상통한다. 이 기간 동안 청은 많게는 한 해 여섯 차례나 사신을 파견했는데,[75] 연이은 사신 행차로 평안도에서는 오고가는 청사를 동시에 접대해야 하는 일마저 종종 있을 정도였다. 그들은 대개 강압적이었으며 의주 등지에 장기간 머물면서 과도하게 물품을 요구했다.[76] 때로는 자의적으로 평안감사나 도내 지방관의 교체를 강요하기도 했는데, 조정에서는 그대로 들어줄 수밖에 없었다.[77] 평안도 은산(殷山) 출신 역관으로 청에 빌붙어 여러 차례 청사를 수행했던 정명수(鄭命壽)조차 감사나 의주부윤의 인사를 좌지우지하는 실정이었다.[78] 상황이 이렇자 평안도의 지방관이나 민들 가운데는 청사나 정명수 등과 결탁하는 자들도 많았다.

이러한 분위기는 사행로에 위치한 양서와 경기 삼도 가운데 특히 관서 지방을 곤혹스럽게 만들었다.[79] 호란 직후 호구와 토지가 대폭

---

75)《同文彙考》第44冊, 詔勅錄 庚寅條(孝宗 元年).
76)《仁祖實錄》卷40, 18年 3月 癸巳(35-84 다) ; 卷48, 25年 4月 丁亥(35-299 다).
77)《備邊司謄錄》第11冊, 仁祖 25年 2月 29日(1-877 가).
78)《備邊司謄錄》第6冊, 仁祖 19年 12月 7日(1-524 가) ;《仁祖實錄》卷48, 25年 9月 戊申(35-309 라).
79)《孝宗實錄》卷4, 元年 5月 乙卯(35-427 다). '上謂濡曰 近者客使往來如織

감소해 빈번해진 사행의 접대 물력을 조달하기 어려운 상황에서, 청
사나 그들과 동행한 조선 출신 역관들의 침탈마저 가중되었던 것이
다. 더구나 자연재해라도 겹치는 해에는 피해가 극단에 이르렀고, 평
시에도 부정기적인 노동력 동원으로 농사에 지장을 초래했다.[80]

　다행히도 청의 대륙 지배가 굳어진 17세기 후반부터 사행의 빈도는
다소 줄어들어, 18세기 초까지는 대개 연평균 1회를 조금 넘는 정도였
다. 사행의 빈도 감소는 조선에 대한 견제나 강압성의 완화를 동반했
으며, 격식이나 절차에서도 정형화된 틀을 형성해나갔다. 하지만 1년
에 한 차례 정도의 사행이라고 해도 그것이 조선 사회에 미치는 파장
은 매우 컸다. 청사가 조선에 체류하는 기간만 한 달이 넘었으며, 사
행 소식이 전해진 뒤 기구와 물품을 갖추고 국왕 이하의 관원들이 접
대 절차를 연습하는 것까지 포함하면 전체 시일은 더욱 늘어났다. 이
기간의 일부에 평안도에서도 사신의 영접과 환송에 많은 부담을 떠안
아야 했다.

　구체적으로 평안도에서 청사를 접대하던 절차를 살펴보자. 청의 사
행은 책봉·부고(訃告)·사심(査審) 등의 필요에 따라 부정기적으로 이
루어졌으며, 상사(上使) 1, 부사(副使) 1, 대통관(大通官) 2[3], 차통관(次
通官) 2, 근역(跟役) 18, 필첩식(筆帖式) 약간 명이 기본 구성원이었다.[81]
〈표 2-6〉에서 확인되듯이, 사행 한 번에 사신의 평균수는 1637～1676
년 사이에는 2.5～3명으로 조금 많았으나 이후로는 2명 수준을 줄곧
유지했으며, 통관은 시기에 따른 차이는 있으나 대개 4～5명 선이었다.

　청에서는 사신 파견을 결정하면 먼저 패문(牌文)을 보내 조선에 그
사실을 알렸다. 패문을 받은 조선의 조정에서는 칙사(勅使)일 경우 정

　　受害之處 三道偏酷 三道之中 關西爲甚.'
　80)《孝宗實錄》卷18, 8年 4月 壬寅(36-88 다) ; 卷20, 9年 3月 戊申(36-141 나).
　81)《通文館志》卷4, 事大下, 勅使行.

경(正卿)으로 원접사(遠接使)를, 차관(差官)이면 아경(亞卿)으로 접반사(接伴使)를 임명하고, 이어 문례관(問禮官)과 차비관(差備官)을 선출했다. 원접사 일행은 곧바로 의주로 달려가서 차비관을 보내 사신이 온 사유를 확인했다. 원접사와 평안감사가 이를 연명으로 보고하면 승정원에서는 의주(義州)·정주(定州)·안주(安州)·평양(平壤)·황주(黃州)·개성(開城)의 여섯 곳에 종2품 가선대부로 영위사(迎慰使)를 임명해 차례로 내려 보냈다.[82]

조정에서는 이어 연접도감(延接都監)을 구성하고 응판색(應辦色)·연향색(宴享色)·미면색(米麪色) 등 각종 직임을 임명해 필요한 물품을 확보했으며, 길일을 택해 사행이 입경할 날짜를 정하면 국왕과 관료들은 세 차례 정도 칙서를 맞는 절차 연습에 들어갔다.[83] 중앙에서 사행을 맞을 준비로 분주할 때 평안도에서는 연회를 곁들인 융숭한 접대가 시작되었다. 청사가 책문을 나서서 압록강을 건너기까지 숙식을 하는 총수참(葱秀站)·마전참(馬轉站)·삼강참(三江站) 등 '책외삼참(柵外三站)'에서 접대를 의주부가 전담하고 있었기 때문에,[84] 청사 일행에 대한 접응은 책문 밖에서부터 온전히 조선의 부담이었다.

청사 일행이 압록강을 건너오면 중국 측 수행인들 가운데 일부는 중강(中江)에서 되돌아가는데, 그들에게는 의주부에서 예단과 음식을

82) 《通文館志》 卷4, 事大下, 儐使差遣. 영위사는 이후 양서의 수령으로 바뀌고 개성은 제외되었다(《萬機要覽》 財用編5, 支勅, 問安使次數).

83) 《通文館志》 卷4, 事大下, 都監堂上以下各務差備官·迎郊儀.

84) 《灣府支勅事例》(규장각 소장) 凡例·迎勅 勅使出柵. 위 자료는 범례에서 乙卯定例와 本府節目에 따라 편찬했다고 한다. 여기서 을묘년은 1735년(영조 11) 혹은 1795년(정조 19)으로 볼 수 있다. 다만 현존하는 支勅定例나 事例들이 대부분 정조대 편찬되었던 것으로 보아, 이 자료 역시 정조대의 것일 가능성이 더 높다고 하겠다. 비록 정조대에 만들어졌다 하더라도 전해오는 관행들을 정리한 것이므로 전 시기의 상황을 이해하는 데 큰 지장은 없어 보인다.

제공했다. 돌아가는 수행인들은 책문 밖에서부터 호위한 장군과 박씨(博氏) 등 모두 156명 선이었다.[85] 또 청사가 본국으로 돌아갈 때도 봉황성에서 많은 인원이 나와 대기했는데, 그 기일이 길어지면 의주에서 식량을 대주었다.[86]

사행이 압록강을 건너오면 강변에서 원접사 일행이 이들을 맞이하고 의주 관내로 인도해 까다로우면서도 융숭한 견관례(見官禮)와 연회를 베풀었다. 여기에는 조선 측 관원으로 원접사·영위사·평안감사·문례관·운향사(運餉使, 의주부윤[義州府尹])와 평안도 안 수령들이 대거 참여했다. 이러한 의례와 연회는 도성으로 향하는 길목에 위치한 평안도의 정주·안주·평양과 그 밖의 황주·개성·홍제원(弘濟院)에서도 실시되었다.[87] 안주에서는 따로 문안중사(問安中使)가 문안하고 예단을 주었으며, 청사가 연회를 중지시킬 때에도 별도의 문안사나 혹은 영위사를 통해 사례했다.[88] 임무를 마친 사행은 같은 길을 따라 되돌아가므로 회환 때는 다시 전위연(餞慰宴)을 베풀었다.

(2) 평안도의 칙행 접대 부담

책문 밖에서부터 조선 측의 접대를 받은 청사 일행은 평안도를 지나면서 일상적인 숙식 외에도 여러 차례의 연회를 제공받았다. 의주 이후 그들의 이동 경로는 도성을 향해 이어진 대로를 따라갔는데, 이 대로변에 위치한 읍들이 청사 접대에 큰 부담을 지고 있었으며 주변 읍들도 물력을 보조했다. 평안도를 중심으로 한 사행의 이동 경로를 살펴보면 다음과 같다.[89]

---

85) 《灣府支勅事例》 送勅 勅使護行大國人接待, 贈贈 勅使護來大國人例贈.
86) 《備邊司謄錄》 第14冊, 孝宗 元年 3月 20日(2-128 라).
87) 《通文館志》 卷4, 事大下, 鴨綠江迎勅·龍灣宴享.
88) 《備邊司謄錄》 第31冊, 肅宗 元年 2월 16日(3-145 라) ; 第39冊, 肅宗 11年 11月 9日(3-893 나).

총수참(중화) ⇄ 마전참(숙소) ⇄ 삼강참(중화) ⇄ 의주참(숙소, 중화 3) ⇄ 용천참(숙소 3) ⇄ 철산참(중화 2) ⇄ 선천참(숙소 2) ⇄ 곽산참(중화 2) ⇄ 정주참(숙소 3) ⇄ 가산참(중화 3) ⇄ 안주참(숙소 3) ⇄ 숙천참(숙소 3) ⇄ 순안참(중화 3) ⇄ 평양참(숙소 2) ⇄ 중화참(중화 4) ── 황주 ── 개성 ── 홍제원 ── 도성

괄호 안의 내용은 숙식을 하는 곳이냐 점심[中火]을 먹고 거쳐가는 곳이냐를 구분한 것이며, 숫자는 각 참에서 접대를 지원하는 소속 읍의 수를 의미한다. 이 기준에 따르면 의주에 도착한 청사 일행은 도성으로 향하는 여정에서 7박 8일을 평안도에서 보내므로, 책외삼참을 제외하고도 왕복 15일 정도를 이 지역에 머물게 되는 셈이다. 사행이 머무는 각각의 참에는 소속된 읍들이 접대 부담을 분담하는데, 평안도 42개 읍의 대부분인 33개 읍이 여기에 포함되었다. 나머지 9개 읍도 지칙(支勅) 부조비(扶助費)를 따로 내고 있었으므로,[90] 청의 사행에 대한 부담은 사실상 평안도 전체가 지고 있는 것이나 마찬가지였다.

사행마다 구체적인 차이는 있으나, 전체 조선 체류 일정의 구간별 평균 체류 일수를 도표로 나타내면 다음 〈표 2-7〉과 같다. 이를 통해 조선 후기 평안도에서 청사 일행에 대한 직접적인 접대에 어느 정도의 기간을 소모했는지 짐작할 수 있을 것이다.

---

89) 《關西支勅定例》 支待都分辦條(규장각 소장, 《各司謄錄》 40에 수록). 황해도나 경기도의 支勅定例가 18세기 후반에 만들어진 것으로 보아, 이 자료도 같은 시기에 작성되었을 것으로 추정된다. 따라서 자료에 수록된 내용은 전 시기에 통용되었던 사실들을 일정한 규식 아래 정리한 것으로 볼 수 있을 것이다. 다만 시기가 올라갈수록 사행의 접대 부담은 이 내용보다 더 컸을 가능성이 있다.

90) 《關西支勅定例》 會減條.

시기	渡江→ 入京(A)	入京→ 回程(B)	回程→ 還渡江(C)	일정합계 (A+B+C)	연평균 사행수(D)	연평균평안도 추정체류일수 (A+C)×D/2
1637～1656	16.0	11.9	16.7	44.6	2.30	37.6
1657～1676	16.5	10.3	15.6	42.4	1.30	20.9
1677～1696	14.3	7.5	15.6	37.4	1.10	16.5
1697～1716	15.6	7.9	18.4	41.9	0.35	6.0
1717～1736	13.2	6.5	12.7	32.4	1.15	14.9
1737～1756	13.7	4.3	12.5	30.5	0.45	5.9
1757～1776	13.7	5.2	13.0	31.9	0.30	4.0
1777～1796	14.7	4.0	12.0	30.7	0.15	2.0
1797～1816	12.8	3.0	13.3	29.1	0.35	4.6
1817～1836	15.0	2.8	16.0	33.8	0.30	4.7
1837～1856	14.7	2.7	10.8	28.2	0.30	3.9
1857～1876	15.0	2.4	12.6	30.0	0.30	4.2

〈표 2-7〉 조선 후기 청사의 구간별 평균 체류 일수[91]

이 표에서 A는 청사 일행이 압록강을 건너 도성으로 들어갈 때까지, B는 도성에 들어와 다시 출발할 때까지, C는 도성을 출발해 압록강을 넘어갈 때까지의 평균 유숙 일수를 나타낸 것이다. A는 12.8～16.5일 사이에서, C는 10.8～18.4일 사이에서 움직이고 있으며, 1717～1736년 단계부터는 상대적으로 큰 폭의 하락이 이루어지고 있다. 또 도성 체류 일정은 시기가 내려 올수록 계속 줄어들어 호란 직후 11.9일에서 19세기에는 3일 이하로 떨어졌다.

91)《同文彙考》第44冊, 詔勅錄을 근거로 표를 작성했다. 표 안의 숫자는 유숙 일수를 기준으로 했으며 사행 일정이 확인되는 부분의 평균 체류 일정을 계산한 것이다.

평안도에서 체류는 A와 C에서 이루어졌다. 이 일정에는 황해도와 경기도에서 체류 기간도 포함되어 있으며, A와 C 각각의 평균 소요 일정은 14일 정도 되었다. 그 가운데 절반인 7일을 평안도에서 머물 었으므로, 앞에서 지적했듯이 1회 사행에 평균 14일을 이곳에서 묵게 되는 것이다. 표의 마지막 부분은 평안도에서 청사 일행이 1년에 평 균 며칠을 머물다 갔는지를 추정한 것이다. A와 C를 합해 여기에 D를 곱하면 도성 이외 지역에서 연평균 유숙 일수가 나오는데, 이것을 다 시 반으로 나누면 평안도에서 청사 일행의 연평균 추정 체류 일수를 구할 수 있는 것이다.

이 수치는 호란 직후 37.6일까지 치솟았다가 이후 18세기 초까지 는 대체로 15일 이상의 두자리 숫자를 유지했다. 1737~1756년 단계 에서 5.9일로 대폭 하락한 체류 일수는 18세기 중엽 이후 그 이하의 한자릿수에서 움직였다. 여기에서도 확인되듯이 청사에 대한 접대 부 담은 호란 직후 가장 컸으며, 18세기 초까지는 대체로 높은 수준을 유 지하다가 18세기 중엽 이후 크게 줄어들었다. 결국 18세기 초까지 평 안도에서는 연평균 보름에서 한달 이상을 청사의 숙식·연회·이동 등 의 접대에 시달렸던 셈이 된다.

당시 평안도에서 부담했던 중요한 것 가운데 하나는 인마를 동원하 는 일이었다. 《관서지칙정례(關西支勅定例)》에 따르면, 칙서를 봉한 함 주위에는 호위 장졸을 비롯해 각종 깃발과 악기 등을 든 기마병(騎 馬兵)과 봉지군(奉持軍) 90여 명을 나열하고 37필의 말을 동원했으며, 각각의 사신 곁에는 85명과 27필을, 통관에게는 38명과 9필을 배치했 다.[92] 두 명의 사신과 네 명의 통관이 청사의 기본 구성원이었다면 이 들과 칙서 주위에만 412명과 127필의 인마가 필요했던 것이다. 여기

---

92) 《關西支勅定例》 前排條.

에 나머지 수행원들에게 제공되거나 교체용으로 준비한 인마와 사신
의 수가 늘어났을 경우까지 고려한다면, 청사 일행의 이동에 동원된
인마는 훨씬 더 많았을 것으로 추정할 수 있다.

뿐만 아니라 청사 일행을 맞이하거나 보내기 위해 중앙에서는 관원
들을 잇달아 파견했는데, 이들의 위용을 갖추는 데 필요한 인마도 상
당수 지원되었다.[93] 청사들이 본국으로 돌아갈 때는 조선에서 선사받
은 수많은 물건들을 대동했으므로 인마는 더욱더 늘어났다. 따라서
호란 뒤 평안도의 가장 큰 부담은 중국으로 오가는 각종 사행에 필요
한 인마를 동원하는 것이었으며, 가장 고된 민역(民役)도 이와 관련되
어 있었다.[94]

군위군(軍威軍)이나 양마군(養馬軍)·사환군(使喚軍) 등으로 불린 인
력이나 각종 마필은 평안도에서 자체적으로 징발하거나 고용했다. 징
발 대상인 병영 소속 군병들은 최고 3필의 군포를 내는 동시에 사행
과 관련된 각종 잡역에 동원되어 기병인 장무대는 파발에, 보병인 정
초군 등은 호위를 위한 군위군에 차출되었다.[95] 이들은 평안도의 양역
이 정비되는 과정에서 1713년(숙종 39) 해당 군액이 두 배로 늘어나고
서야 1필의 군포만 납부하게 되었으며, 이때 거둔 군포는 인마의 고
립(雇立)을 위한 고가(雇價)에 사용되었다.[96] 양마군이나 사환군은 청
남의 군병으로 인마 동원이 가장 빈번했던 의주를 지원하게 한 것인
데, 이들에게서도 수포해 의주인을 고립하는 방식으로 전환되었다.[97]

93)《關西支勅定例》各行員役條.
94)《備邊司謄錄》第37冊, 肅宗 9年 4月 4日(3-653 라) ; 5月 2日(3-663 나).
　 '(領中樞府事金壽興) 又所啓 西路民役 唯館軍爲最苦 所謂館軍者 平壤大同館
　 安州安興館 各站館門 立待策應詔勅 及我國使臣諸行者也.'
95)《承政院日記》第123冊, 孝宗 3年 4月 19日(6-980 나).
96) 鄭演植, 앞의 글, 187쪽.
97)《備邊司謄錄》第38冊, 肅宗 10年 9月 5日(3-785 라).

마필을 확보하는 데서도 일찍부터 고립의 방식이 이용되어 의주에
서는 이미 1643년(인조 21)에 평안감영과 중앙의 재원으로 고가청(雇
價廳)을 설치했다. 그런데 이듬해까지 의주에서 지급하지 못한 고마가
가 380여 동에 이르자 관향은(管餉銀) 2만 냥으로 그 값을 충당하려는
논의가 생겼을 정도로 고마의 부담은 컸다.[98] 청사의 행차 때는 또한
함경도로부터 40필의 역마를 보조받는 것이 관례였지만, 이 역마는 동
원하는 데 많은 시간이 소요되고 먼 거리를 이동해 오는 폐단도 있었
기 때문에 결국 평안도 자체에서 고립했다.[99] 이들 역마를 비롯한 각
종 마필의 고립에는 감영이나 병영의 군포가 이용되었다.[100]

인마의 동원과 함께 사신이 머물게 될 각 역참의 관사(館舍)는 수
리와 도배를 하고 필요한 곳에는 단청을 새로 입혔으며 수많은 물품
들을 미리 준비해두었다.[101] 음식물 마련 비용도 적지 않아 조정에서
는 일찍부터 평안감사의 건의를 받아들여 지나치게 화려한 접대를 규
제했으나, 18세기 이후에도 한 상에 올라가는 각종 음식물이 많게는
42종이나 되었다.[102]

18세기 초까지 평안도는 한 해 평균 보름 이상을 이러한 접대 부담
을 안고 있었다. 뒤에서 서술하겠지만, 조선에서 중국으로 가는 사행
도 고려한다면 외교 명목의 지출은 훨씬 증가하게 된다. 더구나 조선
을 방문한 청사 일행에게는 중앙에서 선사한 물품 외에 평안도에서도

---

98) 《仁祖實錄》 卷45, 22年 9月 丙戌(35-193 다).

99) 《備邊司謄錄》 第30冊, 顯宗 12年 12月 12日(3-125 나). 驛馬雇立制에 대해
서는 趙炳魯, 〈조선후기 交通發達에 관한 硏究-교통수단으로서의 驛馬確保
를 중심으로〉, 《國史館論叢》 57, 國史編纂委員會, 1994 참고.

100) 《承政院日記》 第232冊, 肅宗 14年 11月 23日(17-612 다) ; 第338冊, 肅宗
15年 12月 29日(17-1016 가).

101) 《關西支勅定例》 館宇, 排設條.

102) 《關西支勅定例》 茶啖一床式條.

따로 은화와 다양한 물품들을 증여했고, 때로는 그들의 노골적이고 과다한 요구에 부응해야 하기도 했다. 호란 뒤 조선에서는 청사나 통관에게 으레 은밀하게 은화를 제공했고 외교적 마찰이 생길 경우 그 액수는 대폭 증가했다. 이러한 관례는 중앙이나 중간 체류지에서 청사들의 과도한 증여 요구로 이어지곤 했던 것이다.[103]

청사 일행에 대한 각종 증여의 종류와 액수는 해마다 달랐다.[104] 이 가운데 원접사가 지급한 예단은 호조에서 마련하다가, 1703년(숙종 29)부터는 운반의 폐를 걱정해 평안도에서 직접 준비하고 사후 회감(會減)했다.[105] 그 밖에 평안도 각지에서 자체적으로 청사와 통관에게 증여한 은화와 물품이 따로 있었다.

〈표 2-8〉에서 보는 것처럼, 중앙이 아닌 평안도의 다섯 곳에서도 사신과 통관에게 은화와 각종 물품을 증여했는데, 평안도의 주 증여 대상은 통관으로 그에게는 사신보다 고품질·고액의 은화와 각종 물품이 제공되었다.[106] 전체적으로는 두 사신에게 정은(丁銀) 1,018냥을 주고, 다섯 통관에게 정은(正銀) 8,174냥과 수십 종의 현물을 주었으며, 다섯 지역 가운데서는 감영의 지출이 가장 컸다. 이 가운데 현물을 제외하면 은화는 모두 정은(丁銀)으로 1만 827냥가량 된다.[107] 당시 정은

---

103) 《承政院日記》第550冊, 景宗 3年 2月 1日(29-888 가).
104) 《萬機要覽》財用編5, 支勅, 贈給式.
105) 《通文館志》卷4, 事大下, 禮單. 회계장부인 '會案'에 기록하는 것을 會錄이라 하며, 회록된 것이 공용에 사용되어 회안에서 삭감하는 것을 회감이라 한다. 이와 관련해서는 宋贊植,〈朝鮮時代 還上取耗補用考〉, 《歷史學報》 27, 歷史學會, 1965 참고.
106) 은의 품질에 따른 구분은 다음과 같다. 순은 100퍼센트로 이루어진 것을 十成銀(天銀, 正銀), 은 90퍼센트와 鉛 10퍼센트로 이루어진 것을 九成銀(地銀), 은 80퍼센트의 것을 八成銀(玄銀), 은 70퍼센트의 것을 七成銀(黃銀, 丁銀), 최하의 품질인 은 60퍼센트와 연 40퍼센트로 이루어진 것을 六成銀이라 한다(《萬機要覽》財用編4, 金銀銅鉛).
107) 당시 丁銀과 正銀의 구체적인 환산 비율은 나와 있지 않은데, 《萬機要覽》

(丁銀) 1냥은 돈 2냥으로 통용되고 있었기 때문에,[108] 이를 돈으로 환산한 값은 2만 1,653냥에 이른다.

	평안감영	평안병영	의주	대동역 (大同驛)	어천역 (魚川驛)	합계
상칙 (上勅)	丁銀 509냥					丁銀 509냥
부칙 (副勅)	丁銀 509냥					丁銀 509냥
일대통관 (一大通官)	正銀 2176냥 현물 16종	純銀3巨里 純銀鐙子1部	正銀 50냥 현물 7종	正銀 55냥 현물 4종	正銀 43냥 현물 2종	正銀 2324냥 + 현물
이대통관 (二大通官)	正銀 1956냥 현물 17종	純銀3巨里 純銀鐙子1部	正銀 50냥 현물 7종	正銀 55냥 현물 4종	正銀 43냥 현물 2종	正銀 2104냥 + 현물
삼대통관 (三大通官)	正銀 1556냥 현물 15종		正銀 50냥 현물 7종	正銀 55냥 현물 4종	正銀 43냥 현물 2종	正銀 1704냥 + 현물
일차통관 (一次通官)	正銀 956냥 현물 12종		正銀 10냥 현물 7종	正銀 33냥 현물 4종	正銀 22냥 현물 2종	正銀 1021냥 + 현물
이차통관 (二次通官)	正銀 956냥 현물 13종		正銀 10냥 현물 7종	正銀 33냥 현물 4종	正銀 22냥 현물 2종	正銀 1021냥 + 현물
합계	丁銀 1018냥 正銀 7600냥 + 현물	純銀6巨里 純銀鐙子2部	正銀 170냥 + 현물	正銀 231냥 + 현물	正銀 173냥 + 현물	丁銀 1018냥 正銀 8174냥 + 현물

〈표 2-8〉 평안도 각지에서 청사·통관에게 증여한 물화[109]

財用編5, 公用, 不虞備에서는 丁銀 500냥을 天銀 416냥 6전 7푼으로 계산한다고 되어 있다. 이를 기준으로 하면 正銀 8,174냥은 丁銀 9,808냥 7전 2푼이 되므로, 여기에 다시 1,018냥을 더한 값은 1만 826냥 7전 2푼이 된다.

108) 《續大典》 卷2, 戶典, 國幣 ; 《關西支勅定例》에서도 丁銀은 모두 錢 2냥으로 계산하고 있다.

109) 《關西支勅定例》 贈賻條.

평안도에서 청사와 통관에게 한 차례 증여하는 은화만 돈으로 2만
1,653냥에 달한다는 사실만으로도 이 지역의 재정 압박을 짐작할 수
있다. 여기에 현물로 지급하는 비용, 인마의 동원 비용, 음식 접대 비
용 등을 합한다면 전체 비용은 훨씬 더 증가할 것이다. 한편, 중앙에
서 청사 일행에 한 차례 증여한 은화는 정조대에 6,200~7,540냥 정도
여서,[110] 단순히 은화의 액수로만 비교한다면 평안도의 소요액이 중앙
보다 더 많았던 것이다.

호란 뒤 18세기 초까지 매년 한두 차례의 청사 방문과 느린 속도로
진행된 방어체제의 복구를 고려한다면, 평안도의 이러한 부담은 당시
지역 재정 운영의 중심이 군사에서 외교 부분으로 전환되었음을 다시
한번 확인시켜준다. 외교 비용으로 평안도에서 지출한 액수는 결코
적지 않았으며, 당시 지역 재정 운영에 압박을 준 요인도 바로 이와
관련된 것이었다.[111] 하지만 외교 비용의 부담은 한편으로 17세기 후
반 이후 이 지역 호구 및 토지의 회복과 증가로 재정 수입의 기본 원
천이 확보되었기 때문에 가능한 것이기도 했다.

2. 칙수의 규모와 조달

(1) 평안도의 칙수 규모

호란 뒤 평안도의 군제와 방어체제가 더디게 정비되는 동안 이 지
역 재정 지출에서 큰 비중을 차지한 것은 청사의 행차에 따른 접대

---

110) 《萬機要覽》 財用編5, 支勅, 一勅所入都數. 여기서 은화의 종류는 표시하지
　　 않았는데, 은 1냥의 代錢을 3냥으로 환산하고 있다. 이에 따르면 당시 서울
　　 에서 지급한 은화의 代錢은 1만 8,600~2만 2,620냥이 된다.
111) 《備邊司謄錄》 第53冊, 肅宗 29年 6月 7日(5-169 가) ; 第74冊, 景宗 3年 5
　　 月 2日(7-394 라).

부담, 즉 칙수(勅需) 마련이었음은 앞서 지적한 바와 같다. 책문 밖에 서부터 시작해 평균 보름 이상 걸리는 한 차례의 사행에 수많은 인마를 동원하고 물품을 준비해 접대하는 데는 막대한 비용이 필요했고, 사신이나 통관에게 증여하는 은화나 현물도 적지 않았다.

사신 파견을 통한 청의 견제가 완화되고 조선의 접대 절차나 규모가 점차 정형화된 틀을 갖추어나가면서 소요 액수는 줄어들었다. 물론 사행에 따라 구체적인 비용에는 차이가 있었으며, 대체로 연평균 1회 이상 사신이 들어온 18세기 초까지는 전체 지출액이 높을 수밖에 없었다. 이 시기 평안도의 구체적인 지출 내역을 확인하기는 어렵지만 대략적인 추정은 가능한데, 우선 서울에서 한 번의 청사 행차에 지출된 비용은 정조대의 경우 6만여 냥 정도였으며, 여기에 증여한 은화까지 계산하면 8만여 냥이 넘었다.[112] 서울에서는 청사의 체류 일정이 짧았으나 증여하는 물품의 종류나 양이 워낙 많았으므로 전체 경비가 8만여 냥이나 되었던 것이다.

그렇다면 물품 증여는 적었으나 체류 기간이 길었던 평안도에서는 어느 정도의 지출이 이루어졌을까? 《관서지칙정례》에서 각 군현별 회감 액수를 기재해놓았으므로 이를 통해 접대 비용을 추정해볼 수 있다. 평안도에서는 일찍부터 청사 접대에 들어간 경비를 관향곡에서 회감하도록 하고 있었던 것이다.

평안도 32개 읍에서 한 차례 사행 접대에 들어간 비용은 청사 음식 접대비와 본국 사신 접대비, 기타 경비로 구분되었다.[113] 당시 청사 음식 접대비는 1만 5,692냥 그리고 본국 사신 접대비는 7,387냥으로, 청

---

112) 《萬機要覽》 財用編5, 支勅, 一勅所入都數. 구체적으로 1776년(정조 즉위년)에는 은 6,950냥과 돈 6만 7,875냥으로 折價 합 8만 8,007냥, 1777년에는 은 6,200냥과 돈 6만 4,073냥으로 절가 합 8만 2,567냥, 1784년에는 은 7,540냥과 돈 6만 9,684냥으로 절가 합 9만 8,642냥이었다.

113) 《關西支勅定例》 會減條.

사 일행에 제공한 음식물 비용이 조선 사신 접대비의 두 배를 상회했다. 그 밖에 각종 물품이나 인마 준비에 지출된 1만 3,426냥의 기타 경비가 따로 있었다.

여기에서 청사 일행의 접대에 들어가는 비용의 최대치는 전체 합계 3만 6,505냥에서 본국 사신 접대비를 제외한 2만 9,000여 냥이다. 하지만 이 액수를 평안도에서 치른 부담액의 전부라고 할 수는 없다. 무엇보다도 회감 대상 지역에는 청사를 맞고 보내는 관문으로 가장 많은 부담을 지닌 의주가 빠져 있다. 의주는 사행 접대에 들어간 일체 경비를 회감하지 않고 본부(本府)에서 자체 부담했기 때문이다.[114]

앞에서 살펴본 것처럼, 의주는 책문 밖 3참에서부터 시작해 평안도를 벗어나는 편도 8박 9일의 사행 일정 가운데 2박 3일을 책임져야 했다. 또한 사행을 호송하기 위해 왕래하는 청인들을 접대해야 하는 부담도 안고 있었다. 때문에 막대한 경비 지출과 인마 동원에 따른 폐단이 컸다.[115] 본국 사신 접대비를 제외한 액수가 1,000냥이 넘어가는 읍들이 많은 것으로 보아 의주의 부담은 이를 상회할 것이다.

한편 직접적인 참역(站役)에서 벗어나 있던 나머지 아홉 개 읍도 지칙 부담에서 완전히 자유로울 수는 없었다. 그들은 참역을 진 읍에 부조비를 보내거나 필요한 현물을 마련해야 했다. 참역을 지지 않은 아홉 개 읍은 압록강변의 다섯 개 읍과 함경도에 연접한 내지의 네 개 읍이다.[116] 원래 강변의 일곱 읍은 의주를 제외하고는 참역에서 벗어나 있었으나, 의주의 부담이 워낙 커 인근 삭주(朔州)에서도 1712년(숙종 38)부터 의주에 출참(出站)하게 했다.[117] 이들 아홉 읍은 청사 행

114) 《灣府支勅事例》分辦. '義州元無營會減 本府自當.'
115) 《英祖實錄》卷2, 卽位年 11월 丙辰(41-427 라).
116) 이들 아홉 개 읍은 희천·영원·양덕·맹산·벽동·창성·위원·강계·초산이다.
117) 《肅宗實錄》卷53, 39年 5월 壬寅(40-500 라).

차 시 의주나 삭주·구성에 직접 지원비를 보내고 따로 꿀·잣·웅담 등
의 현물이나 그 값을 마련해야 했다. 결국 평안도 전체 군현이 사행
부담을 지는 가운데 참역에서 벗어난 아홉 읍의 지출 규모가 상대적
으로 적은 편이었는데, 이 액수가 1,060냥가량 되었다.

그렇다면 의주를 제외한 평안도의 청사 접대 비용은 여기에 참역을
지닌 32읍의 2만 9,000여 냥을 합한 액수, 즉 3만 냥 정도였다고 볼
수 있다. 이 액수에 다시 앞의 〈표 2-8〉에서 확인했듯이 사신과 통관
에게 증여한 은화 절전가(折錢價) 2만 2,000여 냥을 더하면 전체 액수
는 5만 냥을 넘어선다. 따라서 18세기 청의 사신이 한 차례 조선을 방
문하는 데 따른 평안도의 접대 부담은 의주를 제외하고도 전화로 최
고 5만 냥을 초과했다고 할 수 있다.

이는 비슷한 시기 중앙에서 지출한 8만여 냥에 미치지는 않지만 미
곡 1만 7,000여 석에 해당하는 실로 막대한 액수이다. 더구나 호란 직
후에서 18세기 초까지 대청 관계가 여전히 불안하고 청의 사신 파견
도 한 해 한 차례를 넘어서며 그들의 요구도 많았던 시기에는 그 액
수가 더욱 늘어났을 것으로 추정할 수 있다. 이 5만여 냥을 평안도의
전세나 수미 수취와 비교해보면 그 비중을 짐작해볼 수 있다.

1726년(영조 2) 평안도의 수세 실결은 6만 6,866결이었으며, 실결이
8만 4,910결이었을 때 전세와 수미 수취량은 돈으로 각각 2만 6,758냥
과 6만 1,070냥가량 되었다.[118] 그러므로 6만 6,866결을 기준으로 하면
그 액수는 크게 줄어들게 된다. 전량 관향으로 비축되었던 평안도의
한 해 전세 수입은 한 차례의 청사 접대 비용에도 미치지 않는 것이

---

118) 《萬機要覽》 財用編2, 收稅, 八道四都時起田結收稅條를 보면 수세 실결이 8
만 4,910결일 때 전세는 大米 2,610석, 小米 2,704석, 콩 8,112석이었으며, 수
미는 대미 3,585석, 소미 20,126석이었다. 이의 환전액은 《關西支勅定例》 折
價式과 《度支志》 卷6, 版籍司, 田制部4, 租稅條의 折價式에 따라 대미는 석
당 3냥, 소미는 석당 2냥 5전, 콩은 석당 1냥 5전으로 계산한 것이다.

다. 전세와 수미를 합하더라도 18세기 전반 평안도에서 한 차례 청사
접대에 들어간 비용은 수취량 전체의 3분의 2를 넘었다.

사실 평안도의 토지 실결수는 병자호란 뒤 서서히 회복되어나갔는
데, 토지 실결수의 회복은 전액 본 도에서 군량으로 비축했던 전세 및
수미의 수취량과 그 전체 규모의 확대를 가져왔다. 여기에 호구 증가
에 따라 군포 수취량도 늘어났는데, 숙종대까지는 청의 견제로 군사
시설의 정비나 군비 확충이 불가능했으므로 군사적 재정 지출 요인이
감소했다. 이는 막대한 외교 비용의 부담을 가능하게 한 객관적 조건
으로 작용했다.

(2) 칙수의 조달과 운영

청과 두 차례 전쟁을 겪은 뒤 평안도의 토지 결수는 17세기 후반
이후 회복되어갔으며, 이 지역의 주요 재정원은 무엇보다도 토지로부
터 수취한 관향이었다. 그런데 전후 평안도의 군비 해체와 복구 지체
는 역설적으로 지역의 군수(軍需) 부담을 완화시켜주었는데, 군수 부
담의 감소는 지역 재정의 많은 부분이 외교 비용에 투여될 가능성을
높여주었다. 실제로 인조대 후반에는 청과 새로운 관계를 정립하는
데 요구되었던 막대한 재원의 일부를 관향으로 충당했다. 평안도 각
군현에서 지출한 칙수 비용도 환곡으로 운영된 관향의 회부곡(會付
穀)에서 회감하고 있었다.[119]

관향의 회부곡만으로 비용을 충당할 수 있었는지는 뚜렷하지 않지
만, 군량으로 비축된 관향의 모곡을 사행 접대 재원으로 널리 활용한
것만은 분명하다. 더구나 자연재해가 있거나 청사의 행차가 잇달아서
군현의 재정이 부족할 경우에는 감영과 병영의 관향곡을 미리 분급해

---

119) 《備邊司謄錄》第13冊, 仁祖 27年 3月 20日(2-21 라).

비용을 보조하게 했으며, 때로는 관향곡 외에도 감·병영의 잡다한 저축을 분급해야 할 때도 있었다.[120]

청사 접대에 관향을 기본 재원으로 활용한 것은 그들의 방문이 여전히 빈번했던 17세기 후반 이후에도 마찬가지였다. 당시 관향곡의 비축이 점차 늘어나면서 그 모곡 수입도 증가했으며, 이것으로 칙수를 보조하고 피폐해진 읍들을 구휼했다.[121] 거듭된 사행에 흉년까지 겹쳤던 1667년(현종 8)에는 사후 회감 이전에 관향 모곡을 2만 석이나 분급했으며,[122] 이 정도는 아니더라도 기근이 들거나 하면 종종 모곡 2,000석 정도를 미리 분급하는 경우가 있었다.[123]

청의 사행은 예정되어 있던 것이 아니어서 그 행차가 연접하기도 했는데, 이때는 추가 분급이 이루어졌다. 가령 1676년(숙종 2) 1월, 청사가 나오자 관향미 2,000석을 분급했다가 다음 달에 다시 3,000석을 그리고 얼마 지나지 않아 또다시 200석을 분급했던 것과 같은 경우이다.[124] 이해에는 기근으로 관향 원곡까지 사용하고 있었다. 1682년 초에도 먼저 들어온 청사가 돌아가기 전에 또 다른 사행이 있게 되자 관향미 2,000석과 모곡 2,000석을 연달아 분급했다.[125] 따라서 청사의 행차가 이어지면 관향 모곡 2,000석에 무명 20~30동 정도를 획급하는 것이 관례화되었다.[126]

---

120) 《備邊司謄錄》 第12冊, 仁祖 26年 1月 27日(1-957 라).

121) 《承政院日記》 第123冊, 孝宗 3年 5月 16日(6-990 다) ; 第126冊, 孝宗 4年 2月 7日(7-147 가).

122) 《承政院日記》 第203冊, 顯宗 8年 8月 16日(10-1027 라).

123) 《承政院日記》 第220冊, 顯宗 11年 6月 10日(11-780 나).

124) 《備邊司謄錄》 第31冊, 肅宗 2年 1月 12日(3-219 나) ; 第32冊, 肅宗 2年 2月 5日(3-225 나), 2月 16日(3-228 다).

125) 《備邊司謄錄》 第36冊, 肅宗 8年 2月 7日(3-484 다), 2月 21日(3-488가).

126) 《備邊司謄錄》 第43冊, 肅宗 15年 10月 28日(4-248 나) ; 第45冊, 肅宗 17年 12月 26日(4-434 나).

사행이 연이어 나오면 호조의 재정도 압박을 받기 마련인데, 이 경우에도 관서곡을 활용했다. 또한 사행로 위에 있는 다른 지역의 지원에도 평안도의 재원이 이용되었다.[127] 토지나 인신으로부터 수취한 것을 도 안에 비축해 운영상 여유를 가질 수 있었던 평안도의 재정은 자체의 사행 경비 부담뿐만 아니라 중앙이나 다른 도의 칙수 보조에도 동원되었던 것이다.

평안도에서 사행 접대에 주요 부분을 차지한 또 다른 재정원은 군포 수입이었다. 호란 이후 청의 견제로 말미암아 현종대까지 평안도에서는 방어 시설을 복구하고 군병을 조련하는 것이 불가능했다. 병자호란 직후 군액은 7만에서 3만여 명으로 줄어들었고, 이들에게 2필씩 거둔 군포 수입은 평안병사가 전적으로 관리했다. 그리고 이 액수의 상당 부분은 사행 경비를 보조하는 데 사용되었다. 효종대 군포 수입의 관리를 비변사가 장악하고 이후 군액도 점차 늘어나는 가운데 사행 비용 부담에 대한 지원은 계속되었다.[128]

1650년(효종 1)의 경우 청의 사신이 무려 여섯 차례나 나왔다. 연초부터 지속된 사행을 접대하기 위해 비축된 관향을 사용했음은 물론 그해 2월 평안도 병영목(兵營木) 20동을 빈곤한 군현에 분급했고, 4월에는 다시 병영목 250동을 덜어 150동은 본 도에 지급하고 100동은 황해도에 지급했다. 이것으로도 모자라 한 달 뒤에는 병영에서 별도로 관리하던 무명 14동 36필까지 덜어냈다.[129] 이해 상반기에만 병영목을 무려 300여 동이나 사용한 것이다. 당시 평안병영에서 비축해 반

---

127) 《承政院日記》第306冊, 肅宗 10年 11月 23日(16-243 나).
128) 《肅宗實錄》卷8, 5年 12月 丙寅(38-428 나). '許積進展右議政吳始壽箚記 仍奏曰…… 其六 平安道監兵營軍兵戶保 收布變通事也 此地軍兵 曾無操鍊之 事 故自亂後收布 以爲需勅之資 備局仍又句管矣 今後元軍 則特除其布以專組 鍊 保人則姑爲依前收捧 似宜.'
129) 《備邊司謄錄》第14冊, 孝宗 元年 5月 12日(2-161 다).

드시 인계해야 할 면포는 400동이었고, 한 해에 거두어들이는 군포는 5~600여 동이었다.[130] 이를 통해서 군포 수입의 상당 부분도 청사 접대에 이용되었음을 확인할 수 있다.

1656년에도 병영목 42동을 양서의 역참에 나누어주었다. 당시 운용에 여유가 있었던 병영목을 각 처에서 295동 13필이나 대출했는데, 비변사에서는 미상환분을 모두 돌려받아 칙수에 쓰도록 했다.[131] 청의 혼란을 틈타 현종대부터 변방의 산성 수축이 조금씩 이루어지고, 숙종대에는 군사들의 조련도 점차 재개되어 군포 수입은 대청 방어라는 본래의 목적에 걸맞게 사용되기 시작했다. 하지만 여전히 그 일부는 본 도와 황해·경기도의 청사 접대 비용에 투여되었다.

병영목과 함께 요군포(遼軍布)도 적극 활용되었다.[132] 요군은 원래 사행 호송의 목적으로 만들어졌지만 실제로는 수포해 그 경비를 보조하고 있었다. 요군포는 대동역(大同驛)에 소속되어 사행 접대에 사용되었다가 중간에 평안감영으로 그리고 다시 비변사 구관으로 넘어갔지만,[133] 소속처의 변동에도 불구하고 여전히 사행과 관련된 명목에 지출되었다. 1689년(숙종 15)만 하더라도 병영목 750필과 요군포 750필이 황해도의 칙수에 원조되었고, 그해 말에는 다시 3,500필이 쇄마비(刷馬費)로 대여되었다.[134]

이처럼 호란 뒤 각종 명목으로 거두어들인 군포는 청사 접대에 수시로 사용되었다. 따라서 청과 관계도 고려되었지만 수포군을 조련군으로 전환할 경우 발생할 재정 곤란에 대한 걱정으로 17세기 후반까

---

130)《承政院日記》第112冊, 孝宗 元年 4月 9日(6-340 나).

131)《承政院日記》第138冊, 孝宗 7年 3月 26日(7-775 가).

132)《肅宗實錄》卷13, 8年 3月 庚戌(38-583 라).

133)《備邊司謄錄》第43冊, 肅宗 15年 3月 28日(4-199 나).

134)《承政院日記》第338冊, 肅宗 15年 12月 29日(17-1016 가).

지 평안도에서 조련은 적극적으로 이루어지기 어려웠다.[135] 평안도 방
어체제의 복원은 대청 관계의 안정으로 청의 견제나 사신 파견이 감
소하고, 군액의 확대로 재정상의 여유가 발생해야 가능했던 것이다.

18세기에 접어들어서도 관향이나 군포를 통한 칙수 충당에는 큰 변
화가 없었다. 1723년(경종 3)의 경우를 보면, 이해에는 전후 기근과 연
속된 칙행으로 평안도 미곡의 대부분이 이미 소진되고 없었다. 결국
조정에서는 평안도 당년조 세미(稅米)로 민간에 산재한 절반 외에 유
치한 절반 가운데 다시 반을 덜어 칙수에 대비하도록 했다.[136] 그러나
얼마 뒤에는 이것으로도 부족해 각 읍에 추가 획급이 이루어지고 병
영목도 지원했다.[137] 다른 지역의 물력을 보조할 정도로 여유가 있었
던 평안도 재정도 자연재해와 칙행이 겹칠 경우에는 세미를 군량으로
비축하는 것마저 어려웠던 것이다.

18세기 초까지는 연평균 1회가 넘는 사행이 지속되면서 이러한 부
담이 적지 않았다. 더구나 17세기 말 대기근의 피해에서 벗어나지 못
한 상황에서 18세기 초에도 농작물의 작황은 그다지 좋지 않았으며,
전염병마저 치성했다. 그 피해의 중심에서 벗어나 있지 못했던 평안
도는 칙수 마련으로 곤란을 겪을 수밖에 없었고, 칙행으로 말미암은
물력의 부족은 이후로도 당분간 계속되었다.[138]

물력이 부족한 가운데 1712년(숙종 38) 백두산 정계(定界)와 관련해
나온 청의 차관 일행이 압록강변에서 장기 체류하자 이들의 접대에 많
은 비용이 필요했다. 하지만 조정에서는 별다른 대책 없이 감사가 적
극 조처하도록 할 뿐이었다.[139] 이러한 분위기는 물력 부족과 맞물려

135) 《備邊司謄錄》 第40冊, 肅宗 12年 5月 5日(3-950 가).
136) 《備邊司謄錄》 第74冊, 景宗 3年 4月 28日(7-391 나), 5月 2日(7-395 가).
137) 《備邊司謄錄》 第74冊, 景宗 3年 6月 5日(7-410 가), 6月 21日(7-414 가).
138) 《承政院日記》 第438冊, 肅宗 33年 12月 18日(23-670 나) ; 第553冊, 景宗 3
     年 4月 19日(30-89 나).

전 시기와는 달리 칙수 마련에 새로운 방편을 동원하게 했고, 민에 대한 직접적인 부담을 가중시켰다. 청사 접대비를 마련하기 위해 공명첩을 발급하거나 부민의 재력에 의존하기도 한 것이다.[140]

또한 각 읍에서는 칙수청(勅需廳)이나 대동고(大同庫)라는 이름의 민고를 설치해 칙수를 지원했다.[141] 의주의 경우 17세기 말에서 18세기 초 사이에 민호에서 미 3두를 거두어 대동고를 설치하고 그 이자로 칙수를 보조하고 있었으며, 유사한 목적으로 1708년(숙종 34)에는 상평고(常平庫)가 설치되는 등 관이나 민에서 재원을 마련해 그 이식으로 칙수를 돕는, 비슷한 기구들이 속속 만들어졌다.[142] 이는 칙수를 직접 마련해야 하는 의주 외에도 평안도의 다른 지역으로 확산되어나갔다.

원래 청사 접대와 관련된 부역 동원이 적지 않은데다가 각 읍의 재정 부족이 심화되자 민고의 형식을 통해 그 일부라도 보충하려 한 것으로 보인다. 운영 기구나 형식은 다양했겠지만 칙수나 혹은 연행 경비를 확보하기 위해 민간에 미곡이나 전화를 빌려주고 이식을 취하는 방식은 일찍부터 통용되었으며 갈수록 확대되었다. 《관서지칙정례》에 따르면, 평안도의 각 읍에서 대여한 돈과 정은(丁銀)의 합계는 각각 8만 7,500냥과 150냥이었으며, 따로 창고에 보관하도록 한 액수도 각 8만 9,000냥과 571냥이나 되었다. 그 밖에 미곡 5만 1,689석도 창고에 두고 환곡으로 운영하고 있었다.[143] 사행 경비 마련을 위해 상당

---

139) 《備邊司謄錄》第64冊, 肅宗 38年 3月 1日(6-360 다), 3月 2日(6-361 나).
140) 《備邊司謄錄》第72冊, 肅宗 45年 1月 15日(7-106 라). '提調閔鎭遠所啓……
    卽今西路形勢 實無異於丙子後 依前日例 募得富民 使之備納勅需後 啓聞論賞
    則似或少紓一分民力.'
141) 《承政院日記》第438冊, 肅宗 33年 12月 18日(23-670 나).
142) 《關西邑誌》義州 倉庫條(아세아문화사 영인본).
143) 《關西支勅定例》分留條.

량의 재원을 확보해 대여하고 있었던 것이다.

결국 호란 전 관향에 기반한 군수 중심의 평안도 재정 운영은 전후에 청과 새로운 외교 관계를 형성해나가면서 그 중심축이 급속하게 이동되었다. 그리고 붕괴된 방어체제의 정비에도 많은 시간이 소요되어 확보된 군포 역시 상당 부분 외교 재정에 투여되었다. 관향과 군포 외에도 민에 대한 의존이 갈수록 확대되는 상황에서 18세기 초까지 평안도 재정 운영의 요체는 대청 외교와 관련되어 있었다. 물론 적극적인 군비 확충도 이루어져갔지만, 그럼에도 군액과 토지 결수의 확대 및 대청 관계의 안정에 따른 부담 완화는 이후 평안도 재정 운영에 상대적으로 더 많은 여유를 가져다줄 가능성을 열어놓았다.

제3절 대청 사행과 평안도의 지원

1. 대청 사행과 평안도의 접대

(1) 사행 내용과 빈도의 변화

조선의 대청 사행은 청의 조선에 대한 사신 파견과 밀접한 연관성을 가지고 있었다. 병자호란 직후 청은 중원 진출의 배후 위협 제거와 조공을 통한 물질적 욕구 충족을 위해 조선에 빈번하게 사신을 파견했다. 조선은 청의 강압에 따라 때로는 그것의 무마를 위해 더 잦은 사신 파견으로 대응해야 했다. 청의 중원 지배가 실현되고 안정 기조에 접어들면서 조선에 대한 견제와 침탈은 점차 완화되었다. 이는 양국의 사신 파견 빈도 감소로 이어지면서 의례적인 조공과 책봉 관계를 형성해나갔다.

조선과 청의 상호 사행에는 다수의 인원과 장기간의 시일이 소요되었으므로 양국 모두 일정한 재정 부담을 떠안기 마련이었다. 하지만 인마의 동원과 경비 지원, 증여 물품의 가치 등을 고려한 실질적인 부담은 조선이 더 클 수밖에 없었다.

우선 청에 견주어 조선은 훨씬 다양한 명목의 사신을 정기[節行]·
부정기[別行]적으로 파견해야 했다. 각 사행은 단일 명칭을 띠기도 했
지만 '동지겸사은(冬至兼謝恩)'과 같이 겸행인 경우가 많았고, 사안의
경중에 따라서는 사신보다 지위가 낮은 재자(齎咨)·재주관(齎奏官)을
보내기도 했다.[144]

이러한 사행은 청과 조선의 국내 문제나 양국이 관련된 외교적 사
안에 따라 파견되었지만 사행의 빈도는 시기마다 차이가 있었고, 그
것은 한편으로 양국 관계를 보여주는 하나의 단면이기도 했다. 또한
사행의 빈도 변화는 조선의 중앙 재정은 물론 사행로에 위치한 평안
도의 재정 부담과 직접적으로 연관된 것이었다.

〈표 2-9〉는 병자호란 이후 각 왕대별 사행의 종류와 빈도를 나타
낸 것이다.[145] 이 표를 보면 절행인 동지와 별행인 사은·진하 그리고
재자행의 파견 빈도가 가장 높았음을 알 수 있다. 동지행에 통합된 성
절(聖節)·정조(正朝)·세폐(歲幣)행은 1645년부터 사라졌다가 성절행
만 정조대 이후 네 차례 나타났다.[146] 성절행 등이 동지행으로 통합된
것은 1644년 청 세조 순치제(順治帝)가 명을 무너뜨리고 심양에서 북
경으로 천도하면서 이루어진 조치였다. 청은 이를 조선의 사행 거리
가 멀어진 데 따른 시혜로 규정했지만,[147] 중원 지배를 실현한 자신감
이 그 밑바탕에 깔려 있었다.

---

144) 金聖七,〈燕行小攷-朝中交涉史의 一齣〉,《歷史學報》12, 歷史學會, 1960, 8~11쪽.

145)《同文彙考》第43冊, 使行錄을 근거로 작성했으며, 全海宗, 앞의 책, 71~73
　　쪽을 참고했다.

146)《同文彙考》에는 1645년 이후 1783년·1809년·1819년·1860년에 聖節使의 명
　　칭이 보이며,《朝鮮王朝實錄》에서는 1648년·1652년에 동지사가 正朝·聖節使
　　를 겸했음이 드러난다(《仁祖實錄》卷49, 26年 8月 甲午[35-331 나];《孝宗
　　實錄》卷9, 3年 10月 丙辰[35-576 라]).

147)《通文館志》卷3, 事大, 赴京使行.

	인조/13년	효종/10년	현종/15년	숙종/46년	경종/4년	영조/52년	정조/24년	순조/34년	헌종/15년	철종/14년
冬至(겸행)	5 (7)	4 (6)	9 (6)	22 (24)	1 (3)	27 (25)	18 (6)	25 (10)	11 (3)	7 (8)
謝恩(겸행)	16 (5)	13 (6)	7 (9)	34 (11)	2 (2)	26 (37)	8 (25)	12 (37)	2 (17)	4 (20)
奏請(겸행)	1 (1)	(1)	(1)	4 (2)	(2)	(5)	(3)	1 (3)	2	(2)
進賀(겸행)	6	6 (1)	10	11 (3)	3	15	11	12 (2)	4	10 (1)
陳奏(겸행)	3 (6)	(8)	(3)	3 (13)	1 (1)	5 (9)	1 (4)	2 (2)	(1)	2
陳慰(겸행)	1	2	4	5	2	4	2	2	1	4
進香(겸행)	(1)	(2)	(3)	(4)	(2)	(3)	(2)	(2)	(1)	(4)
告訃(겸행)		1	2	3 (2)	1	4	1	3	2	2
問安(겸행)	3		1	2		2	1 (1)	3		1
參覈(겸행)				2		4				
聖節(겸행)	5 (3)						1	2		1
正朝(겸행)	6 (2)									
歲幣(겸행)	(8)									
鷹連(겸행)	3	7	1							
護行(겸행)		1								
齎咨	26	10	12	39	5	47	10	22	4	5
齎奏	1	1	2	2						
합계	76 (33)	45 (24)	48 (22)	127 (59)	15 (10)	134 (79)	53 (41)	84 (56)	26 (22)	36 (35)
연평균 사행수	5.85	4.50	3.20	2.76	3.75	2.58	2.21	2.47	1.73	2.57

※ 각 왕의 아래에 표시한 연수는 재위 기간이다.

※ 사행 횟수는 각 왕의 즉위와 승하를 고려해 계산했다. 예를 들어 재위 15년 6월에 승하한 헌종의 경우 그해 겨울에 파견된 동지사는 철종 재위 기간 속에 포함시켰다. 따라서 매년 빠지지 않고 파견된 동지사를 보면 괄호 안팎의 수와 왕의 재위 기간이 일치하지 않을 수도 있다.

※ 겸행은 예를 들어 '동지겸사은'이라면 동지는 괄호 밖의 숫자에, 사은은 괄호 안의 겸행수에 포함시켜 계산했다.

〈표 2-9〉 조선의 대청 사행 내용과 빈도 변화(인조~철종)

응련(鷹連)과 호행(護行)도 중간에 사라진 사행 명목 가운데 하나였다. 응련행은 1646년(인조 24)에서 1660년(현종 1) 사이에 거의 매년 9월 15일경 북경으로 사냥용 매를 가져갔던 것을 말한다. 이 매는 서북의 감영과 병영에서 마련해 평안도 안주에 집결시켰다가 보냈는데, 응련행은 1661년부터 폐지되었다.[148] 응련행은 역서(曆書)를 수령해오는 임무도 맡고 있었으므로, 1661년부터는 역행(曆行)으로 불린 재자행이 매년 따로 파견되었다.[149] 단 한 차례만 파견된 호행사는 1650년(효종 1) 청의 예친왕(睿親王) 도르곤이 조선 공주와의 혼인을 원하자 종실인 금림군(錦林君) 이개윤(李愷胤)의 딸을 의순공주(義順公主)로 가칭해 시집보낼 때 호행한 사신이다.[150]

사행을 통하지는 않았지만 매 외에 조선에서 매년 제공해야 했던 현물로 평안도에 부담을 준 것에는 배와 잣 그리고 꿀 등이 있었다. 원래 배나 홍시는 후금에서 생산이 어려워 병자호란 전에는 수만 개씩 교역되기도 했다.[151] 호란 뒤에는 이를 양서에서 분담해 마련했는데, 청이 북경으로 천도하면서 조선에서 운반하기가 어려워지고 중국내지에서 확보하는 것이 가능해지자 변통이 요구되었다. 따라서 1646년(인조 24)부터는 매년 배 1,000개, 잣 20두, 꿀 20두를 양서에서 마련해 심양으로 보내고 이것들을 그들의 황제 제수(祭需)에 사용하는 방식으로 전환되었다.[152] 이는 의주의 변장(邊將)이 차사원(差使員)의 직책을 띠고 청역(淸譯)을 대동해 운반했는데, 1673년(현종 14) 완전히 혁파되었다.[153]

148)《備邊司謄錄》第20冊, 顯宗 元年 11月 15日(2-641 나).
149)《通文館志》卷3, 事大, 齎咨行.
150) 徐有聞,《무오연행록》권1, 무오년 11월 21일 ;《孝宗實錄》卷3, 元年 4月 癸卯(35-424 나).
151)《仁祖實錄》卷30, 12年 12月 辛亥(34-582 가).
152)《備邊司謄錄》第10冊, 仁祖 24年 8月 23日(1-856 나).

사행의 통합이나 일부 사행, 또는 물화의 혁파는 조선의 부담이 그
만큼 완화되었음을 의미한다. 조선의 부담 감소는 점진적인 대청 관
계의 안정과 직결된 것인데, 이는 다시 연평균 사행 빈도와 관련되어
있었다. 사행 빈도는 병자호란의 여진이 남아 있던 인조와 효종대 연
평균 4.50~5.85회의 높은 수치를 보였고, 경종대에도 짧은 재위 기간
에 청 내부 사정으로 진하(進賀)·진위사(陳慰使) 등이 잇달아 파견되
면서 높은 빈도를 유지했다.

다만 숙종대의 연평균 사행수가 예외적으로 낮은 것은 앞에서 살펴
보았듯이 양국 통치자의 재위 기간과 일정한 관련성이 있었다. 따라
서 조선의 대청 사행 빈도는 점차 감소 추세에 있는 가운데, 상대적으
로 18세기 영조대 이전까지는 높은 수준을 유지하며 중앙이나 사행로
에 있는 지역의 재정을 압박했다.

그러면 이제 시기별 사행 빈도 추이를 20년 간격으로 구분해 살펴
보도록 하자.

〈표 2-10〉에서 보는 것처럼, 조선의 대청 사행은 호란 직후 연평균
5.5회로 가장 높았고 칙행과 마찬가지로 이후 점차 감소했다. 연평균
3회 내외에서 움직인 18세기 전반까지는, 그 다음 시기와 비교할 때
상대적으로 높은 빈도를 보이는 점도 칙행의 흐름과 유사하다. 다만
칙행이 18세기 중엽 이후 대폭 감소하는 것에 견주어 조선의 대청 사
행 감소 폭은 적은 편이다. 이는 정기적인 동지행(冬至行)이 매년 있
었던데다가 사행은 공식적인 무역의 통로이자 중국의 내부 사정을 직
접 확인할 수 있는 기회였으므로 일정한 수준을 유지할 필요가 있었
기 때문이다.

---

153) 《備邊司謄錄》 第12冊, 仁祖 26年 9月 3日(1-987 라) ;《顯宗實錄》 卷21,
    14年 9月 癸未(37-48 다).

시기	연행횟수 (겸행)	연평균 연행수	연행과 칙행횟수	연평균 연행과 칙행수
1637~1656(인조15~효종7)	109(52)	5.5	155	7.8
1657~1676(효종8~숙종2)	67(32)	3.4	93	4.7
1677~1696(숙종3~숙종22)	58(34)	2.9	80	4.0
1697~1716(숙종23~숙종42)	53(18)	2.7	60	3.0
1717~1736(숙종43~영조12)	65(33)	3.3	88	4.4
1737~1756(영조13~영조32)	53(32)	2.7	62	3.1
1757~1776(영조33~영조52)	44(30)	2.2	50	2.5
1777~1796(정조1~정조20)	42(30)	2.1	45	2.3
1797~1816(정조21~순조16)	49(31)	2.5	56	2.8
1817~1836(순조17~헌종2)	48(36)	2.4	54	2.7
1837~1856(헌종3~철종7)	42(40)	2.1	48	2.4
1857~1876(철종8~고종13)	44(38)	2.2	50	2.5

〈표 2-10〉 조선의 대청 사행 빈도 변화(1637~1876)

18세기 전반까지 매년 세 차례 정도 이루어진 사행에는 보통 수백의 인마와 5개월 남짓한 기간이 필요했고 방물과 예단의 양도 적지 않았다. 따라서 비록 사행이 한 차례 더 늘어나더라도 중앙이나 지방 재정에 미치는 파장은 클 수밖에 없었다. 사행의 구성에는 평안도에서 동원된 인마가 많이 포함되어 있었고, 이 지역에서는 한 번의 사행에 적어도 왕복 20일 이상의 사신 접대가 이루어지고 있었다. 사신들이 사행로를 오가며 여흥을 즐긴다든지 지방 관아에서 그들을 접대하는 것은 일반적인 관례였지만, 때로는 수탈에 가까운 폐단을 일으키기도 했다.[154]

---

154) 《孝宗實錄》 卷5, 元年 12月 戊寅(35-463 다).

더구나 연행로는 칙행로와 일치했고, 연행의 빈도가 높았던 시기에
는 칙행의 빈도도 동시에 높았다. 호란 뒤 20년 동안 연행과 칙행을
합한 횟수는 무려 155회였고 18세기 중엽 이전에는 80회가 넘어, 평
안도에서는 연평균 4회 이상을 양국 사행 접대에 매달려야 했다. 따
라서 연행과 칙행의 반복은 이 시기 사행로에 위치한 지역에 큰 고통
을 안겨준 문제였으며, 그 가운데서도 평안도의 부담이 가장 컸다.[155]

(2) 평안도의 연행 접대

대청 사행의 기본 구성원은 사신 2[1], 서장관(書狀官) 1, 대통관 3,
압물관(押物官) 24명 등 30명이었다.[156] 이 수는 고정된 것은 아니어서
가장 인원이 적었던 재자행(齎咨行)은 두세 명이었지만, 별행인 고부
행(告訃行)은 20명 선이었고 절행인 동지행은 최고 35명에 이르기도
했다.[157] 여기에 의원·화원·군관을 비롯해 서자(書者)·마두(馬頭) 등 수
많은 수행인을 포함하면 사행 전체 구성원은 수백 명으로 늘어난다.
각종 연행록에 기재되어 있는 실제의 인마수를 확인해보자.

〈표 2-11〉을 보면 사행 명목은 대체로 비슷하지만 인마의 수는 19
세기에 견주어 18세기가 훨씬 더 많았음을 알 수 있다. 가장 인원이
많았던 1712년 동지겸사은행의 경우 책문에 모두 687명과 591필의 인
마가 들어갔는데, 이 가운데 324명과 232필은 북경까지 이동하고 나
머지는 모두 심양에서 돌아왔다.[158] 심양까지는 세폐와 방물, 의주에서
마련한 식량 등을 조선의 책임 아래 운반했으므로 대규모의 인마가

---

155) 《孝宗實錄》 卷4, 元年 5月 乙卯(35-427 다).
156) 柳承宙, 〈朝鮮後期 對淸貿易의 展開過程－17·8世紀 赴燕譯官의 貿易活動을
中心으로〉, 《白山學報》 8, 白山學會, 1970, 340~346쪽에서는 사행의 구성과
임무에 대해서 밝혀놓았다.
157) 全海宗, 앞의 책, 65쪽.
158) 崔德中, 《燕行錄》, 日記, 壬辰 11月 28日.

동원되었던 것이다.

심양에 도착한 사행은 세폐의 일부를 분납하고, 나머지를 중국 측 관원에게 교부해 북경까지 수송했다. 북경까지는 연도의 역에서 인마를 교체해가며 운반하도록 되어 있었는데, 1709년(숙종 35)부터는 전문 운수업자인 난두(攔頭)들이 이를 장악했다.[159] 따라서 세폐와 방물을 가져갔던 조선의 인마는 심양에서 대거 되돌아왔던 것이다. 이때 심양에서 돌아오는 인마를 거느린 관원이 단련사(團練使)였다. 단련사는 의주부윤의 군관 가운데서 차출했고, 나중에는 변장에게 맡겼다.[160]

시기	사행 명목	인원수	마필수	출전
1712(숙종 38)	冬至兼謝恩	687→324	591→232	《燕行錄》
1777(정조 1)	進賀謝恩陳奏兼冬至	320	217	《燕行記事》
1798(정조 22)	謝恩兼冬至	330	249	《무오연행록》
1803(순조 3)	冬至	253	196	《薊山紀程》
1832(순조 32)	冬至兼謝恩	227	150	《燕轅直指》

〈표 2-11〉 조선 후기 대청 사행의 인마수

심양에서 인마 귀환은 단련사제와 함께 1729년(영조 5) 폐지되었다. 이에 따라 세폐와 방물은 책문에서 사람을 고용해 심양까지 운반했다. 의주에서 책문까지는 쇄마(刷馬)를 동원했으며, 예비의 여마(餘馬)와 구인(驅人) 등을 새로이 설치한 부마차사원(夫馬差使員)이 거느리고 돌아왔다.[161] 따라서 단련사제가 유지된 18세기 초까지는 이후 시기와 비교할 때 훨씬 많은 인마가 압록강을 건너 더 먼 거리를 이동

159)《通文館志》卷3, 事大, 瀋陽交付分納.
160)《通文館志》卷3, 事大, 渡江狀.
161)《通文館志》卷3, 事大, 渡江狀 ; 入柵報單.

했다고 할 수 있다.

한편 위의 1712년 사행에는 연례의 세폐 외에도 그해에 있었던 백두산 정계를 비롯해 모두 네 건의 사안에 대한 사은 방물이 포함되어 있었다.[162] 일반적인 사은행의 방물은 각종 면포 230필, 각종 자리 107장, 종이 2,300권과 필묵(筆墨) 등이었으며,[163] 사은 건수에 따라 그 양이 곱으로 늘어났다. 주목할 만한 사실은, 1714년(숙종 40) 이후로는 사은행이 존재했지만 그 방물은 상당 부분 혁파되었다는 점이다.[164] 앞의 〈표 2-9〉에서 본 것처럼, 사은은 전체 별행 가운데 가장 높은 빈도를 가진 사행 명목이었는데, 이 사행에서 방물이 혁파되었다는 것은 조선의 부담이 그만큼 줄어들었고 인마 역시 크게 감소되었음을 의미한다.

세폐 역시 청의 중원 지배가 안정되면서 조선에 대한 경제적 침탈 욕구의 감소로 점차 줄어들었다.[165] 그러므로 사행의 빈도만이 아니라 인마의 규모도 전반적으로 감소 추세를 보이고 있는 것이다. 위의 1777년 동지행에서 책문을 넘어간 인마는 320명과 217필이며,[166] 1798년 동지행에서는 330명과 249필이 압록강을 건넜다.[167] 이는 1712년 압록강을 건넌 동지행의 인마보다 절반 이상 줄어든 규모이며, 19세기로 가면 그 수는 다시 감소한다. 그러므로 〈표 2-11〉에서 다양한 사례들을 제시하지는 못했지만, 심양까지 세폐와 방물을 운반하고 사

---

162) 崔德中, 《燕行錄》, 今番謝恩四起禮物.

163) 《通文館志》卷3, 事大, 方物數目.

164) 《承政院日記》第483冊, 肅宗 40年 6月 5日(26-180 라).

165) 《通文館志》卷3, 事大, 方物數目.

166) 李坤, 《燕行記事》, 丁酉 11月 29日. 연행록에 기재된 각종 수치는 부정확한 경우들이 있는데, 같은 날 기록되어 있는 인마를 모두 계산하면 355명과 256필이다. 11월 26일에는 이를 310명과 232필로 기재했다.

167) 徐有聞, 《무오연행록》권1, 무오 11월 19일.

은 방물까지 존재했던 시기에 조선은 직접적인 인마 동원에서 더 많
은 부담을 가지고 있었다고 추정할 수 있다.

　사행의 구성원 가운데 서자·마두 등의 마부 명색은 대개 평안도 출
신이 선택되었다. 1712년의 연행록에는 이들 33명의 출신 지역이 표기
되어 있는데, 세 명을 제외하고는 모두 평안도인이었으며 그 가운데 22
명이 청천강 이북의 인물이었다.[168] 사행 경험이 풍부한 청북인들이 마
부 명색의 다수를 이룬 것은 이후로도 변함이 없었다.[169] 이들 가운데
는 평안도 일대의 사상(私商)들이 끼어들어 무역에 참여하기도 했다.

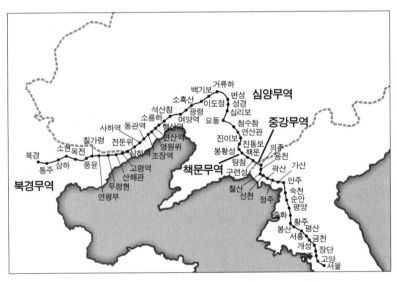

※ 위 그림은 유승주·이철성, 《조선후기 중국과의 무역사》, 경인문화사, 2002, 32쪽
　에 나오는 도판 〈조선사행의 조공길〉에 조선 내부의 지명과 무역지를 추가해 재
　구성한 것이다.

〈그림 2〉 조선 후기의 대청 사행로와 무역지

---

168) 金昌業, 《老稼齋燕行日記》, 一行人馬渡江數.
169) 金景善, 《燕轅直指》 卷1, 出疆錄, 壬辰 11月 1日.

100명이 넘어 가장 많은 인원을 차지한 쇄마구인(刷馬驅人)은 의주
부에서 지역 주민들을 고용했는데, 이들에게는 각각 은화 30냥을 주
어 사행에 동행하게 했으나 폐단이 적지 않았다. 사행 경비의 많은 부
분을 보조했던 의주부에서는 재정 절감을 위해 쇄마구인의 고가를 반
으로 줄이고 그것도 잡물로 지급하기 일쑤였다.[170] 따라서 그들은 사
행 도중 중국인들에게 구걸하거나 빚을 지고 때로는 질도를 저지르기
도 했다. 조정에서는 효수와 같은 강압적인 방식으로 이를 막으려 했
으나, 고가가 낮은 상황에서 의주의 근착인(根着人)들은 빠져나가버리
고 무뢰배들이 참여해 폐단은 계속되었다.[171]

또 사행의 말단 수행원을 갖추는 일뿐만 아니라 마필(馬匹)의 동원
에도 평안도 재정이 절대적으로 필요했는데, 200필이 넘는 말 가운데
역마 40여 필은 삼남과 함경·강원 등 5도에 분정(分定)되었다. 하지만
복쇄마(卜刷馬) 20여 필은 평안감영에서, 쇄마 80여 필은 평안도 관향
과 의주 운향 그리고 해서고(海西庫)의 재원으로 고립했고,[172] 역마도
병든 것이 있으면 관서마로 대신하게 했다. 사행의 빈도가 높고 인마
의 규모가 컸던 시기에 평안도는 그만큼 재정에 부담을 안고 있었던
것이다.

이제 평안도에서 있었던 직접적인 사행 접대 부담을 확인하기 위해
그 이동 경로를 추적해보기로 하자. 도성에서 의주로 향해 있는 대로
를 따라 움직였던 대청 사행의 경로는 청의 사신이 도성으로 들어오
던 길과 다를 바 없었는데, 연행록의 기록을 통해 대청 사행의 구간별
체류 일수를 살펴보면 〈표 2-12〉와 같다.

170) 《備邊司謄錄》 第56冊, 肅宗 31年 11月 7日(5-482 나).
171) 《備邊司謄錄》 第84冊, 英祖 4年 11月 4日(8-497 라).
172) 《萬機要覽》 財用編5, 燕使 赴燕馬.

시기	도성 → 황주	중화 → 의주	도강 → 책외	책문 → 북경	북경 체류	북경 → 책문	책외 → 도강	의주 → 중화	황주 → 도성	전체 일정	평안도 체류
① 1656	7	12	2	28	36	30	1	10	5	131	25
② 1712	7	16	2	29	47	27	0	12	5	145	30
③ 1720	23		32		42	28		13		138	26*
④ 1732	39		30		25	27		17		138	45*
⑤ 1777	8	23	2	28	43	33	0	9	5	151	34
⑥ 1803	9	24	2	28	37	35	3	9	5	152	38
⑦ 1828	8	22	1	27	39	37	1	13	8	156	37
⑧ 1828	8	17	1	29	63	32	1	10	7	168	29
⑨ 1832	8	23	1	27	47	36	1	10	7	160	35

※ 1720년과 1732년은 전후 일정을 고려해 추정한 일수임
※ 출전 : ①《燕途紀行》/②《燕行錄》/③《庚子燕行雜識》/④《壬子燕行雜識》/
　　⑤《燕行記事》/⑥《薊山紀程》/⑦《心田稿》/⑧《赴燕日記》/⑨《燕轅直指》

〈표 2-12〉 조선 후기 대청 사행의 구간별 체류 일수

이 표는 각 구간별로 사행이 유숙한 일수를 표시한 것이다. 1656년을 예로 들면 도성을 출발한 사행은 경기와 황해도에서 7일을 묵었고, 평안도의 남쪽 관문인 중화(中和)에서부터 압록강을 건너기 전인 평안도에서는 12일을 체류했다. 압록강을 건너 중국 측 책문에 들어가기 전까지 무인 지대에서 노숙하는 것은 칙행과 마찬가지로 의주에서 담당했으므로, 도표 마지막의 평안도 체류 일정 속에 포함시켰다. 북경에서 되돌아오는 구간의 체류 일수를 보는 방법도 같다.

전체 사행 일정은 18세기 전반까지는 130일 이상이었고, 18세기 후반부터는 150일을 넘어서서 최고 168일에 이르렀다. 사행의 인마 구성이 감소해나간 반면, 체류 일정은 오히려 증가 추세를 보이고 있는 것

이다. 이 표를 보면 1656년(효종 7)에서 1832년(순조 32) 사이 도성 ↔
황주, 도강(渡江)↔ 책외(柵外), 책문(柵門)→ 북경(北京), 의주 → 중화
구간에서는 큰 변동이 없었으며, 일정의 최고치와 최저치 사이에 10
일 이상의 격차가 있는 구간은 중화 → 의주, 북경 체류, 북경 → 책문
에서이다.

먼저 북경 체류에 관해 살펴보면, 조선 사행의 규성상 체류 일수는
절행이 40일, 별행이 20여 일이었다.[173] 이 기간에 사신들은 외교 문서
와 세폐 및 방물을 전달하고 각종 연회에 참여했으며, 주변 명소를 관
람했다. 체류 기간은 대체로 규정 일수에서 크게 벗어나지는 않아 25
일로 가장 짧았던 1732년(영조 8)의 경우에도 별행인 사은겸진하(謝恩
兼進賀) 명목으로 파견된 사행이었다.[174]

〈표 2-12〉에서 나머지 사행은 대개 절행인 동지행을 겸하고 있었
다. 다만 최고 63일을 기록한 1828년(순조 28)의 사행은 별행인 진하
겸사은행(進賀兼謝恩行)으로 관례에 크게 위배된다. 하지만 이것은 조
선 사신이 6월 초 북경에 들어갔음에도 청이 회강(回疆) 지역을 평정
한 축하연을 여는 8월까지 사행을 머물게 한 데서 비롯된 예외적인
상황이었다.[175]

따라서 체류 일수에 일정한 변화를 엿볼 수 있는 것은 평안도의 중
화 → 의주와 북경에서 책문에 이르는 구간이다. 도성에서 출발한 사
행이 평안도에서 머문 기간은 18세기 초까지는 12~16일 사이였으며,
18세기 후반 이후에는 대개 22~24일로 늘어났다. 표에서 정확한 일
수를 확인하기 어려운 1732년(영조 8)의 경우에는 18세기 후반 상황에

173) 《通文館志》卷3, 事大, 留館日子 ; 《赴燕日記》(저자 미상), 往還日記, 戊子
    8月 13日.
174) 李宜顯, 《壬子燕行雜識》.
175) 《赴燕日記》(저자 미상), 往還日記, 戊子 8月 13日.

더 가까웠을 것으로 보인다. 그런데 평안도에서 체류 일수 증가가 각
지에서 전반적인 증가는 아니었다. 다음의 표를 보자.

시기	중화	평양	순안	숙천	안주	가산	정주	선천	용천	의주	합계
① 1656		2	1	1	2		1	1	1	3	12
② 1712	1	2	1	1	2	1	1	1	1	5	16
③ 1777	1	3	1	1	2	1	1	2	1	10	23
④ 1798		3	1		2	1	1	1	1	11	21
⑤ 1803		3	1	1	2	1	1	2	1	12	24
⑥ 1828	1	3	1	1	2	1	1	1	1	10	22
⑦ 1828		3		1	2			1	1	8	17
⑧ 1832	1	3	1	1	2	1	1	2	1	10	23

※ 출전은 ②《老稼齋燕行日記》와 ④《무오연행록》을 제외하면 앞의 〈표 2-12〉와
　같음

〈표 2-13〉 조선 후기 대청 사행의 평안도 각 읍 유숙 일수(중화 → 의주 구간)

황주에서 중화로 들어온 사행은 평안도 역마로 교체하고 평양 → 순
안 → 숙천 → 안주 → 가산 → 정주 → 선천 → 용천을 따라 이동해 의
주에 이르렀다. 중화에서는 도착 시간에 따라 점심을 먹고 평양으로
들어가느냐 혹은 유숙하느냐의 차이가 있었고, 나머지 지역에서는 유
숙하지 않고 바로 지나가는 곳도 혹 보이지만 대개 비슷한 여정에 따
라 움직였다.

의주를 제외하면 감영과 병영 소재지인 평양과 안주에서 사행은 하
루나 이틀을 더 묵었는데, 이때 사행의 상급 구성원들은 대개 연회에
참석하거나 주변을 유람했다. 1777년(정조 1) 동지부사(冬至副使)였던
이압(李坤)은 평양 체류가 근래의 관례라고 해서 18세기 후반부터 사

행이 평양에서 하루를 더 보냈음을 보여준다.[176]

칙행이나 연행에 대한 직접적인 접응 부담을 안고 있던 평안도 32개 읍에서, 18세기에 그 비용을 대고 회감받은 액수는 본국 사신 접대비가 7,387냥 정도였다. 본국 사행 접대 비용은 칙행과 비교할 때 액수가 적은 편이지만, 여기에는 중국 안에서 사용한 경비에 대한 지원액이 포함되지 않았다. 또한 접응이나 인마 농원에 따른 재정 부담이 가장 컸던 의주는 회감 없이 비용을 자체 조달해야 했기 때문에 그 액수가 드러나지 않아 정확한 규모를 알기 어렵다.

32개 읍 가운데는 평양이나 안주처럼 사행의 체류가 길었던 대읍의 회감액이 당연히 많았다. 한 예로 18세기 후반 평양에서는 북경으로 가는 동지사행의 접대를 위해 부마고(夫馬庫)의 재원으로 116명과 34필의 인마를 동원했다. 이들이 돌아올 때는 82명과 55필의 인마를 동원했는데, 그 값은 모두 100여 냥 정도 되었다.[177] 그 밖에도 음식물 접대를 비롯해 많은 비용이 추가로 들었으므로, 본국 사행 접대에 따른 이곳의 회감액은 모두 637냥에 이르렀다.

사행이 평안도의 여러 지역 가운데 가장 많은 시간을 보내고 체류일수의 변동도 컸던 지역은 국경 도시인 의주였다. 사행이 의주에서 머문 기간은 18세기 초까지는 3~5일이었고 18세기 후반 이후로는 대개 10~12일이었다. 그러므로 평안도에서 체류 일수 증가는 바로 의주 체류와 직결되어 있는 것이다. 〈표 2-12〉의 1732년 사행 여정에서 추정할 수 있듯이, 평안도에서 체류 일수의 증가는 아마도 이 시기를 전후해 일반화된 것으로 보인다.

그렇다면 사행이 의주에서 오랜 기간을 머문 이유는 무엇일까? 일반적으로 국경 관문인 의주에서는 다른 지역과 달리 세폐 혹은 방물

---

176) 李坤, 《燕行記事》, 丁酉 11月 7日.
177) 《平安道內各邑民庫定例節目》(《各司謄錄》 39에 수록).

이나 인마를 점검하는 데 많은 시간이 소요되었다. 정사·부사·서장관
등 세 사신은 중국으로 가져갈 문서를 확인했으며, 특히 서장관은 의
주부윤과 함께 여러 차례 인마와 짐 꾸러미를 수검했다. 또한 의주부
윤이 베푸는 연회에 참석하고 곳곳에서 여흥을 즐기며, 지방 관료를
비롯한 여러 인사들과 교유하기도 했다.

1656년(효종 7)의 사행은 의주에서 하루를 묵은 다음 날 역마를 점
검하고 방물과 건량(乾糧)을 고쳐 싸는 것으로 간단하게 일정을 마쳤
다.[178] 1712년(숙종 38)에는 일정이 다소 늘어나 첫날은 역마와 더불어
건량을 실을 쇄마를 점검하고, 다음 날은 서자·마두 등 수행 인원을
점검했다. 셋째 날은 서장관과 부윤이 팔포(八包)의 준수를 살피기 위
해 일행의 은화를 확인했고, 다음 날은 짐바리를 다시 싸서 묶었다.[179]
물론 사이 사이에 연회나 유람도 빠지지 않았다.

그런데 정확한 시점은 분명하지 않지만 위의 〈표 2-13〉를 보면 18
세기 후반부터 의주에서 체류 일정이 크게 늘어난다. 이 시기의 연행
록을 보면, 인마와 짐 꾸러미에 대한 일반적인 점검은 전 시기와 달라
지지 않았지만 잡복(雜卜)을 수검하는 데 많은 시간을 보냈음을 알 수
있다. 잡복은 의주 상인의 물화로, 1798년(정조 22) 사행에서는 서장관
과 부윤이 잡복을 받아들이고 수검하는 데 의주 체류의 마지막 4일을
소모했다.[180] 이렇게 시간을 들인 것은 잠상(潛商)의 물화를 엄격하게
규제하기 위함이었다.

의주에서 체류 일수가 늘어난 것은 만상(灣商)들의 물화를 모으는
한편 그들의 잠상 행위를 단속하는 데 전 시기보다 더 많은 시일이

178) 李澝, 《燕途紀行》, 日錄, 丙申 8月 20日.
179) 崔德中, 《燕行錄》, 日記 壬辰 11月 22日~25日과 金昌業, 《老稼齋燕行日記》, 往來總錄의 같은 날 기록 참고.
180) 徐有聞, 《무오연행록》 권1, 무오 11월 13일~16일.

필요했기 때문이다. 이는 이 시기에 상인들의 잠상 행위가 확대되었음을 의미하는 것이다.[181] 잠상과 관련된 것이라고는 해도 체류 일수의 증가는 사행 원역에 대한 접응 비용의 증가를 가져올 수밖에 없었는데, 평안도 다른 지역에서 일정 변화가 그다지 없었으므로 그것은 의주만의 부담이기도 했다.

의주는 압록강에서 책문 사이 무인 지대에서 사행 이동을 지원하는 책임도 맡고 있었다. 압록강을 건너는 날 의주부윤은 전별연(餞別宴)을 베풀고 서장관과 함께 도강할 인마와 짐들을 다시 수검했고, 도강 전에 의주의 군관은 창군(槍軍)을 거느리고 미리 압록강을 건너 노숙할 곳에 몽고식 장막을 설치했으며, 밤새 일행을 호위했다.[182] 〈표 2-12〉에서 알 수 있듯이 책외에서 노숙 기간은 북경으로 갈 때는 대개 이틀이었고, 돌아올 때는 하루가 당겨졌다.

사행 귀환시 의주에서는 봉황성(鳳凰城) 혹은 그 북쪽의 송참(松站)이나 냉정참(冷井站)에 찬물색리(饌物色吏)를 보내 마련해 간 음식물로 일행을 대접했으며, 의주 군관과 아전들을 책문에 대기시켜두었다가 사행을 맞아들이도록 했다.[183]

그런데 돌아오는 사행이 책문 안에서 머무르는 기간은 시기에 따른 변동이 있었다. 〈표 2-12〉에서 18세기 후반 북경 → 책문 사이의 일정이 증가한 것은 책문 안에서 체류 기간이 늘어난 데서 비롯된 것이다. 이 표를 보면 1656년과 1712년 사이의 사행은 책문에서 단 하루도 유숙하지 않은 반면, 1777년에는 6일을 머물고 1798년은 12일을

---

181) 李哲成, 《朝鮮後期 對淸貿易史 硏究》, 國學資料院, 2000, 80~89쪽에서는 18세기 후반 의주 상인의 무역과 잠상 행위 그리고 그에 대한 단속에 관해 설명하고 있다.

182) 金昌業, 《老稼齋燕行日記》, 往來總錄, 壬辰 11月 26日.

183) 李坤, 《燕行記事》, 戊戌 3月 9日 ; 朴思浩, 《心田稿》, 燕薊紀程, 己丑 3月 2日.

머물었음을 알 수 있다.[184]

18세기 후반 책문에서는 뒤처져 따라오는 짐수레를 기다리느라 사행이 여러 날을 지체했는데, 이는 사신들이 잠상 규제를 위해 교역 물화를 철저히 점검한 뒤 본국으로 돌아오려 한 데서 비롯된 일이다. 따라서 18세기 후반 이후의 사행 일정이 증가한 까닭은 북경으로 향하는 여정에서는 의주에서, 돌아오는 길에서는 책문에서 체류 기간이 길어진 때문이다. 그리고 그것은 청과 교역에 사상(私商)들이 참여하고 그들에 따른 잠상 행위가 늘어난 점과 긴밀하게 연관되어 있다.

결국 조선의 대청 사행은 18세기 전반까지 그 빈도가 대체로 높은 편이었고 인마의 규모도 컸던 반면, 전체 일정은 18세기 후반 이후 오히려 증가하는 추세를 보였다. 17세기 후반에서 18세기 전반까지 대청 사행은 연평균 3회 정도였는데, 여기에 1656년과 1712년의 평안도 체류 일수인 25~30일을 단순하게 곱하면, 이 시기 평안도에서는 적어도 1년에 75~90일 이상을 사행 접대에 직접 참여한 셈이 된다. 18세기 후반 이후로는 연평균 사행 빈도가 2회꼴로 감소했으므로, 1777년의 34일을 대입하면 평안도 체류 일수는 68일가량으로 줄어든다.

만일 평안도에서 연평균 칙행 체류 일수까지 고려한다면, 17세기 후반에서 18세기 전반까지 평안도에서는 1년에 92~107일, 18세기 후반에는 74일 이상을 양국 사행 접대에 매달렸다고 할 수 있다.[185] 사행에 대한 평안도의 직접적인 접대라는 측면에서 보자면 칙행보다 연행에 더 많은 시일이 투여되었으나, 베풀어진 연회의 격식이나 규모 그리고 사신에게 증여된 물화는 연행이 칙행을 따라갈 수 없었다. 또 칙

---

184) 1798년은 徐有聞, 《무오연행록》 권1, 기미 3월 8일~19일 일기 참고.

185) 앞의 〈표 2-7〉에서 본 것처럼, 勅行의 연평균 평안도 체류 일수는 1657~1736년 단계에서 15일, 1737~1816년 단계에서 4일 정도가 된다. 여기에 책외에서 왕복 이틀간 체류까지 고려한 17일과 6일을 각각 더하면 위와 같은 값이 나온다.

행에 대한 평안도의 접대는 책문에서 중화 사이에서 이루어졌고, 재정적으로는 일방적인 부담에 지나지 않았다. 반면 연행에 대해서는 같은 지역의 접대 외에도 전체 사행 경비에 대한 지원이 포함되었고, 더불어 무역과도 연관되었기 때문에 일방적인 부담만 지고 있었던 것은 아니다.

2. 연행 경비의 지원

청으로 가는 사신 일행은 평안도를 왕래하는 동안 숙식과 연회를 제공받았고, 압록강과 책문 사이에서도 의주로부터 접응을 받았다. 또한 사행을 수행한 인마의 상당 부분이 평안도 재정에 따라 동원되었다. 하지만 대청 사행에 대한 평안도의 지원은 이것으로 끝나지 않았다. 〈표 2-12〉에서 알 수 있듯이, 책문에 들어간 사행이 다시 책문을 나오는 데는 100일 이상의 시일이 걸렸으며, 정해진 기준에 따라 준비해간 세폐나 방물과는 상관없이 이 기간 동안 무수한 명목의 비용이 지출되어야 했기 때문이다.

사신 파견이 결정되면 호조에서 경비의 일부분을 지급했고, 중앙의 각 아문과 군문에서도 지원했다. 또 이와는 별도로 사신은 경기와 충청도를 제외한 6도에 사적으로 편지를 보내 비용 지원을 요청했는데, 이를 구청(求請)이라 했다. 구청은 중앙의 공식적인 요구에 따른 것이 아니었으므로 지원받은 내용이 일정하지 않았는데, 1698년(숙종 24)부터는 비변사에서 각 도의 감사에게 관문(關文)을 보내는 방식을 택해 그 절차를 공식화했다. 하지만 이후로도 특별하게 필요한 물품이 있으면 사신들이 해당 읍에 따로 요청하곤 했다.[186]

　물론 중국 경내에서 머무는 조선 사신의 숙식은 기본적으로 청에서 제공하고 있었다. 그들은 봉황성과 심양(瀋陽)·산해관(山海關)에서 일수를 계산해 미곡을 한 차례씩 지급했고, 연로의 각 참(站)에서는 고기와 술 그리고 마초(馬草)를 제공했으며,[187] 북경에서도 이러한 지원은 계속되었다. 하지만 조선 사행은 거쳐가는 주요 지역에서 많은 물화를 예단으로 주었고, 해당 지역 관리의 별도 요청이나 징색에 응해야 했다.[188] 그 밖에도 다양한 명목의 인정비(人情費), 청의 내부 문서 구입을 비롯한 정보 수집비, 교제비 등이 수시로 들었으며, 외교적 마찰이 발생했을 때는 뇌물 성격의 지출도 적지 않았다.

　1712년의 동지겸사은행을 예로 들면 예단인 현물 외에도 인정비로 수천 냥의 은화가 사용되었다. 이때 현물은 정사와 부사가 절반씩 부담하고, 은화는 행중에서 추렴했다.[189] 사신들이 부담한 현물은 사행 출발 전 중앙과 지방으로부터 지원받은 경비에서 나온 것이다. 인정비에 쓰인 은화는 역관들이 부담했는데, 이를 흔히 공용은(公用銀)이라 불렀다.

　18세기 초까지 조·청 무역을 주도했던 역관들은 팔포 무역과 별포(別包) 무역(관아[官衙] 무역) 그리고 공용은 부담을 명목으로 막대한 은화를 끌어들여 무역에 참여했다.[190] 역관들은 공용은을 부담한 나머지 은으로 물화를 구입한 뒤 돌아와 국내 시장이나 왜관에 이를 판매해 많은 이익을 남겼다. 그 이익으로 각 관아에서 대출한 은화를 갚고 나면 나머지는 그들의 신분과 생활 보장, 다음 번 사행의 무역 자금으

186)《通文館志》卷3, 事大, 京外路費.
187) 金昌業,《老稼齋燕行日記》, 往來總錄, 壬辰 11月 28日
188)《通文館志》卷3, 事大, 沿路各處禮單.
189) 金昌業,《老稼齋燕行日記》, 鳳城瀋陽北京山海關所用禮單人情都合數.
190) 柳承宙, 앞의 글, 1970, 346쪽.

로 활용할 수 있었다.

여기에서 역관들이 사용한 은화를 대출해준 주요 기관에 평안감영과 병영 등이 포함된다는 사실에 주목할 필요가 있다. 그것은 평안도 재정이 역관이라는 매개자를 통해 중국 경내의 사행 경비 부담은 물론 무역에까지 투여되었다는 것을 뜻한다. 일찍부터 사행에 지원된 평안도의 은화는 주로 관향에서 나왔다. 군비의 성격을 지닌 관향은 곡식이나 포목 외에 은으로도 비축되어 불시의 수요에 대비하게 한 것이지만, 은화는 대개 사행과 관련해 지출되었다.

따라서 관향은 절행이나 별행은 물론 시급한 자문을 지닌 사행의 경비 지원에 두루 활용되었다.[191] 호란 뒤 군사적 지출 요인이 적어 운영에 여유가 발생할 소지가 컸던 관향의 사행 경비 지원은 차츰 하나의 관례가 되었다. 그런데 사행 원역(員役)들의 은화 확보가 용이하지 않고 중국 안에서 지출 규모가 커짐에 따라 숙종 초부터 각 관청에서 은화를 대출하기 시작했다. 여기에는 중앙의 각 아문과 평안감영·병영 등이 주로 참여했다.[192] 국경 관문으로 직접적인 사행 접응이나 인마 동원에 많은 부담을 지녔던 의주부 역시 그곳의 운향은(運餉銀)을 경비로 지원했다.[193]

사행 원역의 은화는 무역 자금으로 쓰인 한편 그 일부로 국가가 위임했던 비용을 보조했으며, 지원 관청에서도 일정한 이익을 확보할 수 있었으므로 대출액은 커져갔다. 그리하여 원역과 사상까지 포함해 17세기 후반에 절행이 보유한 은화는 10만 냥에서 많게는 20만 냥에

---

191) 《備邊司謄錄》 第21冊, 顯宗 2年 4月 5日(2-678 다), 7月 17日(2-694 다).
192) 《承政院日記》 第263冊, 肅宗 4年 3月 3日(13-1020 가). '(行都承旨李)夏鎭
    曰 今此使行 所幹甚重 而行中員役 多有空手作行云 脫有意外推移取用之事
    其勢末由 事甚可慮矣 上曰 各衙門雖曰罄乏 此則所關甚重 依上年卜誣使入去
    例 京中各衙門 及關西監兵營運餉等處 所儲銀貨 從優貸給.'
193) 《備邊司謄錄》 第37冊, 肅宗 9年 10月 12日(3-701 나).

이르렀다.[194] 정원 30여 명인 사행 원역 각자가 가져갈 수 있는 팔포의
은화가 당상관은 3,000냥이고 당하관은 2,000냥이었으므로, 그 나머지
상당 부분은 별포인 관아 무역이나 공용은 명목으로 대출했다는 말이
된다.

일률적이지는 않았겠지만, 10만 냥을 소지한 1712년의 동지행에서
공용으로 추렴한 은화는 모두 3,700냥이었다.[195] 갈수록 증가했던 사행
경비를 원역들이 책임지는 한, 관은 대출이 많을수록 그 운영에 여유
가 생길 수 있었던 것이다. 하지만 국내 생산이 충분하지 않아 왜관
(倭館)에 의존했던 은을 대량 유출해 물화를 교역해 오는 방식은 점차
은의 확보를 어렵게 만들었다.

당시 중앙 아문에서 은화 수급이 여의치 않을수록 관향이나 운향은
의 대출 비중은 자연히 높아졌다. 역관들은 청에서 교역한 물화를 왜
관에서 판매해 은을 확보하는 것이 용이하지 않으면 대출한 은화를
잡물로 되갚았는데, 이는 관향 본은(本銀)의 점진적인 감축을 가져왔
고 운향은의 비축도 감소시켰다. 1685년(숙종 11) 유상운(柳尙運)이 평
안감사에서 교체되었을 때 인계한 관향은은 3만여 냥, 감영 영고은(營
庫銀)은 5~6,000냥 수준이었다.[196] 그럼에도 한 차례 사행에 수천 냥
이상의 관향·운향은이나 감영·병영은이 일상적으로 대여되었다.[197]

하지만 대출한 은을 상환하지 못하는 사례가 늘면서 이자는 잡물로
갚더라도 본가(本價)는 반드시 은으로 상환하게 한다든지, 아예 고액
의 대출 자체를 금지시키는 조치가 잇달았다.[198] 이러한 분위기에서

194) 《備邊司謄錄》 第37冊, 肅宗 9年 10月 12日(3-701 가).
195) 崔德中, 《燕行錄》, 日記, 癸巳 1月 22日.
196) 《備邊司謄錄》 第40冊, 肅宗 12年 1月 25日(3-916 라).
197) 《備邊司謄錄》 第40冊, 肅宗 12年 11月 4日(3-1006 나).
198) 《備邊司謄錄》 第45冊, 肅宗 17年 閏7月 5日(4-400 나).

1690년(숙종 16) 절행에서는 의외의 비용 지출에 대비해 운향은 500냥을 따로 지급하고 사용하지 않을 경우에는 도로 갚도록 했다.[199] 뒤이은 재자행에서도 같은 방식으로 평안감영은 800냥을 지급했다.[200] 관·운향은의 부족과 대출 곤란에 따라 사행 경비 마련을 위한 새로운 방식이 등장한 것이다. 이런 선례는 관은 대출이 어려운 상황에서 얼마든지 응용되거나 확산될 수 있었다.

청의 정국 탐지를 위한 정보 수집비 명목으로 관·운향은 500냥이 사전에 지급된 것도 그 한 예이다.[201] 정보 수집은 주로 역관들을 동원해 청의 각 관청에서 만들어진 문서들을 비밀리에 구입하는 방식을 취했는데, 이때 들어간 관·운향은의 여분도 본국으로 돌아와 반납하도록 했다.[202] 정보 수집비는 인정비·교제비와 함께 공용은의 주 지출 명목이었다. 따라서 원역으로부터 추렴한 공용은은 사정에 따라 관·운향에서 직접 지급하기도 한 것이다.

공용은 마련을 위해 중앙의 아문이나 평안도에서 은화를 대출했던 관례는 1697년(숙종 23)부터 공식적으로 인정되었다. 각 사행의 원역은 호조와 병조의 은 2~3만 냥을 빌려 일부를 공용은에 충당하고 돌아와서는 기한 안에 본은을 갚도록 했다.[203] 특히 18세기 초 외교적 문제로 왜관 개시가 자주 폐쇄되면서 왜은의 공급이 충분하지 않자 관은 대출은 더욱 조장되었다.[204]

공용은 대출이 공식화된 초기에는 중앙의 호조와 병조 및 3군문이

---

199) 《備邊司謄錄》第44冊, 肅宗 16年 11月 1日(4-334 가).
200) 《備邊司謄錄》第44冊, 肅宗 16年 11月 23日(4-338 나).
201) 《備邊司謄錄》第44冊, 肅宗 17年 10月 24日(4-421 나) ; 第47冊, 肅宗 19年 10月 29日(4-554 다).
202) 《備邊司謄錄》第47冊, 肅宗 19年 12月 27日(4-566 가).
203) 《萬機要覽》財用編5, 公用 公銀請貸.
204) 《備邊司謄錄》第51冊, 肅宗 26年 10月 12日(4-952 가).

주 대상 관청이었다. 하지만 왜은의 확보에 대한 걱정이 지속되면서 여유 있는 모든 관청이 대출에 동원되었고, 여기에는 평안도도 빠지지 않았다. 그 결과 공용은 대출 양상은 공식화 이전과 유사하게 나타났다. 사행 원역과 사상은 은화를 대출하고 잡물로 상환해 평안도 재정을 어렵게 했으며, 조정에서는 다시 주청사(奏請使)와 같은 특별한 사행이 아니면 관은 대출을 인정하지 않은 것이다.[205] 이후 몇 년 동안 평안도에서는 감사들이 관은 대출 자체를 막아버렸다.[206]

1706년(숙종 32) 평안감사 조태구(趙泰耉)에 따르면, 도내 은화 33만 냥 가운데 27만 냥이 사행과 관련해 장기간 미상환되어 6만 냥밖에 남아 있지 않았다고 한다.[207] 관은 대출은 해당 관청에도 일정한 이익이 보장되었지만, 상환 지체로 말미암은 재정 곤란은 이를 꺼리도록 만들었다. 따라서 호조는 사행 원역이 구매한 물화를 직접 관리해 동래부에서 은화로 바꾸고, 대출해준 관청에 먼저 이자까지 갚은 뒤 남은 액수를 원역에게 지급하는 방안을 시행했다.[208] 관은 대출이 공용은과 관련되어 있는 한, 그것의 금지보다는 효율적인 운영 방안을 찾을 수밖에 없었던 것이다.

결국 특별한 사행이 아니더라도 관은을 대출하는 관행은 다시 확산되었다. 관·운향에 대해서도 사용하지 않았을 경우 반환을 전제로 해 은화 지급이 일부 이루어졌으며, 뒤이어 금지되었던 평안도 감·병영 은화의 대출도 허용되기 시작했다.[209] 대신 역관들은 사행에서 돌아온

---

205) 《備邊司謄錄》第53冊, 肅宗 29年 11月 22日(5-227 라).
206) 《承政院日記》第445冊, 肅宗 34年 10月 20日(24-11 가). '(領議政崔)錫鼎
    曰 燕行員役 昔則出債公私而去矣 近來此路漸狹 且以雜物充補之故 各衙門廬
    其失利 不許給代 西關前後監司 亦塞債路 渠輩生理不足言.'
207) 《備邊司謄錄》第57冊, 肅宗 32年 7月 14日(5-579 가).
208) 《備邊司謄錄》第55冊, 肅宗 30年 10月 3日(5-378 가).
209) 《備邊司謄錄》第64冊, 肅宗 38年 2月 25日(6-351 라).

뒤 2년 안에 대출한 은화를 갚도록 하고, 이행하지 않으면 중죄로 처벌받도록 규제했다.[210]

따라서 관은의 대출을 통한 공용은 확보는 치폐를 거듭하며 지속되었다고 할 수 있다. 평안도의 관은 대출이 다시 시작된 1710년대에서 1720년대까지 각 관청의 은화 대출액을 구체적으로 확인해보자.

관은 내출은 사행의 목적이나 원역들이 사전에 확보한 은화의 양에 따라 달라질 수 있었다. 〈표 2-14〉를 보면 대출량이 적게는 5,000냥에서 많게는 7만 냥까지 큰 차이를 보이고 있는 것이다. 중앙에서는 호조와 병조 및 5군영이, 그리고 지방에서는 평안감영과 병영이 거의 매번 빠짐없이 대출에 동원되었다. 평안감영과 병영에 배정된 액수는 2,000냥에서 2만 9,000냥까지 차이가 있었지만, 전체 대출액에서 차지하는 비율은 대개 40퍼센트 선이었다. 1714년과 1720년을 제외하면 관은 대출 면에서 평안도는 중앙 아문이나 군문보다 더 중심적인 위치에 서 있게 된다.

관·운향은이나 〈표 2-14〉에서 제시되지 않은 내용도 고려한다면, 17세기 후반에서 이 시기까지 평안도 지역이 관은 대출에서 얼마나 큰 비중을 차지하고 있었는지 짐작해볼 수 있다. 대청 사행에 대한 직접적인 접응이나 인마 동원 외에도 막대한 관은까지 대출했던 것은 평안도 재정 운영에 그만큼 여유가 있었다는 것을 뜻한다. 그것은 호구나 토지 결수 증가와 같은 기본적인 조건 외에 군사적 지출 요인의 축소, 직·간접적인 무역 참여를 배경으로 일정한 이익을 확보할 수 있었기 때문에 가능했다.

---

210)《備邊司謄錄》第65冊, 肅宗 39年 5月 5日(6-507 라) ; 第66冊, 肅宗 39年 7月 22日(6-559 나).

	① 1714 冬至兼謝恩行	② 1720 冬至行	③ 1723 陳慰兼進香行	④ 1723 進賀行	⑤ 1723 陳慰兼進香行	⑥ 1724 告訃兼奏請行	⑦ 1725 謝恩兼奏奏請行	⑧ 1726 謝恩兼陳奏行
戶曹	10000	10000	2000	700	700	2000	6000	1500
兵曹	1500	6000		400	400		7000	2000
訓鍊都監	500	2000	500	400	400	2000	3000	1000
御營廳	1500	4000	1500	500	500	3500	12000	2000
禁衛營	1500	3000	1000	400	400	3000	6000	1000
摠戎廳	300	2000	500	300	300	700	2000	1000
守禦廳	500	1000	500	300	300	800	4000	1500
司僕寺	200	1000					1000	
賑恤廳		1000						
平安監營	2000		2500	1000	1000	5000	15000	4000
平安兵營	2000		1500	1000	1000	3000	14000	4000
평안도합	4000	0	4000	2000	2000	8000	29000	8000
비율	20%	0%	40%	40%	40%	40%	41%	44%
전체합계	20000	30000	10000	5000	5000	20000	70000	18000
비율	100%	100%	100%	100%	100%	100%	100%	100%

※ 위 표는 《備邊司謄錄》에서 각 관청의 은화 대출량이 구체적으로 기록된 경우만
을 추출해 만든 것임

※ 출전:《備邊司謄錄》① 숙종 40년 10월 28일 / ② 경종 즉위년 10월 17일 / ③ 경
종 3년 1월 9일 / ④ 경종 3년 3월 27일 / ⑤ 경종 3년 7월 20일 / ⑥ 영조 즉위년
10월 3일 / ⑦ 영조 원년 3월 26일, 4월 19일 / ⑧ 영조 2년 2월 3일, 2월 8일. 이때
평안감영과 병영에 각각 1,000냥을 배정했다가 곧 두 곳에 합해서 6,000냥을 추
가 배정했으므로 편의상 각 4,000냥으로 표기했다.

〈표 2-14〉 1710~1720년대 대청 사행 시 각 관청의 은화 대출량(단위 : 냥)

하지만 관은 대출에는 이자는 물론 본은도 돌려받지 못할 위험이
언제나 뒤따르고 있었다. 1720년대로 접어들면서 왜은이 점차 단절되

자 원역들은 팔포도 채우기 어려워졌다.[211] 따라서 사행의 전체 원역
이 확보한 은화는 감소될 수밖에 없었는데, 청 내부에서 징색(徵索)은
오히려 증가해 공용은 지출이 4~5,000냥으로 그리고 다시 5~6,000냥
으로 계속 증가했다.[212] 결국 이는 관은 대출로 해결할 수밖에 없었지
만 잔폐한 역관들로 말미암은 상환 지체는 늘어만 갔다. 〈표 2-14〉에
서처럼, 사행에 앞서 대출해줄 관은을 미리 분정했다는 사실 자체가
원역들의 은화 확보가 그만큼 어려웠음을 간접적으로 보여주는 것이
다. 반면 각 관청의 대출 기피는 심화되어 평안도에서도 감사가 분정
받은 은화를 끝내 출급하지 않는 상황이 벌어졌다.[213]

당시 역관들의 위축은 달라진 무역 환경으로 말미암아 더욱 심화되
었다. 1720년대에 청·일 사이의 직교역이 이루어지면서 역관들은 왜
관을 통한 중개 무역에서 큰 타격을 받았다. 뿐만 아니라 수입한 물화
의 국내 판매망도 사상층에 빼앗기고 있었다.[214] 무역과 국내 시장에
서 이익을 상실한 역관들의 상환 능력 감소로 말미암아 파장은 점차
확대되었다. 평안도에서는 역관들의 부채를 해결하기 위해 상채청(償
債廳)을 운영했고, 중앙에서도 설치 논의가 활발하게 일어났다.[215] 결
국 중앙에서도 상채청은 설치되었으며 은화 대출에 대한 규제가 강화
되었다. 이러한 분위기 속에서 역관들에게 이자 없이 수만 냥을 빌려

211) 《承政院日記》第515冊, 肅宗 45年 4月 30日(27-934 나).
212) 徐浩修, 《燕行紀》卷4, 起燕京至鎭江城 10月 8日. 1790년 進賀行에 대한
     연행 기록인 이 글에서 지은이는 근래, 즉 1730년대 이래 60년 동안 사행
     시 공용은이 5~6,000냥씩 소비되고 있다고 했다.
213) 《承政院日記》第552冊, 景宗 3年 3月 28日(30-57 라). '(登極)正使密昌君
     橄進伏曰…… 頃日進香使時 關西監兵營分定銀三千兩 監司終不出給云 今若
     如前不給 則尤無以成樣 今番則以必給之意 自廟堂別爲分付.'
214) 柳承宙, 앞의 글, 1994, 14쪽.
215) 《備邊司謄錄》第78冊, 英祖 元年 11月 7日(7-781 다) ; 第79冊, 英祖 2年 6
     月 19日(7-899 다).

준 평안감사 윤헌주(尹憲柱)에 대한 처벌이 제기되기도 했다.[216]

평안감영과 병영에서 관은 대출이 곤란해진 가운데 역서(曆書)나 약재 구입에는 2~300냥의 관·운향이 전례대로 지급되었다.[217] 관·운향은은 한편 '불우비(不虞備)'라는 명목으로 각 500냥이 사행에 지급되었으며, 쓰지 않은 경우는 환납하도록 했다.[218] 이는 간헐적으로 이루어졌던 전례를 관은 대출 규제 뒤에 공식화한 것으로 보인다. 또한 진주(陳奏)·주청(奏請)·참핵(參覈) 등의 특수한 사행에서는 '별공용(別公用)'이라고 해서 양서은(兩西銀)을 가져다 쓰고, 역시 사용하지 않은 경우 환납하도록 했다.[219]

왜은의 단절과 역관들의 잔폐, 관은 대출의 곤란으로 공용은 확보가 위기에 직면하자 18세기 중엽 조선 정부는 관모제(官帽制)라는 새로운 방식을 도입했다.[220] 이는 역관들에게 모자 수입과 국내 판매 권한을 부여해 그들의 이익을 보장하고 공용은도 마련하려는 것이었다. 이 방식 역시 무역의 형태가 달라졌을 뿐 공용은 확보라는 목적과 관은의 활용이라는 형식은 그대로 유지되었는데, 평안도 관은은 여기에서도 전체의 절반을 차지했다.[221]

결국 호란 뒤 평안도의 대청 사행 경비 지원은 사신 행렬에 대한 직접적인 접응과 인마 동원에만 머문 것이 아니었다. 중국 내부에서

---

216) 《備邊司謄錄》第83冊, 英祖 4年 2月 20日(8-261 라).

217) 《備邊司謄錄》第82冊, 英祖 3年 9月 1日(8-116 가) ; 第84冊, 英祖 4年 8月 10日(8-453 나).

218) 《萬機要覽》財用編5, 公用 不虞備.

219) 《萬機要覽》財用編5, 公用 不時使行.

220) 李哲成, 앞의 책, 61~79쪽.

221) 관모제에 활용된 관은 4만 냥 가운데 평안감영 1만 2,000냥, 평안병영 2,000냥, 의주 3,000냥, 선천 3,000냥으로, 평안도에 2만 냥이 분정되었다. 나머지를 보면, 훈련도감 2,000냥, 수어청·총융청 각 3,000냥, 병조·금위영·어영청 각 4,000냥이었다.

지출될 공용은을 명분으로 전체의 절반 수준에 이르는 관은을 대출했으며, 관·운향은의 지급도 수시로 이루어졌다. 물론 관은 대출은 해당 관청에도 많은 이익을 가져다줄 수 있었다. 하지만 역관들의 상환 능력은 무역 환경 변화와 관련해 갈수록 감소되었고, 이는 재정에도 압박을 가하기에 이르렀다. 그럼에도 공용은 확보에 골몰했던 중앙 정부는 평안도 관은의 활용이 절대적으로 필요했다. 그것은 그만큼 평안도 관은의 비중이 높았으며, 상대적으로 여유도 있었다음을 뜻한다.

3. 대청 무역 참여와 비용 지원

평안도에서 대출한 관은은 사행의 공용은으로 일부 사용되고, 나머지는 역관·사상의 무역 자금으로 쓰였다. 평안도 재정이 간접적으로 무역에 투여된 것이지만, 그 밖에도 평안도는 다양한 방식으로 대청 무역에 참여하고 있었다. 중강의 개시(開市)와 책문·심양의 교역에 평안도의 각 관청과 그 재원이 적극적으로 투입되고 있었던 것이다. 개시의 경우 청의 요청에 따른 의례적인 참여이기도 했지만, 책문이나 심양에서 교역은 재정 확보의 수단으로 활용되었다.

중강개시는 입관 뒤 만주의 관원과 지방민의 생활 필수품 조달이 필요했던 청의 요청으로 1646년(인조 24)부터 적극적으로 열렸다. 매년 2월 15일과 8월 15일 두 차례 열린 개시에서는 평안·황해·경기도에 미리 배정한 물화가 교역되었는데, 소·다시마·해삼이 주종을 이루었다.[222] 여기서 각 도에 배정된 물화의 액수를 살펴보면 다음의 〈표 2-15〉와 같다.[223]

222) 李哲成, 앞의 책, 33쪽.
223) 《關西邑誌》 義州 場市條.

	평안도	황해도	경기도	합계	평안도비율
소	101首	78首	21首	200首	50.5%
다시마	9200斤	4300斤	2300斤	15800斤	58.2%
해삼	1000斤	600斤	600斤	2200斤	45.5%
소금	210石	100石		310石	67.7%
上木	202匹	113匹	58匹	373匹	54.2%
五升布	117匹	58匹		175匹	66.9%
大紙	400束	200束		600束	66.7%
白紙	2800束	4000束	1600束	8400束	33.3%
沙器	330竹			330竹	100%
보습	194介			194介	100%

〈표 2-15〉 중강개시를 위해 각 도에 배정한 물화

이 표에서 3도에 배정된 물화는 오랫동안 큰 변동이 없었으며,[224] 각 물종별로 보면 평안도에 배정된 양이 대개 전체의 절반을 넘어서고 있었음을 알 수 있다. 대개 개시의 물화는 규정된 물종 외에는 엄격하게 규제되었는데, 을병 대기근으로 관서 지역이 피폐해진 1698년(숙종 24)에 논란을 무릅쓰고 미곡을 수입한 적은 있었다.[225] 개시의 물화는 각 읍에 다시 배정되었고, 차사원과 역관 그리고 3도 별장 등이 상인들과 함께 의주에 집결했다가 중강으로 가서 교역했다.

의주에서는 물화에 대한 매매를 관리하는 조선과 청의 관인들에게 예단을 별도로 지급했다.[226] 조선 측에는 3도 별장 외에 관서 순영고(巡

---

224) 《萬機要覽》 財用編5, 中江開市 公買賣摠數를 보면 다시마만 1만 5,795근으로 되어 있는 것 외에는 차이가 없다.
225) 《肅宗實錄》 卷31, 23年 6月 辛亥(39-461 라), 9月 戊戌(39-469 가) ; 卷32, 24年 2月 壬子(39-485 가).
226) 《關西邑誌》 義州 場市條.

營庫)와 해서고의 별장도 포함되어 있었다. 순영고나 해서고는 사행 비용과 긴밀하게 연관된 곳이었으므로, 개시에 참여해 교역의 이익을 일정하게 확보할 수 있게 해준 것으로 보인다. 하지만 중강개시가 조선의 회피에도 불구하고 청의 필요에 따라 열린데다가 매매 대금도 품질이 열악한 청의 소청포(小靑布)로 지급받아 조선으로서는 이익이 없었다.[227] 오히려 중강에서 교역은 사상들이 주도한 규정 외의 후시를 통해 17세기 말까지 성행했다.[228]

전반적으로 중강개시가 평안도의 재정에 어느 정도 기여하고 있었는지 알기는 어렵다. 다만 후시의 경우 의주부에서 상인들에게 일정하게 수세를 했던 것으로 보인다. 왜냐하면 1718년(숙종 44) 의주부윤 이성조(李聖肇)가 책문 교역과 중강후시가 금지된 뒤 재정이 더욱 어려워졌다는 보고를 하고 있기 때문이다.[229] 의주부에서는 교역을 재정 보용의 방편으로 활용하려 한 것인데, 책문과 심양에서 교역은 이와 더욱 밀접하게 관련되어 있었다.

물론 사행 무역의 중심인 팔포 무역에도 의주부가 개입할 요소는 있었다. 사행 원역 가운데는 사신이 머물 곳이나 매일 소비되는 식량을 관리하는 만상군관(灣上軍官)이 두 명 포함되었는데,[230] 이들에게도 당상을 제외한 다른 원역들과 마찬가지로 2,000냥의 팔포를 가지고 교역을 할 수 있는 권한을 주었다.

하지만 만상군관은 스스로 말을 준비해 가야 했을 뿐만 아니라 원역 가운데 가장 고역을 지고 있어서, 사행 원역이 점차 증가해 숙식

---

227) 《肅宗實錄》 卷31, 23年 9月 戊戌(39-469 가).
228) 중강후시는 1700년(숙종 26) 청에 자문을 보내 혁파했다(《萬機要覽》 財用編5, 柵門後市).
229) 《備邊司謄錄》 第71冊, 肅宗 44年 閏8月 6日(7-63 가) ; 第72冊, 肅宗 45年 1月 28日(7-115 다).
230) 《通文館志》 卷3, 事大 赴京使行.

비용이 늘어나자 부채를 지고 파산하기도 했다.[231] 때문에 의주인들
가운데는 만상군관으로 차정되기를 원하는 이가 없어 1725년(영조 1)
부터는 두 사람 가운데 한 사람은 서울에서 차정해 방료군관(放料軍
官)이라 칭했다.[232] 또 1771년에는 다시 이들에게 당상의 예에 따라 팔
포의 수량을 3,000냥으로 증액시켜주었다.[233] 그러므로 팔포 무역에 참
여한 만상군관은 의주부 재정과는 별개로 사행 원역의 일원으로서,
나아가 가장 힘든 역을 맡은 보상으로서 교역에 참여할 수 있는 권한
을 얻었다고 할 수 있는 것이다.

의주부를 비롯한 평안도 주요 관청의 재정과 관련된 교역 가운데
우선 책문에서 행한 무역은 여마와 연복(延卜) 그리고 단련사제를 통
한 후시의 방식으로부터 발전했다.[234] 여마는 방물과 세폐의 예비 운
반마로 의주에서 책문까지 사행과 동행했는데, 의주부에서는 은화를
받고 마필의 수를 규제하지 않아 이를 이용한 불법적인 교역이 이루
어졌다.[235] 또 연복은 의주에서 말을 보내 돌아오는 사행의 복물을 책
문에서 운반해 오도록 한 것을 말하는데, 이 역시 교역의 방편으로 이
용되었다. 연복에 참여한 인원이 5~600명을 넘고, 우마는 그 배가 될
때도 있었다.[236]

여마나 연복을 통한 책문후시는 공인되지 않은 잠상 행위였기 때문
에 정부에서는 이를 엄격하게 규제했다. 그러나 마필에 징세해 이익
을 얻고 있던 의주부에서는 철저한 수검을 꺼렸으므로 책문후시는 사
라지지 않았다. 따라서 책문에서 들어오는 물화에 수세해 운향(運餉)

231)《備邊司謄錄》第75冊, 景宗 4年 1月 12日(7-473 다).
232)《備邊司謄錄》第78冊, 英祖 元年 8月 28日(7-734 나).
233)《萬機要覽》財用編5, 燕行八包 變遷沿革.
234) 柳承宙, 앞의 글, 1970, 370~376쪽.
235)《通文館志》卷3, 事大 渡江狀.
236) 金正中,《燕行錄》, 壬子 3月 3日.

의 자금에 보태게 함으로써 교역을 공식화했다.[237]

책문 교역의 공인으로 사상들도 의주부에 납세만 하면 얼마든지 거래에 참여할 수 있게 되었다. 이로써 대청 사행에 대한 직·간접적인 경비 지원으로 큰 부담을 안고 있던 의주부 역시 재정 보용의 공식적인 통로를 하나 더 확보한 셈이었다. 하지만 책문 교역이 언제나 공인된 상태로 유지된 것은 아니었다. 그것은 교역에 따른 혼란과 폐단에 대한 걱정 그리고 의주부 재정에 대한 고려가 맞서면서 치폐를 거듭했기 때문이었다.[238]

의주부는 물론 평안감영 등 각 관청의 재정 확보와 관련된 또 다른 교역은 심양에서 이루어졌다. 심양팔포로 불린 무역에 참여한 관청은 의주부·평안감영·평안병영·황해감영·개성부 등 사행과 긴밀하게 연관되어 있던 5개 처였다. 이들 관청에는 조·청 양국 사행의 왕래에 따른 재정 손실을 보전해주기 위한 방편으로 심양팔포에 관한 권한을 주었던 것이다. 실제 무역은 각 관청의 별장이 대행했는데, 그 정수는 관·운향을 포함해 평안도가 네 명으로 가장 많았다.[239]

각 관청에서는 상인에게 마세(馬稅)를 받고 별장권을 넘긴다든지 혹은 차인(差人)이라고 해서 상인을 별장과 함께 보내기도 했다. 이는 사상이 무역에 참여할 수 있는 길을 넓혀주었지만, 교역이 난잡해진다는 이유로 정부에서는 해당 관청의 실별장(實別將)이 관은을 가지고 가도록 강요했다. 하지만 상인이 별장을 맡는 일은 점차 용인되어 나중에는 각 관청이 소재한 지역의 토착 상인이 아닌 개성 상인과 같

---

237) 《通文館志》 卷3, 事大 開市.

238) 李哲成, 앞의 책, 65쪽.

239) 《備邊司謄錄》 第47冊, 肅宗 19年 4月 5日(4-514 나). '兩西監兵營管運餉 及京畿監營開城府別將等 以公貿之事 赴燕之數 自有定式 京畿監營別將一人 開城別將一人 黃海監營別將一人 補闕廳別將一人 平安監營別將一人 管餉別將 一人 兵營別將一人 運餉別將一人送事 旣有朝家之定式.'

은 특정 상인의 별장 독식이 더 문제가 되었다.[240]

심양팔포권은 별장 외에 세폐를 분납한 뒤 심양에서 인마를 이끌고 돌아오는 단련사에게도 주어졌다. 단련사는 의주부에서 차정되었으며 심양뿐만 아니라 책문 교역에도 참여했으므로, 관아 무역에서 의주가 차지하는 비중은 매우 높은 편이었다. 의주의 비중은 사행에 대한 접응과 직결된 것이어서 재정이 어려워지면 팔포에 대한 권한을 확대시켜주었다. 평소 4~5과(窠)였던 의주의 심양팔포권이 1722년(경종 2)에 8과로, 단련사는 3과로 늘어난 것도 잦은 칙행 때문이었다.[241]

이듬해 의주는 6과, 단련사는 2과로 다시 줄었들었으며, 평안감영과 개성부는 2과, 평안병영과 황해감영은 1과를 유지했다. 이 액수는 은화의 지속적인 유출에 따른 폐단을 이유로 1727년(영조 3)에 평안병영과 황해감영을 제외하고 모두 절반으로 줄었다.[242] 그러나 심양팔포

---

240) 《承政院日記》 第602冊, 英祖 元年 10月 2日(32-922 가).
241) 《備邊司謄錄》 第74冊, 景宗 3年 11月 2日(7-456 나).
242) 《備邊司謄錄》 第82冊, 英祖 3年 11月 19日(8-196 다). 각 관청의 심양팔포권 변화를 표로 정리하면 다음과 같다. 이는 張存武, 《淸韓宗藩貿易 1637~1894》, 中央硏究院近代史硏究所, 1978, 97쪽의 표를 인용한 것이며, 잘못된 부분은 바로잡았다. 표에 나오는 숫자의 단위 窠는 팔포의 개수를 말하는 것인데, 1728년에는 심양팔포 무역이 혁파되어 그 수가 모두 0이 되었다.

연도	의주	단련사	평안감영	평안병영	황해감영	개성	강화
1718	4~5					3	
1720	4~5						1
1722	8	3					
1723	6	2					
1726	6	2	2	2	1	2	
1727	3	1	1	1	1	1	
1728	0	0	0	0	0	0	

이 표에서도 드러나듯이 심양팔포권을 가장 많이 가진 곳은 의주부였다. 평

의 감소에는 대청 무역에서 이익과 주도권을 상실하고 있던 역관의
사상에 대한 견제가 보다 근원적인 배경으로 작용했다.

앞에서 본 것처럼, 17세기 이래 대청 무역을 주도한 역관들은 1720
년대 청·일 직교역에 따른 왜은 단절과 관은 대출의 어려움으로 잔폐
를 면치 못했다. 이러한 상황에서 사상들은 사행 시 마부(馬夫) 명색
으로 또는 관아 무역의 별장으로 동행해 교역에 참여했고, 각종 후시
에도 관여해 영향력을 확대해나갔다. 역관들은 사상들이 그들의 이익
을 잠식해 들어오자 1725년(영조 1) 이후로 연복제 혁파, 책문 교역
금지, 심양팔포 무역과 단련사제 혁파를 잇달아 이끌어냈으며, 이익을
상실한 사상과 청측 상인 그리고 지방 관장들은 역관에 각종 보복 행
위를 일삼음으로써 이에 맞섰다.[243]

그런데 사상에 대한 억제는 그들의 잠상화로 이어졌고, 의주를 비
롯한 평안도 각 관청의 재정 보용에도 타격을 주었다. 결국 1754년(영
조 30) 책문 교역은 다시 재개되었으며 관아 무역도 완전히 사라지지
않았다.[244] 당시 조선 정부의 정책 혼선은 대청 사행을 이끈 역관층에
대한 이익 보장과 사상층의 현실적 성장, 사행 경비를 지원했던 관청
의 재정 보용과 잠상의 억제, 은화의 부족과 공용은 마련 등 상호 모
순되는 상황의 중첩에서 비롯된 것이었다.

공용은을 확보하고 역관의 이익을 보장하며 사행 관련 지방 관청의
재정에도 기여할 수 있는 방안을 찾기란 쉬운 일이 아니었다. 예를 들

안도 재정이 군사·외교용으로 일정한 독자성을 가지고 있었다면, 평안도의
여러 군현 가운데는 의주부 재정의 독자성이 가장 컸다. 의주부의 사행이나
무역 경비 부담은 무척 컸지만 그 대부분을 자체적으로 해결해야 했다. 심
양팔포권이나 후시수세권 등은 그것에 대한 일종의 반대급부나 재정 보완
책으로 주어졌다고 할 수 있다.

243) 柳承宙, 앞의 글, 1970, 384~387쪽.
244) 《萬機要覽》 財用編5, 柵門後市.

어 정부는 도강하는 인마에 대해 의주부에서 철저하게 수검할 것을 강조했지만 부윤들은 수세를 이유로 형식적인 단속에 그치고 있었다.[245] 지방관에 대한 처벌을 강화하거나 교역 자체를 규제하면 해당 관청이나 사상들은 이익을 상실하고 잠상이 늘어나며, 이를 묵과하면 역관들이 손실을 입을 뿐만 아니라 잠상을 공인하는 꼴이 되는 것이다. 공용은 확보를 위한 관은 대출 역시 무역 환경이 변하면서 관련 관청이나 역관 모두를 만족시킬 수는 없었다.

결국 상황 논리에 따라 관은 대출이나 책문의 교역 등은 치폐를 거듭했던 것이다. 대청 무역이 기본적인 팔포제(八包制)로부터 모자(帽子) 무역을 거쳐 홍삼(紅蔘) 무역의 형식을 띠며 전개되어나간 이면에는 사상의 성장과 국내 산업의 발전이 있었음을 간과할 수 없다. 그럼에도 이 과정에서 조선 정부가 가장 역점을 둘 수밖에 없었던 것은 사행 경비 확보를 위한 공용은 마련이었다. 그리고 공용은은 평안도의 관은에 상당 부분을 의존해야 했다. 의주부를 비롯해 평안감영과 병영이 다양한 경로를 통해 대청 무역에 참여할 수 있었던 것도 이와 관련이 깊다. 무역에 참여하는 것은 연행과 칙행에 대한 직·간접적인 경비 부담으로 말미암아 발생한 재정 손실을 보전하는 성격을 지니고 있었기 때문이다.

이러한 사실들을 통해 평안도의 연행과 무역에 대한 경비 부담은 크게 직접적인 지원과 관은 대출로 나뉜다는 것을 알 수 있다. 직접적인 지원에는 평안도에서 연행사 접대와 인마 동원 그리고 사행에 수반되는 물품 마련 등이 포함되고, 관은 대출은 재정 보용을 위한 자발적 대출과 정부에 따른 강제적 분정으로 나뉜다. 이자 수입을 얻기 위한 자발적 대출은 역관 무역의 침체나 은화 확보 문제로 17세기 말에

---

245)《備邊司謄錄》第84冊, 英祖 4年 7月 3日(8-411 라).

이미 타격을 입고 있었다. 이에 따라 관은의 강제 분정이 이루어졌고, 1720년대 이후 왜은이 점차 단절됨에 따라 이러한 경향은 더욱 심해 졌다. 강제 분정이나 이에 대한 평안감사의 불만은 관은 대출이 평안 도 재정에 부담이 되었음을 보여준다.

무역과 관련된 또 다른 수입원인 심양팔포 무역은 1728년에 혁파되 었으며, 의주부 재정과 직결된 책문후시는 치폐를 거듭하며 18세기 말에 재공인되었다. 전반적으로 직접적인 지원은 사행 빈도, 인마 규 모, 세폐와 방물의 수량에 따라 달라지면서 점진적인 감소 추세에 놓 여 있었다. 반면 무역 구조나 은화의 수급에 영향을 받는 관은 대출에 서는 평안도의 비중이 갈수록 높아졌다. 하지만 이 역시 다음 시기에 는 무역 구조 변화와 운영의 효율화를 통해 그 부담을 줄여나갈 수 있었다.

제3장 18세기 중반~19세기 전반 평안도 재정의 중앙 흡수

제1절 군사적 긴장 완화와 재정 확보

1. 긴장 완화와 지역 개발

(1) 긴장 완화와 군제의 이완

호란 뒤 조선의 지배층은 오랫동안 명분론적 반청 의식에 사로잡혀 있었다. 북벌론으로 표출되기도 했던 청에 대한 반감은 현실적인 군사력에 따라 뒷받침된 것이 아니었다. 청의 견제 속에서 평안도에서는 장기간의 군사 조련은 물론 무너진 성곽을 수축하기도 힘든 상황이었다. 청의 붕괴를 예상하는 희망 섞인 전망은 중원을 장악한 북방 민족의 장기 지배가 역사적으로 불가능했다는 관념적인 인식에 근거한 것이었다.

하지만 세력이 약해진 청이 그들의 본거지로 후퇴하면서 조선의 서북 변방을 침입할지도 모른다는 걱정은 18세기 중엽까지 지속되고 있었다.[1] 조선으로서는 청 내부의 혼란과 침입에 대비하기 위해서라도 변방 방어체제를 정비할 필요가 있었던 것이다. 물론 호란 뒤 오랜 기

간 방치된 변방 방어 시설에 대한 복구는 대내외적인 요건만 확보된
다면 언제든지 시작되어야 할 사안이었다.

실제로 평안도의 직로나 요충지에서 축성이 활기를 띠기 시작한 것
은 앞에서 지적한 것처럼 숙종대 후반부터이며, 영조대 전반에 가장
적극적으로 이루어졌다. 그러면 평안도 각지의 축성 내용과 시기를
정리한 다음 표를 보도록 하자.[2]

지역	관방 시설	축성 내용	시기	지역	관방 시설	축성 내용	시기
평양	邑城	改築	1684(숙종10)	구성	宋雲洞	石築	1737(영조13)
	外城	土築	1712(숙종38)		大晦洞	石築	1737(영조13)
	北城	石築	1714(숙종40)		紗帽洞	石築	1737(영조13)
안주	南塘城	附邑城土築	1769(영조45)		東龍嶺	築城	1747(영조23)
정주	邑城	石築	1714(숙종40)		棘城嶺	築城	1747(영조23)
철산	西林山城	改石築	1747(영조23)		塞垣嶺	築城	1747(영조23)
용천	龍骨山城	南拓	1692(숙종18)		八營嶺	築城	1735(영조11)
		別築內城	1704(숙종30)	선천	東林城	築城	1753(영조29)
창성	當峨城	改石築	1746(영조22)		左峴	築城	1769(영조45)
	自潺隘口	石築行城	1732(영조8)	영변	藥山城	改築	1760(영조36)
	緩項嶺	石築行城	1734(영조10)		新城 北城	石築	1675(숙종1)
	自作嶺	石築行城	1732(영조8)	희천	蚯蚓嶺	築城	1735(영조11)
삭주	界畔嶺	石築	1733(영조9)		狗峴嶺	築城	1735(영조11)
	東沙洞隘口	石築	1734(영조10)	위원	楸嶺	築城	1733(영조9)
	大束沙嶺	石築	1734(영조10)	벽동	九階嶺	築城	1735(영조11)
	小城峴	石築	1734(영조10)		甫里見子嶺	築城	1735(영조11)

〈표 3-1〉 호란 뒤 평안도의 축성 내역

1) 배우성, 《조선후기 국토관과 천하관의 변화》, 일지사, 1998, 65쪽.
2) 이 표는 《增補文獻備考》 卷30, 輿地考18, 關防6, 平安道 城郭條를 근거로
  작성한 것이다.

이 표에서 드러나듯이, 청의 견제 이완과 조선의 필요에 따라 18세기 초부터 중엽에 이르는 시기 평안도에서는 축성이 빈번하게 이루어졌다. 그 가운데서도 요충지에 대한 축성이나 수목 조성은 당시 변방 방어를 위해 가장 적극적으로 추진한 내용이었는데, 그 대상은 17세기 이래 청의 침입로로 지목되어온 의주 – 용천 – 선천 – 안주로와 창성 – 삭주 – 구성 – 영변로 주변의 방어 시설들이었다.

〈표 3-1〉에서는 이들 지역 외에도 직로에 위치한 평양·정주의 읍성과 위원·벽동 등 강변읍의 주요 고개에도 축성이 이루어졌음을 볼 수 있다. 의주에서 도성에 이르는 직로 가운데는 특히 평안도의 중심인 평양성에 대한 증·개축이 숙종대에서 영조대에 이르기까지 여러 차례 추진되었다.[3]

영조대로 이어진 대대적인 방비 강화는 1769년(영조 45) 평양성, 안주 남당성(南塘城), 선천 좌현(左峴)의 축성과 관련자들에 대한 논상으로 마무리되었는데,[4] 그 내용은 대략 적유령 산맥을 잇는 방어선 구축과 전통적인 청의 침입 예상로 및 일부 직로에 대한 축성으로 요약할 수 있다. 이후 남당성의 일부가 수선되기는 했지만, 18세기 후반을 지나 19세기 초에 이르기까지 더 이상의 축성은 이루어지지 않았다.

왜냐하면 우선 숙종대와 영조대를 거치면서 폐기되었던 주요 요충지에 대한 방비가 일정 단계에 올랐기 때문이다. 한 예로 1747년(영조 23)에 평안감사 조영국(趙榮國)은 "병자호란 뒤 쌓을 수 없었던 성을 강희(康熙, 1662~1722) 이후 조금씩 쌓아 지금 요해처는 거의 모두 축성되었다"고 평가하고 있었다.[5]

---

3) 《備邊司謄錄》第94冊, 英祖 9年 10月 3日(國史編纂委員會 영인본 9권, 673쪽 가면. 이하 '9-673 가'와 같이 표기함) ; 第152冊, 44年 10月 23日(14-721 나).

4) 《承政院日記》第1295冊, 英祖 45年 8月 21日(72-460 가) ; 第1298冊, 英祖 45年 11月 4日(72-607 다).

5) 《英祖實錄》卷65, 23年 7月 丁未(43-253 가). '平安監司趙榮國 陛辭入侍奏

축성이 더 진행되지 않은 이유는 18세기 중엽 이후 조·청 관계가 장기간의 안정기에 접어들고 있었던 데서도 찾을 수 있다. 이 시기를 기점으로 청의 대조선 사신 파견은 대폭 감소했고, 조선에서는 그들의 몰락에 대한 기대나 침입에 대한 걱정이 크게 줄어들었다. 새로운 지역에서 추가 축성 요구가 더 이상 수용되지 않은 것도 궁극적으로는 이와 밀접한 연관이 있었다.[6]

또한 축성에 들어가는 물력의 확보라는 현실적인 문제도 고려되었다. 축성에는 막대한 경비가 소모되어 평안도 자체 재정은 물론 중앙에서도 일정한 지원이 이루어져야 했다.[7] 더구나 축성은 그 자체로 끝나는 것이 아니라 군기나 군량의 확보, 군병의 활용에도 재정 지원이 뒤따라야 했다.

방어 시설에 대한 정비가 대대적으로 추진되고 재정 원천도 확대되었던 18세기 전반에는 빈번한 축성에 대한 물력 지원이 이루어졌으나 18세기 후반에는 축성을 위한 재정 지출에 소극적이었다. 예를 들어 토축된 안주 남당성의 석축 논의는 비용 때문에 허물어진 곳만을 수선해서 사용하는 방향으로 결론이 났다.[8] 정조대의 가산(嘉山) 효성령(曉星嶺) 축성 역시 요충지로서의 중요성에 대한 공감에도 불구하고 평안병영의 재정 부족 등을 이유로 실행에 옮겨지지 않았다.[9]

대체적으로 18세기 중·후반 이후로는 대청 관계의 안정과 군비 지

日 丙子後逼於虜人 不能築城 康熙以後 稍稍築之 今則要害處 幾盡築城 誠爲善策 然西民實未息肩 滔雨如此 年事失稔 此時不宜興作矣 上可之.'
  6) 《備邊司謄錄》 第168冊, 正祖 10年 2月 6日(16-607 다) ; 第174冊, 正祖 13年 4月 20日(17-295 라).
  7) 《備邊司謄錄》 第125冊, 英祖 29年 2月 22日(12-373 가) ; 第126冊, 英祖 29年 9月 6日(12-450 다) ; 第153冊, 英祖 45年 1月 18日(14-765 라).
  8) 《備邊司謄錄》 第155冊, 英祖 47年 11月 19日(15-134 가).
  9) 《備邊司謄錄》 第174冊, 正祖 13年 4月 20日(17-295 라).

출에 대한 소극적 입장 그리고 방어 시설 정비의 일정한 성과에 따라
축성이 고려되지 않았는데, 이러한 분위기는 군사들에 대한 조련에도
영향을 주었다. 호란 뒤 청의 견제로 적극적인 조련의 실시는 군비 확
충이 강화되었던 숙종대 후반 이후에야 가능했다. 하지만 평안도에서
군사 조련은 얼마 지나지 않아 위축되고 있었다.

조선 후기 지역 단위의 군사 조련은 봄과 가을에 한 차례, 산성이나
읍성에서 전투 훈련인 성조(城操)는 1년에 한 차례 실시되었다. 평안
도에서는 병사(兵使)가 봄에는 청천강 이남, 가을에는 이북을 순력하
며 조련하는 것이 원칙이었다.[10] 혹 왕명으로 조련이 정지되더라도 청
북 지역은 함경도 북관(北關)과 함께 각 읍진별로 겨울 3개월 동안 관
문에 모여 점고와 조련을 행하는 '관문취점(官門聚點)'을 실시하도록
되어 있었다.[11] 그러나 평안도에서 조련은 시간이 흐를수록 원칙이 잘
지켜지지 않고 축소되는 경향을 보였다.

평안도의 조련 실시 추세를 보면, 영조대에는 확인 가능한 26번의
춘조(春操) 가운데 19차례와 역시 26번의 추조(秋操) 가운데 12차례가
실시되어 전반적으로는 조련을 실시한 횟수가 더 높다. 반면 성조는
10번 가운데 단 한 차례만 실시되었다. 그런데 정조대로 가면 확인 가
능한 13번의 춘조 가운데 2차례와 17번의 추조 가운데 3차례만 실시
되어 조련이 대폭 축소되었고, 성조는 8번 가운데 한 차례도 실시되
지 않았다.[12]

영조대에는 춘·추조를 모두 시행하거나 적어도 한 차례는 실시하려
는 의지를 보였던 반면, 정조대에는 관행적으로 정지를 되풀이했던

10) 《備邊司謄錄》第96冊, 英祖 10年 11月 19日(9-923 나).
11) 《萬機要覽》軍政編1, 操點 西北聚點.
12) 조련 실시 내용은 《備邊司謄錄》과 《朝鮮王朝實錄》에 매년 기재된 사실을
    확인한 결과에 따른 것이다.

것이다. 평안도에서는 청남과 청북 지역이 춘추로 나누어 조련을 실시했으므로, 춘·추조 가운데 한 차례만 실시했다는 것은 결국 절반에 가까운 지역은 조련을 하지 않았다는 것을 뜻한다. 조련 정지 시 관문 취점을 강제했지만, 군제의 이완이 확대되는 과정에서 얼마나 적극적으로 실시되었는지는 의문이다. 성조의 경우도 마찬가지여서, 평양 근처 자모산성(慈母山城)을 보면 조련 폐기가 지속되자 1755년(영조 31)에 남한산성 수준으로 격을 높여 시행을 강제했지만 제대로 이루어지지 않았다.[13]

　그나마 영조대 평안도의 조련은 그 시행 비율이 삼남 지역보다는 높았다. 이 시기 삼남에서 병사가 주관하는 봄 조련은 약 80퍼센트, 가을 조련은 약 40퍼센트가 정지되고 있었다.[14] 평안도에서 그 시행 비율이 높았던 것은 17세기 후반 이미 조련이 실시되고 있던 삼남에 견주어 조련 재개가 늦어진데다가 변방이 가지는 중요성 때문에 다른 지역의 정지와 상관없이 시행이 요구될 때가 많았기 때문이다.[15] 하지만 정조대 이후로는 조련 정지가 전국적인 현상이 되어, 정조대 삼남에서는 병사의 봄가을 조련이 90퍼센트 정도 정지되었고[16] 평안도도 거의 이 수준에 이르렀다.

　조련 정지의 가장 큰 명분은 흉년으로 말미암은 기근이었다. 또한 자연재해나 전염병 발생, 사행 왕래, 병사의 파직 등도 조련을 취소하게 한 주요 이유였다. 흉년이나 전염병 발생 등으로 민심이 불안한 가운데 대규모로 군사를 동원해 훈련을 실시하기는 어려웠을 것이나, 이러한 조건의 악화가 유독 정조대 이후에만 집중되었던 것은 아니었

---

13)《平安道慈母山城城操乙亥節目》(英祖 51年,《各司謄錄》40에 수록).

14) 金友哲,《朝鮮後期 地方軍制史》, 景仁文化社, 2001, 205쪽.

15)《備邊司謄錄》第105冊, 英祖 15年 2月 7日(10-761 가) ; 第116冊, 英祖 22
　　年 8月 10日(11-640 나) ; 第149冊, 英祖 42年 1月 11日(14-431 나).

16) 金友哲, 앞의 책, 216쪽.

다. 오히려 이 시기에는 농사철이라거나 민심 안정을 내세운 조련 정
지가 하나의 관행이 되고 있었다.[17]

따라서 이에 따른 군정의 폐기를 걱정하는 목소리도 높았지만, 19세
기에 접어들어서도 조련 정지는 지속되었다. 확인이 불가능한 네 해
를 제외하면, 1801년에서 1850년 사이에 평안도의 조련은 1802년 가
을과 1807년 봄에만 시행되었다. 춘조나 추조의 미시행은 성조 역시
시행되지 않았을 것이라는 점을 시사한다. 이는 정조대 이후 관행적
으로 정지되었던 군사 조련이 19세기에는 거의 폐기 상태에 이르렀음
을 보여주는 것이다. 다만 전면적인 조련 폐기에 따른 부담감 때문에
조련을 실시하지 않을 때는 그보다 강도가 낮은 취점(聚點)이라도 반
드시 시행하도록 했다.[18]

취점도 자연재해나 칙행이 있는 해에는 시행하기 어려웠는데, 그러
한 경우에도 피해가 극심하거나 진휼이 이루어지는 곳이 아니라면 취
점을 거행하도록 했다. 따라서 19세기 평안도의 군사 조련은 대개 단
순 점고 차원에서 그치고 있었다. 더구나 18세기에는 다른 지역에서
조련이 정지되더라도 평안도에서는 가급적 실시하려는 분위기가 있
었지만, 이 시기에는 평안도를 따로 구분하지 않았다. 즉, 조련의 실
시 여부를 논하면서 변방에 대한 고려없이 여러 도를 동일하게 다루
었던 것이다.[19] 구분이 있었다면 재해나 전염병 등으로 곤란을 겪고
있는 지역에 대한 배려가 있었을 뿐이다.

이러한 조련 정지의 이면에는 표면적인 명분과는 달리 장기간에 걸

---

17) 《備邊司謄錄》第161冊, 正祖 4年 1月 12日(15-809 가) ; 第162冊, 正祖 5年
   1月 11日(15-927 다) ; 第166冊, 正祖 8年 1月 12日(16-318 다).
18) 《備邊司謄錄》第200冊, 純祖 10年 1月 12日(20-166 나).
19) 《備邊司謄錄》第226冊, 憲宗 4年 7月 10日(23-8 라). 한 예만 들었지만 19
   세기 군사 조련에 대해서는 "八道四都 水陸諸操 巡歷巡點 竝姑停止……"라
   는 내용이 대부분이다.

친 변방 정세의 안정과 청의 침입에 대한 우려 완화라는 시대적 분위기가 자리 잡고 있었다. 대청 방어의 최전방 보루인 평안도는 그들과 국경을 접하고 사신이 오가는 길목에 위치해 군제의 정비가 다른 지역에 견주어 늦었지만, 군정 이완이라는 일반적인 추세를 뒤좇고 있었던 것이다.

조련과 같은 실세적인 방비를 뒷받침해줄 군제의 정비나 개혁도 18세기 중엽 이후로는 적극적으로 이루어지지 않았다. 청남의 요충지인 자산(慈山)의 자모산성에 새로운 방어영을 설치하자는 주장도 산성의 운영만으로 방어에 충분하며 요충지마다 모두 방어영을 둘 수는 없다는 논리에 가로막혔다.[20] 이와 유사한 군제의 정비 요구는 대개 기존의 제도를 쉽게 바꿀 수 없다는 이유로 부정되었다. 결국 영조대 군제 정비가 일단락되고 청과 관계가 장기간 안정되면서 군사 부문에 대한 관심이 점차 축소되어나갔음을 확인할 수 있는 것이다.

양역(良役)의 경우 군역자에 대한 수포는 청사 접대를 비롯해 평안도의 재정 운영에 일찍부터 기여했다. 하지만 군사들은 납포 외에도 각종 잡역에 시달렸고, 조련이 재개되면서 이중의 고통을 떠안기도 했다. 이러한 부담에도 불구하고 전세나 수미 같은 토지로부터의 수취 비중이 다른 도보다 가벼웠기 때문에 이들은 지탱할 수 있었다.[21]

전통적인 변방으로서 군사력 확보와 재정 보용의 필요성으로 말미암아 평안도에서는 군액이 다른 지역에 견주어 높게 책정되었는데, 이에 따른 폐단이 적지 않았다.[22] 더구나 군정이 전반적으로 소루(疏

---

20) 《承政院日記》 第1599冊, 正祖 10年 4月 20日(85-809 마).

21) 《關西良役實總》 己卯(英祖 35) 1月 29日. '(左參贊洪鳳漢)又所啓 西路軍丁之弊 雖甚孔棘 民生猶能支撐者 專由於土稅之輕歇.'

22) 徐榮輔, 《竹石館遺集》 冊6, 關西應旨啓 軍政摠論. '臣伏見 道內民弊之最切苦 而至難捄者 軍政是已…… 其曰以戶摠比軍摠 元不相當云者 殆乎無邑不然……'

漏)해지는 가운데 일정한 군액을 유지하는 과정에서 민의 부담은 점
차 가중되었다.

　평안도는 한편으로 전통적인 양반 세력이 미미한데다 상업이나 무
역 등으로 부를 축적할 수 있는 기회가 넓어 향안(鄕案)이나 교안(校
案)에 모록(冒錄)하는 행위가 일찍부터 성행했는데, 이들은 대대로 군
역에서 제외되었으므로 그 부담은 다른 이들에게 전가되었다. 이러한
요인들에 따른 군다민소(軍多民少) 현상을 시정하는 것이 이 지역의
큰 현안이었다.[23] 따라서 군역 변통론의 핵심 내용의 하나로 논의만 무
성했던 호포제(戶布制)가 평안도에서는 한두 고을에서 시험적으로 실
시되기도 했다.[24] 하지만 호포제가 실행된 고을 유향(儒鄕)층의 반발
과 정부의 미온적인 대처로 변통의 효과가 쉽게 확산되지는 않았다.

　방어체제의 복구가 늦었던 평안도에서는 군역 역시 뒤늦게《관서
양역실총(關西良役實摠)》의 형태로 정비되었다. 그러나 평안도 재정을
적극 뒷받침했던 군역자의 부담을 줄이는 동시에 실질적인 방어 군병
을 확보하려는 과정에서 이 지역의 호구 대비 군역 부담률은 전국 최
고 수준을 유지했다. 군역 부담이 여전히 높은 가운데 전반적인 군정
이 이완되어나가자 군역제 운영에는 많은 폐단이 파생되었던 것이다.

(2) 지역 개발의 확대

　대청 관계의 안정은 군정의 점차적인 이완을 초래했지만, 한편으로
지역 개발을 부추기는 긍정적인 효과를 가져다주었다. 18세기 후반
지역 개발에 대한 논의가 본격적으로 진행되기 이전에는 방비와 화전
개간을 둘러싼 대립이 있었다. 평안도의 요충지 방어에서 축성과 함

---

23)《備邊司謄錄》第162冊, 正祖 5年 3月 7日(15-949 라) ; 第170冊, 正祖 11年
　　4月 29日(16-869 다).
24)《正祖實錄》卷23, 11年 4月 癸丑(45-647 라).

께 중시된 것은 수목 지대의 조성이었다. 조정에서는 지방관에 대한
규제를 강화하면서 수목 지대를 조성하고 보호하는 데 주력했다.[25]

하지만 이 정책은 유민들의 광범위한 화전 개간으로 말미암아 장애
에 부딪치고 있었다. 압록강변의 잔읍에 불과한 위원(渭原)이나 이산
(理山)이 강계(江界)와 대등할 만큼 풍요로워진 것도 화전에 따른 것
이라고 할 정도였는데, 수령들도 수세 이익을 노리고 화전을 적극 금
지하지 않았다.[26] 따라서 많은 방어용 수목 지대들이 사라질 수밖에
없었는데, 그것은 국가의 변방 방비와 유민들의 생존 노력이 충돌하
면서 일어나는 불가피한 현상이었다.

이와는 달리 방비와 주민들의 삶을 동시에 고려해 지역 개발을 이
끈 경우도 있었다. 18세기 중·후반 평안도의 대역사였던 안주성 확장
과 청천강 수축이 그것이다. 직로상에 위치한 안주는 평안병영의 소
재지로 청남의 요충지였다. 상업이 번성한 평안도의 주요 도시 가운
데 하나이기도 했던 안주는 읍성이 협소해 제 기능을 발휘하지 못했
다. 그런데 읍성 남쪽의 남당리(南塘里)는 읍치(邑治) 이상으로 인구
와 물화가 풍성하며 시장이 번성하고 있었다.[27]

증축 전인 1759년(영조 35) 안주성 안의 호구수는 1,085호·3,765구
였고, 성밖의 남당리는 844호·2,638구였다.[28] 안주 읍성은 바로 이곳을
포함시켜 확대하는 방향으로 개축이 추진된 것이다. 오랜 논란과 물
력 확보 과정을 거쳐 실제 확장 작업이 마무리된 것은 1769년이었다.
완성 뒤의 규모를 보면 원 읍성의 둘레가 3,043보이고 새로 확장된 곳
이 1,800보로,[29] 그만큼 중심부인 읍치의 외연이 확대되었다. 이는 군

---

25) 《承政院日記》第863冊, 英祖 13年 11月 30日(47-680 가).

26) 《備邊司謄錄》第90冊, 英祖 7年 10月 23日(9-145 라) ; 宋奎斌, 《風泉遺
響》西塞籌略.

27) 《承政院日記》第849冊, 英祖 13年 5月 22日(46-1002 라).

28) 《輿地圖書》安州牧 坊里.

사적으로서만이 아니라 지역 경제의 성장과 중심부의 확대라는 면에
서도 의미를 가지는 것이다.

안주의 청천강 수축은 당시 평안도 안의 대역사였다. 평안병영이
영변에서 안주로 옮겨진 것은 이곳이 직로의 요충지이면서 청천강을
끼고 있는 천혜의 요새였기 때문이기도 했다. 또한 강줄기에 둘러싸
인 읍저(邑底)의 많은 호구들이 이 강에 의지해 생업을 유지하고 있었
다. 그런데 오랜 시간에 걸쳐 물의 흐름이 바뀌자 강줄기가 읍저에서
멀어지게 되었다. 이는 병영의 지형적 이점을 떨어뜨렸을 뿐만 아니
라 읍저민들의 유산을 초래했다.[30]

따라서 청천강 수축은 자갈로 뒤덮혀 흐름이 끊긴 옛 강줄기를 준
설해 물의 흐름을 돌려놓으려는 것이었다. 여기에는 대규모의 인력과
물력이 동원되어야 하므로 여러 차례 논란을 겪을 수밖에 없었다. 현
실적인 문제를 들어 병영을 옮기는 것이 더 유리하다는 주장이 있었
던 반면, 군사적인 문제를 떠나 식수 곤란과 어염의 이익 상실 그리고
선박의 불통으로 민이 유산하는 현상을 막기 위해 수축을 서둘러야
한다는 견해도 있었다.[31] 당시 피해가 특히 컸던 곳은 이후의 안주성
확장 대상지였던 남당리 일대였다.

논란 끝에 민심의 안정이라는 측면이 적극 고려되어 청천강 수축에
들어갔다. 수축 과정과 내용은 뚜렷하지 않은데, 1768년(영조 44) 수축
을 지휘했던 병영 장교들에 대한 논상이 이루어지고 있어 이해에 공
사가 일정 부분 정리된 것으로 보인다.[32] 이와 동시에 남당리에 대한
축성이 바로 시작되었다. 따라서 청천강 수축과 안주 읍성의 확장은

29)《關西邑誌》安州牧 城池(아세아문화사 영인본).
30)《備邊司謄錄》第144冊, 英祖 39年 10月 26日(14-28 나).
31)《備邊司謄錄》第145冊, 英祖 40年 1月 8日(14-99 나).
32)《承政院日記》第1287冊, 英祖 44年 12月 1日(71-961 라).

서로 연관되어 있었다. 결국 두 역사(役事)가 가지는 군사적 의미를 배제할 수는 없지만, 지역민의 경제적 성장을 보장하고 이를 추동했던 점 역시 간과할 수 없는 것이다.

다음으로 대청 관계의 안정에 따라 18세기 후반 이후 가장 적극적으로 개발이 고려된 곳은 압록강변과 폐4군지였다. 이들 지역에서는 오랜 기간 개간과 촌락 형성이 억제되어 넓고 비옥한 토지들이 널리 분포했다. 평안도 변방에서 방어체제 정비가 장기적인 전망과 관련되어 있었다면, 당면한 현안은 국경에서 범월과 잠상을 규제해 청과 마찰을 피하는 데 있었다.

호란 뒤 강변 진보에서 군사력 운용에 제약을 받았던 조선은 소규모의 파수병만을 유지했다. 강변 진보는 청의 침입을 막기 위한 일차 저지선이라기보다는 양국의 불법 왕래자 단속에 초점이 맞추어져 있었던 것이다. 폐4군지에 대한 개발 논의도 일찍부터 있었지만, 청인들의 침탈 및 채삼(採蔘)의 폐단에 대한 걱정 때문에 적극적으로 고려되지는 못했다.[33]

강변 파수의 경우 범월 사건이 잦았던 당시 평안도민에게는 가장 큰 고역 가운데 하나였다. 특히 폐4군지의 파수군은 거주지에서 멀리 이동하는데다가 5월에서 9월까지 장기간 동원되어 농사를 포기해야 할 정도였는데, 조건은 갈수록 악화되어 채삼 행위가 끊겨 파수를 하지 않았던 겨울에도 파수군을 운영해나갔다.[34] 범월을 막기 위한 대책으로 산재한 호구의 결집을 통한 촌락 형성에 초점을 맞춘 논의도 있었으나 쉽게 받아들여지지 않았다.[35] 국경 지대를 비워둔 채 파수를

33) 申翼相, 《醒齋遺稿》6冊, 在關西時狀啓.
34) 《備邊司謄錄》第94冊, 英祖 9年 11月 11日(9-699 가) ; 第95冊, 英祖 10年 1月 23日(9-737 나).
35) 《承政院日記》第1006冊, 英祖 22年 7月 21日(55-60 다). '(試官鄭)纘述曰…… 鴨綠江邊 地廣人稀 十里或居一人 五里或居一人 而居民終歲不見他人

강화하는 것이 최선책이라 여겼던 것이다.

강변 일대를 개간하고 촌락을 형성해 변방을 충실하게 하는 것이 재정은 물론 궁극적으로 방비에도 도움이 되리라는 인식은 18세기 중엽까지도 인정되지 않았다. 압록강변 섬들에 대한 개간이 오히려 범월을 부추긴다고 보고 정착민들을 강제로 이주시키는 형편이었다.[36] 이러한 가운데 함경도 북부 지역이 개발되면서 인접한 폐4군지에 대한 개간 압력이 증가해나갔으며, 조정에서도 폐4군 복구나 개간 논의가 활발하게 일어나기 시작했다.[37] 변방 지대를 공한지로 버려두기보다는 경작과 거주를 허용해 유민을 안집하고 방비를 충실하게 하자는 적극적인 인식들이 힘을 얻어나간 것이다.[38]

1793년(정조 17) 마침내 폐4군의 일부인 만포진(滿浦鎭) 옥동(玉洞)에서 개간하는 것을 허용했다. 이곳에는 개간 직후부터 새로운 호구들이 들어와 정착하기 시작했는데,[39] 개간론자들은 이것이 대청 관계의 안정을 반영한 것이라는 점을 이해하고 있었다.[40] 평안도 지방관들은 강변 개간과 촌락 형성이 잔약한 파수병 운영보다 방수에 유리하며 채삼에도 도움이 된다는 사실을 강조해 폐4군지 개발은 점차 대세로 굳어졌다.[41]

개간지도 계속 확대되어 옥동 동쪽의 자성방(慈城坊)·삼천방(三川

故無畏憚之心 不無與彼相通之弊 臣意勿使散居 附近作里 以五家爲統 則四家 雖欲行惡 而一家不從 則其奸計必不成 速賜變通則好矣.'

36) 《備邊司謄錄》 第119冊, 英祖 25年 4月 25日(11-906 라).

37) 姜錫和, 〈朝鮮後期 咸鏡道의 地域發展과 北方領土意識〉, 서울대학교 박사학위논문, 1996, 101쪽. 폐4군지에 대한 개간 과정은 이 논문에서 부분적으로 다루었으므로, 여기서는 일부 사실을 보충하고 넘어가도록 하겠다.

38) 《江州邊情彙編》(《各司謄錄》 41에 수록).

39) 《平安道江界府還接新入民戶實數成冊》(正祖 17年, 《各司謄錄》 41에 수록).

40) 《備邊司謄錄》 第181冊, 正祖 17年 2月 20日(18-100 라).

41) 《備邊司謄錄》 第183冊, 正祖 20年 1月 11日(18-350 나).

坊)에도 이주민들이 늘어나자 새로운 진(鎭)을 설치하려는 움직임도 일어났다.[42] 삼천방의 경우 새롭게 정착한 호가 무려 3,000이나 되었다. 그 밖에 폐4군의 다른 지역에서도 민들이 원할 경우 개간을 허락하고 3년 동안 수세를 면해주었다.[43] 따라서 폐4군 지역은 지속적으로 개간이 확대되고 입거민들도 증가해나갔다.

폐4군 개발은 다른 변방 지역의 개간 논의를 불러일으켰다. 그 가운데 위화도(威化島)는 국경 관문인 의주의 압록강 안에 위치하고 있다는 상징성에서 주목된다. 더구나 위화도는 개간의 현실과 명분이 상충하는 대표적인 지역이라는 점에서도 의미가 크다. 1796년(정조 20) 의주위유어사(義州慰諭御史) 이시원(李始源)은 오랫동안 버려둔 위화도의 개간을 주장했다. 둘레가 40리로 넓고 토질이 비옥해 의주부 재정에 기여할 것이라는 점이 그 이유였다.[44] 하지만 정부는 위화도가 태조의 유적지이며 양국의 사이에 있기 때문에 폐단이 발생할 수 있다는 점을 들어 개간을 수용하지 않았다.[45]

개간을 반대한 명분은 크게 태조의 유적지라는 점, 압록강에 속해 있는 변방이라는 점, 오랫동안 버려두었던 땅이라는 점에 있었다. 이에 대해 비변사 당상 정민시(鄭民始)는 일일이 예를 들어 반박했다. 역사적으로 볼 때 위화도는 선초부터 이미 경작되었으나 여진인의 침탈로 1461년(세조 7)에 경작이 금지되었으므로 태조의 유적지와 연관시킬 수 없다는 것이다. 또한 위화도보다 더 보존되어야 할 태조의 유적지에서도 이미 경작이 이루어지고 있으며, 변방의 요충지나 도서 지역에서도 개간이 이루어지고 있다는 점을 지적했다. 고식적인 명분

---

42) 《備邊司謄錄》 第183冊, 正祖 20年 3月 8日(18-399 나).

43) 《承政院日記》 第1768冊, 正祖 20年 10月 1日(93-763 마).

44) 《承政院日記》 第1767冊, 正祖 20年 9月 18日(93-739 마).

45) 《承政院日記》 第1767冊, 正祖 20年 9月 19日(93-742 라).

으로는 현실적인 개간 논의를 억누를 수 없게 된 것이다. 결국 개간을 인정하지 않은 이유도 명분론에서부터 비가 많이 오면 경작지가 물에 잠길 수 있다는 현실적인 문제로 바뀌었다.[46]

폐4군의 개발이 위화도와 같은 국경 도서 지역의 개간 논의로 확산되면서 명분보다는 현실적인 측면이 더 적극적으로 고려되어나간 것이다. 19세기에 접어들어서도 이러한 추세는 지속되었다. 폐4군지는 출입이 엄격하게 통제된 내륙 산간의 산삼 채취 지역까지 개간되어나 갔다. 수세를 목적으로 지방관이 개간을 묵인했고 촌락도 형성되고 있었으므로 정부에서도 이를 인정하지 않을 수 없었던 것이다.[47]

폐4군지의 개간 확대는 자연스럽게 인접 읍의 관할 논쟁과 독자적인 읍의 설치 문제로 이어졌다. 관할 논쟁은 폐4군과 인접해 개발된 함경도의 후주진(厚州鎭)이 인구에 견주어 영역이 협소하자 인근의 폐4군지 일부를 흡수하고자 한 데서 비롯되었는데, 여기에는 강계부에 큰 부담을 주었던 삼세(蔘稅)의 처리가 연계되어 있었다.[48] 강계와 후주 사이의 삼세 부담 논쟁이 거듭되는 와중에도 후주민들의 폐4군 지로의 이주는 계속 늘어났다. 결국 1814년(순조 14)에야 죽전령(竹田嶺) 이동 지역이 후주로 이속되었으며, 이때 강계의 삼세와 파수 부담도 일부 이관되었다.[49]

폐4군지의 개간과 촌락 형성으로 방비가 충실해지자 진보를 이곳으로 옮기려는 움직임도 있었다. 척박한 강계의 상토진(上土鎭)을 비옥한 개간지인 자성(慈城)으로 옮기려 한 것도 한 예이다.[50] 이에 대해서

---

46) 《備邊司謄錄》 第187冊, 正祖 22年 1月 15日(18-773 가).
47) 《備邊司謄錄》 第207冊, 純祖 18年 2月 10日(21-88 가).
48) 《備邊司謄錄》 第196冊, 純祖 5年 6月 11日(19-733 라).
49) 《備邊司謄錄》 第204冊, 純祖 14年 5月 5日(20-798 나).
50) 《備邊司謄錄》 第199冊, 純祖 9年 9月 10日(20-108 라).

는 별다른 반대 논의가 없었기 때문에 물력을 확보해 이전을 단행했다. 신개간지의 호구와 토지가 늘어나고 군사 기지까지 설치되면서 뒤이어 읍을 설치하려는 움직임도 일어났다.[51] 개간지의 일부가 후주로 이속되기는 했지만, 나머지 지역을 강계부에서 전부 관할하기는 어려웠기 때문이다.

따라서 상토진을 독진(獨鎭)으로 승격시키거나 혹은 진을 혁파하고 읍을 설치하자는 논의가 잇달았다.[52] 이 무렵 폐4군의 동쪽 지역을 흡수한 후주진은 후주도호부(厚州都護府)로 격상되었지만, 폐4군에서 읍 설치는 그 일부인 좌채(左寨)의 후주 이속과 맞물려 논의만 분분했다. 설읍(設邑) 논자들은 상토진을 자성부(慈城府)로 승격시키고 좌채를 후주로 이속해 삼세와 방수를 분담하면 변방이 충실해질 뿐만 아니라 강계부의 부담도 줄일 수 있다고 보았다.[53]

그러나 읍의 설치나 좌채의 이속에 대해서는 신중한 판단이 필요하다는 상투적 결론만 내려질 뿐이었다. 이 문제는 1869년(고종 6)에야 후주부가 평안도의 후창군(厚昌郡)으로 바뀌고 폐4군의 서쪽을 관할하던 상토진이 자성군(慈城郡)으로 승격되면서 해결되었다.[54] 18세기 말 본격적으로 개발이 추진된 폐4군 지역은 19세기 개간의 확대와 관할 영역의 정리를 통해 평안도의 새로운 군현으로 정립된 것이다.

한편 위화도의 개간에 대해서는 경제적 가치를 염두에 둔 새로운 논란이 있었다. 의주부에서는 개간을 통한 수세 이익 확보에 관심을 가지고 있었지만, 민들의 처지에서는 개간보다 갈대 채취로 얻을 수 있는 이익이 더 컸던 것이다. 조정에서는 의주부와 민들의 견해가 상

51) 《備邊司謄錄》第203冊, 純祖 13年 8月 9日(20-672 나).
52) 《備邊司謄錄》第211冊, 純祖 23年 5月 26日(21-465 라) ; 第212冊, 純祖 24
年 1月 9日(21-535 라).
53) 《備邊司謄錄》第233冊, 憲宗 12年 9月 21日(23-736 다).
54) 강석화, 앞의 글, 142쪽.

충되자 개간을 미루도록 했으나, 이후에도 경제성과 방수의 효율성을
들어 개간을 허용하자는 주장이 이어졌다.[55] 개간이 이루어지지 않을
경우 청인의 침범에 대처하기 어렵다는 인식이 확산되었고, 그 경제
성에 대해 민들도 점차 동의했다.[56]

국경에 해당하는 압록강 안에 위치한 위화도의 개간이 방수에 도움
이 될 뿐만 아니라 경제적으로도 필요하다는 인식은 이 시기 대청 관
계의 한 단면을 여실히 드러내준다. 국경 지역이나 변방을 비워두고
출입자를 통제해 청과 있을지도 모를 마찰을 피하려던 전 시기와는
달리, 개발을 통해 변방을 충실하게 하고 경제적인 효과도 얻으려는
적극적인 방안이 추진된 이면에는 대청 관계의 안정이 기본 배경이
되고 있었던 것이다.

갈대 채취나 청으로 가는 조선 사신을 위해 사냥을 베풀던 장소였
던 위화도는 1810년 대홍수를 겪은 뒤 논란 끝에 개간이 인정되었다.
토지를 상실했거나 가지지 못한 민들의 경제적 안정과 의주부 재정
보용이라는 현실적 필요를 정부에서도 인정한 것이다. 1830년대에는
개간으로 모여든 민들이 수백 호에 이르렀으며, 과도한 부세 부담에
저항하는 움직임도 있었다.[57] 그리하여 이후 중국으로 가는 사신들은
위화도 개간 뒤 사라지게 된, 사냥이나 기생들이 말달리던 풍속을 아
쉬워하기도 했다.[58] 결국 대청 관계 안정에 따른 평안도 지역 개발은
최북단 도서인 위화도의 개간으로까지 이어지고 있었던 것이다.

---

55) 《純祖實錄》卷14, 11年 2月 甲午(47-675 가).
56) 《備邊司謄錄》第201冊, 純祖 11年 3月 29日(20-327 다). '領府事李(時秀)所
　　啓…… 義州昨年水災後 至於莫可收拾之境 惟爲許墾 威化島一事 卽官民之日
　　夜所顒望 利害形便 邑倅疏中 皆已詳陳 而六島旣空 沿江把守 依接無處 勢將
　　退住於鴨綠內江東岸 威化一島 若不許關 則必有彼人投足之廬 未知廟議之如
　　何 而臣意則不可不許 欲許則趁此春耕之前 然後開荒闢萊 始可播種矣.'
57) 《平安監營啓錄》辛卯(純祖 31) 12月 16日.
58) 徐慶淳, 《夢經堂日史》編1, 馬訾軔征紀 10月 27日.

2. 재원의 확보와 현황

군사적 긴장 완화와 지역 개발로 평안도의 재정 원천은 더욱 확대되었고 변방의 무인 지대나 폐사군 개간은 경작지 증가와 유입 인구의 확대로 이어졌다. 화전을 비롯한 다양한 방식의 개간도 재정 수입이라는 측면에서는 긍정적으로 기여했다. 다만 이것이 어느 정도까지 공식적인 수취 구조 속에 편입되고 있었는가 하는 점은 또 다른 차원의 문제였다.

우선 앞 시기에 이어 평안도의 토지 결수 변화를 표를 통해 살펴보자. 〈표 3-2〉는 1755년에서 1855년 사이 평안도 토지 결수의 변화를 20년 간격으로 추적한 것이다. 18세기 후반 이후의 기록에서는 면세결(免稅結)이나 재결(災結) 등이 포함되어 있어 토지의 현황을 좀더 구체적으로 파악할 수 있다. 우선 원장부결은 미미하게나마 조금씩 증가해 18세기 말 이후로는 12만 결 수준을 유지했다. 이는 1720년보다는 3만 결 그리고 1744년보다는 2만 결가량이 늘어난 수치이며, 18세기 후반 이후에 진행된 변방 개간의 효과도 일부 흡수한 결과로 보인다.

원장부결의 증가에 따라 실결도 늘어나 8만 1,000에서 8만 5,000결 사이에서 움직이고 있다. 실결에 영향을 주는 재결은 연도에 따라 큰 차이가 있으며, 유래진잡탈결(流來陳雜頃結)은 증가 추세임을 알 수 있다. 다만 각 궁방이나 아문 등에 소속된 면세결은 1만 6,000여 결 수준을 유지해 큰 변동이 없었다. 그러므로 당해 연도의 재결을 계산에 넣지 않으면 1775년 단계부터 8만 4,000여 결을 경작한 것이며, 그 수치는 조금씩 늘어나게 된다. 여기에 유래진잡탈결의 증가를 고려하면 미세하지만 전체 경작 규모는 확대되고 있었다.

연도	원장부결	출세실결		유래진잡탈결	면세결	재결
		합계	전답			
1755	116,052	81,638				2,017
1775	117,975	81,790				3,082
1795	119,099	83,463	71,972	18,859	16,111	666
			11,491			
1815	119,702	81,505	71,011	19,266	16,068	2,863
			10,494			
1835	119,691	83,467	71,652	19,199	16,065	960
			11,815			
1855	122,311	84,862	72,442	21,364	16,085	0
			12,420			

※ **출전** :《度支田賦考》田摠. 1755년과 1775년의 원장부결은 1754년과 1774년의 것이며, 1795년 이후의 원장부결은 오른쪽에 기록한 각종 결수의 합임

〈표 3-2〉 평안도의 토지 결수 변화(1755~1855)

이는 국가에 따라 파악된 토지 결수이므로 실제로는 이보다 큰 폭으로 증가했을 가능성도 배제할 수는 없다. 이 시기 평안도에서는 폐4군지를 비롯한 변방 개간이 꾸준히 진행되고 있었기 때문이다. 실제로 18세기 전반 8~9퍼센트대였던 전국 대비 평안도 실결의 비중이 18세기 후반 이후 10~11퍼센트대로 늘어난 것도 이를 부분적으로 뒷받침하고 있다. 또한 19세기에 간행된 읍지의 내용을 통해서도 이러한 사실을 일부 유추할 수 있다.

아래의 표는 강변 7읍과 안주 등지의 토지 결수 변화를 추적해 작성한 것이다. 여기에 사용된 자료는 1759년(영조 35)의 사실을 담은

《여지도서(輿地圖書)》전결조(田結條)와 1871년(고종 8)에 간행된 《관서읍지(關西邑誌)》의 전결조이다. 《관서읍지》에는 그 전에 간행된 읍지의 내용을 그대로 옮겨놓은 부분도 많으므로 기록된 전결수를 반드시 19세기 후반의 것으로 보기는 어렵다. 다만 《여지도서》이후의 변화상을 담고 있는 것만은 틀림없다.

지역	《여지도서》			《관서읍지》			증감액
	한전	수전	합계	한전	수전	합계	
義州	5,578	254	6,032	5,325	2,113	7,438	1,406
渭原	1,149	1	1,150	1,175	1	1,176	26
楚山	1,619	3	1,622	1,637	3	1,640	18
碧潼	1,120	1	1,121	1,262	1	1,263	142
昌城	1,044	3	1,047	1,147	3	1,150	103
朔州	940	17	957	1,139	37	1,176	219
江界	3,834	17	3,851	2,262	17	2,279	−1,572
厚昌				田121결 火田19결 屯田19,414일경			左同
慈城				1,572		1,572	1,572
安州	1,822	643	2,465	2,522	1,805	4,327	1,862

※ 단위 : 結(결 이하는 생략)

〈표 3-3〉 평안도 강변 7읍과 안주의 토지 결수 변화

이 표에서 강변 7읍을 선택한 것은 청과 국경을 접한 변방 지역의 개발 결과를 확인하기 위해서이다. 후창은 강계에서 관할했던 폐4군의 동쪽 지대와 후주를 합해 새로 설치했으며, 자성은 폐4군의 서쪽 지대를 군으로 승격시킨 것이다. 안주는 개발이 활발했던 내지의 여

러 읍 가운데 하나로 추출한 것이다.

표에서 증감액을 보면 강계를 제외한 모든 지역의 토지 결수가 19세기 들어 늘어났음을 알 수 있다. 그 액수가 미미한 곳도 있지만 벽동·창성·삭주는 1~200결 이상 증가했다. 특히 의주는 1,406결이나 늘어났으며, 그 대부분은 수전에서 증가한 것이다. 이는 위화도 등지에 대한 개간의 결과로 보아야 할 것이다. 또 다른 개간 지역인 강계는 폐4군 지대의 분할로 토지 결수가 오히려 줄어들었지만, 후창과 자성을 포함하면 증감액은 역전된다.

내지의 요충지 안주도 수전을 중심으로 토지 결수가 대폭 증가해 《관서읍지》 단계에서는 2,000여 결 가까이 늘어났다. 따라서 후창을 제외한 압록강변의 여러 읍들과 안주만을 대상으로 해도 평안도의 토지 결수는 19세기에 3,776결이 늘어났다고 할 수 있다. 대청 관계의 안정에 따른 지역 개발의 효과를 일부 확인할 수 있는 것이다.

그런데 국가에 따라 파악되고 있던 공식적인 수취 구조 속에 포함되지 않은 많은 은루결(隱漏結)이 평안도에서도 존재했다. 1751년(영조 27) 균역청의 조사 시 평안도에서는 공용(公用) 4,000결, 사용(私用) 7,000결의 은여결이 드러났다.[59] 이해에 평안도의 수세 실결이 8만 801결 이었으므로,[60] 은여결은 이를 포함한 전체 토지 규모의 12퍼센트에 해당하는 것이다. 이 가운데 공용은 본 도[평안도]로 환급하고 사신 접대에 이용했던 사용은 수세해 균역청에 납부하도록 했다.

지방 관청에서 재정 보용을 목적으로 일정한 은여결을 확보하고 있었던 것인데, 중간 수탈이나 면세를 노린 불법적인 은루결도 물론 존재했다. 평안도에서는 토지세의 본 도 비축이라는 관행 속에서 다른 지역 이상으로 오랫동안 양전이 시행되지 않아 전정의 문란에 대한

---

59) 《備邊司謄錄》 第122冊, 英祖 27年 4月 7日(12-142 나).
60) 《度支田賦考》 田摠, 出稅實結.

206 제3장 18세기 중반~19세기 전반 평안도 재정의 중앙 흡수

걱정이 컸다. 이에 따라 대대적인 은루결의 파악을 비롯한 토지 개량 논의가 잇달았다.[61]

토지에 대한 개량이 이루어지면 수세 실결도 더욱 늘어날 수 있었다. 하지만 토지 개량은 납세의 가중으로 지역민의 유산을 초래할 것이라는 반발에 부딪쳤다. 양서의 1결은 삼남의 2~3결 수준으로, 토지로부터 수취량이 적어 지역민들이 나른 부담을 감내할 수 있었다는 것이다.[62] 실제 평안도에서는 낮은 토지세 부담에 견주어 군역이나 사행 접대에 따른 잡역 부담 등은 매우 높은 편이었다. 결국 여러 차례의 토지 개량 논의는 반발에 부딪혀 실행에 옮겨지지는 못했다.[63] 평안도만의 문제는 아니었지만, 토지 개량을 통한 원천적인 재정원의 확대가 어려웠던 가운데 이 지역에서는 지역 개발의 성과를 부분적으로 흡수하고 있었던 것이다.

평안도의 토지로부터 나오는 전세와 수미 각곡의 수취량은 1807년 수세 실결이 8만 4,910결일 때 3만 7,137석이었다. 따라서 8만 1,000~8만 5,000여 결 수준이던 18세기 후반 이후의 전세와 수미 수취량은 대개 3만 5,000~3만 7,000여 석 정도로 추정할 수 있다. 19세기 이후에는 개간 지역을 중심으로 토지 결수가 늘어나고 있었으므로 수취량도 확대되었을 것으로 보인다. 실제 새로 개간된 위화도의 수세미가 1824년(순조 24)에는 1,200여 석에 이르렀다.[64]

비축 곡물이 환곡을 통해 운영된 것에는 변함이 없었지만 환곡의 재정 보용적 성격은 이 시기 더욱 확대되었다. 환곡의 한 해 모곡 수입은 전세와 수미 수취량을 넘어섰는데, 이를 포함해 1779년(정조 3)

---

61)《備邊司謄錄》第152冊, 英祖 44年 12月 16日(14-748 나).
62)《備邊司謄錄》第141冊, 英祖 38年 1月 27日(13-656 나).
63)《備邊司謄錄》第161冊, 正祖 4年 12月 27日(15-918 가).
64)《備邊司謄錄》第212冊, 純祖 24年 1月 9日(21-536 다).

에 평안도에서는 한 해 9만 석 정도를 거두어들였다.[65] 그런데 환곡은
운영 과정에서 원곡이나 전체 규모의 감축을 초래할 가능성이 얼마든
지 있었다. 평안도 환총(還摠)의 추이에 관한 다음의 표를 보자

	1759	1769	1776	1788	1797	1807	1828	1862
평안도 (비중)	1,985,974 (21.3%)	2,301,147 (27.6%)	1,402,900 (16.1%)	1,473,429 (18.4%)	1,584,710 (16.9%)	1,288,689 (12.9%)	1,102,900 (13.9%)	956,488 (18.9%)
전국	9,321,031	8,351,707	8,696,667	8,003,934	9,380,654	9,995,599	7,987,440	5,074,244

※ 단위 : 石

〈표 3-4〉 평안도 환총의 추이(1759~1862)[66]

〈표 3-4〉를 보면 1720년대에 100만여 석이었던 평안도의 환총은
1769년에 230만 석으로 대폭 증가했다. 이에 따라 전국 환총에서 평
안도가 차지하는 비중도 매우 높은 수준을 유지했다. 다만 환총에는
다양한 곡물이 포함되어 있었는데, 여기서의 비중은 그 가치까지 고
려한 것은 아니다. 환총이 곧 실제 곡물 보유 규모를 나타내는 것은
아니지만, 1760년대에 평안도의 곡물 보유량이 다른 어떤 시기보다
높았을 가능성은 있다.

전국의 환총은 1769년 단계에서 크게 줄어들었고, 1828년 이후에도
마찬가지였다. 평안도의 경우 1776년 단계에서 대규모의 감소가 이루
어졌으며, 1807년 단계부터 다시 감소 추세로 돌아섰다. 환총의 감소

---

65) 《備邊司謄錄》第160冊, 正祖 3年 11月 11日(15-793 다).
66) 이 표는 오일주, 〈조선후기 재정구조의 변동과 환곡의 부세화〉, 《實學思想
研究》 3, 毋岳實學會, 1992, 82쪽에서 파악한 환총의 내용 가운데 전국과 평
안도 부분만을 따로 정리한 것이다. 이 표에서 1759년에 기재된 전국의 환
총은 1760년의 것이며, 1769·1776·1788년에는 감영곡이 빠져 있다. 비중은
전국 환총에서 평안도가 차지하는 비율을 나타낸 것이다.

에는 자연재해나 중간 농간에 따른 포흠과 국가의 탕감 등이 원인으로 작용했지만, 1776년의 대규모 감축을 설명할 수 있는 자료는 충분하지 않다. 다만 평안도에서는 중앙 재정 지원을 위한 원곡 발매가 곡물 감축의 주요 요인이 되기도 했다.

토지와 함께 재정의 주요 원천이었던 호구의 변동 양상에 대해서도 알아보자. 나음의 표는 18세기 후반 이후 약 30년 간격으로 평안도 호구 변동의 추이를 나타낸 것인데, 1726년의 기록은 1753년의 증감 상황을 확인하기 위해 제시했다.

		호		구		호증감		구증감	
		호수	비율	구수	비율	증감액	비율	증감액	비율
1726년 (영조2)	평안도	172,720	11.0	734,944	10.5				
	전국	1,576,598	100.0	7,032,425	100.0				
1753년 (영조29)	평안도	297,603	16.8	1,267,709	17.4	124,883	72.3	532,765	72.5
	전국	1,772,749	100.0	7,298,731	100.0	196,151	12.4	266,306	3.8
1786년 (정조10)	평안도	299,523	17.2	1,288,399	17.5	1,920	0.6	20,690	1.6
	전국	1,737,670	100.0	7,356,783	100.0	−35,507	−2.0	238,052	3.3
1807년 (순조7)	평안도	302,005	17.1	1,305,969	17.3	2,482	0.8	17,570	1.4
	전국	1,764,504	100.0	7,561,403	100.0	26,834	1.5	204,620	2.8
1837년 (헌종3)	평안도	214,976	13.5	853,048	12.7	−87,029	−28.8	−452,921	−34.7
	전국	1,591,963	100.0	6,708,529	100.0	−172,541	−9.8	−852,874	−11.3
1852년 (철종3)	평안도	217,141	13.7	868,906	12.8	2,165	1.0	15,858	1.9
	전국	1,588,875	100.0	6,810,206	100.0	−3,088	−0.2	101,677	1.5

※ 출전 :《增補文獻備考》卷161, 戶口考1, 歷代戶口

〈표 3-5〉 평안도 호구 변동의 추이(1726~1852)

　위의 표에서 드러나는 호구 변동의 결과는 18세기 후반의 대폭적인 증가와 19세기 초까지의 현상 유지 그리고 19세기 전반 이후의 대대적인 감소이다. 조선 후기 평안도의 호구수가 크게 증가하는 두 차례의 시기는 17세기 후반과 18세기 후반이었다. 전자는 호란의 극복이, 후자는 지역 경제의 성장이 그 계기가 되었던 것으로 보인다.

　물론 호구수의 증가는 국가의 호구 파악 강화가 뒷받침이 된 것이었다. 하지만 1753년에서 확인되는 전국 평균을 크게 상회하는 평안도의 증가율은 지역적 요인을 배제하고는 설명하기 어렵다. 오랫동안 양전이 실시되지 못했던 토지에 견주어 3년마다 조사되었던 호구에서는 무역과 상업 및 광업 발전 등에 따른 지역 경제의 성장이 18세기 후반에 이미 대폭 반영되고 있었던 것이다. 따라서 이 시기부터 전국의 호구수에서 평안도가 차지하는 비중은 11퍼센트대에서 17퍼센트대로 크게 올라갔다.

　1807년 30만 호와 130만 구까지 늘어났던 평안도 호구수는 1837년 단계부터 대대적으로 감소했다. 이러한 감소는 전국적인 현상이어서 국가의 호구 운영 체계에 변화가 있었음을 짐작할 수 있다. 다만 1837년의 평안도 감소율이 전국 평균보다 높은 것은 '홍경래 난' 등의 여파였던 것으로 보인다. 평안도의 호구수는 이후 21만 호와 86만 구로 줄어들었고 호구 비중도 13퍼센트대로 떨어졌다.

　호구는 재정의 원천이었으므로, 그것의 증가는 그만큼 재정원이 확대되었다는 의미이기도 하다. 특히 호구수 변동과 일정하게 연관되어 있던 군액은 지역 재정에 직접적으로 영향을 미쳤다. 이 시기 평안도의 양역은 1759년(영조 35)의 《관서양역실총》으로 정리되었는데, 이는 호란 이후 오랜 시간에 걸쳐 추진한 군액의 확대와 역 부담의 균일화를 마무리짓는 것이었다.

　《여지도서》에 반영된 내용을 보면 감영과 병영에는 대략 도시(都

試)·점고(點考)를 받는 군병이 1만여 명, 입번(立番)·수성(守成)하는 군병이 2만여 명, 조련받는 군병이 8만여 명 정도 되었다. 이들과 별도로 납포나 납미하는 군병도 13만여 명이 존재해 감·병영의 전체 군액은 24만여 명에 달했다.[67] 이들의 군역가는 목 1필이나 전 2냥이었고, 정해진 수 외에는 가감하지 못하게 했다.

만일 13만 명에게서 1필의 군포를 수취하는 것으로 단순 계산하면 모두 2,600여 동이 된다. 이미 1730년대에 감영과 병영에서 실제로 한 해 수취하는 군포의 양은 적어도 1,500여 동이 넘었으며,[68] 1756년(영조 32)의 경우 비축액은 1만여 동을 초과했다.[69] 결국 평안도에서는 방수나 조련에 동원할 군사뿐만 아니라 재정 보용에 기여할 납포군도 상당수 확보하고 있었던 셈이다.

그런데 평안도의 양역 부담은 다른 지역에 견주어 상당히 높은 편이었다. 《양역실총(良役實摠)》을 토대로 삼남과 강원도의 군총(軍摠) 대비 호총(戶摠), 즉 군역자 총액을 호구 총액으로 나누면 0.37~0.47이라는 값을 구할 수 있다.[70] 다시 말해서, 이들 지역에서는 호당 0.37~0.47명이 군역을 지고 있었다는 뜻이다. 양서의 일원인 황해도는 훨씬 높아 그 값이 0.78이다. 평안도의 경우 《관서양역실총》에서 그 수치를 구해야 하지만, 전체 읍이 다 기재되지는 않은 탓에 직접적으로 비교할 수가 없다. 하지만 호총과 구총(口摠) 및 역총(役摠)은 연동하기 때문에, 호총이 비슷한 시기의 기록을 통해 실상을 유추해보는 것은

---

67) 鄭演植, 앞의 글, 198쪽.

68) 《備邊司謄錄》 第91冊, 英祖 8年 4月 20日(9-299 가) 기사를 보면, 평안병사는 병영에서 매년 수포하는 액수가 전에는 1,000여 동이 넘었으나 근래에는 500동으로 줄어들었다고 했다. 한편 같은 해 11월 21일 기사를 보면, 평안감사는 감영의 수포액을 900여 동으로, 호조는 1,000여 동으로 보았다.

69) 《備邊司謄錄》 第131冊, 英祖 32年 11月 20日(12-911 라).

70) 송양섭, 〈18·19세기 丹城縣의 軍役 파악과 운영-《丹城戶籍大帳》을 중심으로〉, 《大同文化研究》 40, 성균관대학교 大東文化研究院, 2002, 300쪽.

가능하다.

《관서양역실총》과 비슷한 시기의 내용을 담은 《여지도서》에서 평안도의 호총은 29만 6,586호였다. 시기가 조금 떨어지지만 1787년(정조 11)에 평안도의 호총은 29만 9,500여 호였고 군총은 36만 6,300여 명이었다.[71] 그렇다면 당시 평안도의 군총 대비 호총은 무려 1.22나 된다. 각 호에서 한 명의 군역자를 내도 6만 6,800여 명의 군액이 남았으므로, 호수에 견준 평안도의 군역 부담은 전국 최고 수준이었던 것이다. 이는 민들의 처지에서는 큰 부담이었지만, 방수에 동원할 군사와 재정 확보라는 측면에서는 실질적인 기여가 되었다.

평안도의 또 다른 재정원이었던 무역의 수입은 이 시기 무역 구조와 관련해 일정한 변화가 있었다. 우선 중강개시에서 별다른 이익을 얻지 못했던 것은 전 시기와 다를 바 없었다. 심양팔포(瀋陽八包) 무역은 1728년(영조 4) 역상 사이의 대결 과정에서 혁파되어 평안도 재정에 더 이상 기여하지 못했다. 관은 대출의 경우 이 시기에도 지속되었는데, 평안도의 비중은 더욱 커졌다. 이 역시 사행 원역의 잔폐와 미상환분의 증가, 은화의 수급 곤란에 따른 정부의 대출 강요로 평안도 재정에 얼마나 기여했는지는 의문이다.

당시 무역 구조는 모자 무역을 거쳐 홍삼 무역으로 전환되어나갔다. 모자 무역의 일환인 세모법(稅帽法) 아래에서 모세(帽稅)는 최고 돈 4만 냥이었다. 이는 사행 공용과 의주부 수세 비용 등에 쓰였지만, 모자 무역의 침체로 수세액은 갈수록 줄어들었다. 이를 보충한 것이 후시 수세액과 관은의 대출 등이었다. 의주부 재정과 직결되었으며 치폐를 거듭했던 책문후시에서 수세전(收稅錢)은 6,000냥이었다.

각종의 무역 수세를 관장하기 위해 1814년(순조 18) 의주부에 세워

71)《備邊司謄錄》第170冊, 正祖 11年 4月 29日(16-869 다).

진 관세청(管稅廳)에서는 10년 동안 62만 냥을 수취했다.[72] 여기에는 모세를 대체해나간 홍삼 무역의 포세(包稅)도 포함되어 있었으며, 그 규모는 2만 4,000냥에서 최고 20만 냥에 이르렀다.[73] 포세는 일부가 관세청에 이전되었고 일부는 사역원 경비나 호조의 재정에도 이용되었다. 무역세는 일차적으로 사행 비용에 쓰였으므로, 포세의 증가는 이와 관련되어 있던 평안도 재정에 긍정적으로 기여했다.

이 시기 평안도 재정의 전체 규모를 파악하기는 어렵지만 1731년(영조 7)에 목(木) 1,400동, 은(銀) 1만 냥, 전(錢) 5만 냥을 중앙에 이전하도록 한 것을 보면 그 보유량을 짐작할 만하다.[74] 전국적으로 전화(錢貨)가 귀할 때 평안도에서는 작은 벽읍도 창고에 9,000냥 정도는 비축하고 있다고 할 정도였다.[75] 1756년에도 관서목(關西木)은 1만여 동이 넘었고, 감사 교체 때 파악된 별도의 비축 포목도 수천여 동이었다.[76] 평안감사는 또한 재정 운영 과정에서 발생한 여유분을 별도로 비축했는데, 1777년(정조 1)에 중앙에서는 그 액수를 연간 5만 냥으로 보았다.[77]

18세기 중엽 이후 대청 관계의 안정으로 평안도 비축 재정의 규모는 확대될 가능성을 가지고 있었다. 뒤이어 살펴볼 조·청 두 나라 사이의 사행 감소 역시 이를 뒷받침했다. 하지만 평안도 재정은 중앙 이전이라는 새로운 시대적 요구에 부응해야 했다. 생산이나 수세량에서 전국 최고였던 평안도 은점의 설점수세권(設店收稅權)을 호조가 장악

72) 《承政院日記》 第2174冊, 純祖 24年 1月 10日(111-616 마).
73) 李哲成, 앞의 책, 153쪽.
74) 《備邊司謄錄》 第90冊, 英祖 7年 11月 23日(9-174 라).
75) 《備邊司謄錄》 第107冊, 英祖 16年 12月 22日(11-29 나).
76) 《備邊司謄錄》 第127冊, 英祖 30年 7月 29日(12-505 나) ; 第131冊, 英祖 32年 11月 20日(12-911 라).
77) 《承政院日記》 第1400冊, 正祖 元年 5月 25日(78-175 다).

해 들어간 것도 이와 관련이 있었다. 그리고 이런 경향은 은화뿐만 아
니라 토지에서 나온 수세미와 인신으로부터 수취한 포목 그리고 환곡
과 별비(別備) 재원 등 평안도 재정 전반으로 확산되어나갔다.

제2절 외교 관계의 안정과 사행 비용 지원

1. 칙행의 감소와 칙수 조달

18세기 중엽 이후 조·청 관계의 안정은 두 나라 사이의 사행 파견에서도 잘 드러난다. 한 해 평균 1회 이상을 기록한 칙행 횟수는 이 시기부터 0.3~0.45회 수준으로 급격하게 감소했으며, 1738~1747년, 1764~1775년, 1787~1798년, 1813~1819년, 1822~1829년과 같이 여러 해에 걸쳐 칙행이 전혀 없던 시기도 있었다.[78] 청의 중원 지배가 장기간 지속되면서 조선에 대한 관심이 그만큼 줄어든 것이다.

칙행 빈도의 감소는 평안도 체류 일수 축소로 이어져 연평균 15일이 넘었던 청사(淸使)의 평안도 체류는 18세기 중엽부터 6일 이하로 떨어졌다. 이는 평안도의 재정 지출 요인이 그만큼 줄어들었음을 나타낸다. 예를 들어 1726~1729년 사이에 칙행이 한 차례 있었는데, 이

---

78) 《同文彙考》第44冊, 詔勅錄.

를 두고 "평안도는 칙행이 연속되어 일 도의 공부(貢賦)를 본 도에 전속해 수응케 했으나 근래 칙행이 드물어 수용이 번다하지 않으므로 감영의 재화가 풍부해졌다"고 평가했다.[79]

그러므로 칙행이 더욱 줄어든 18세기 중엽 이후 평안도에서는 칙수(勅需) 부담으로 말미암은 재정 압박에서 벗어나고 있었다. 이 시기의 연대기 자료에서 칙행에 따른 재정 곤란을 호소하는 내용이 거의 보이지 않는 것도 이 때문이다. 평균 3년에 한 번꼴로 조선을 방문했던 청사 일행의 접대 비용도 관향곡이나 군포에 수시로 의존했던 전대와는 달리 칙수고(勅需庫)를 통해 체계적으로 운영되었다.

평안감영의 칙수고는 춘추의 개시(開市)나 지칙(支勅)에 필요한 물화, 각 참(站)의 관사(館舍) 수리 비용을 담당했다.[80] 각 읍에도 따로 칙수고를 설치하고 감영에서 회계를 관리했다. 평안도에서는 이들 창고를 통해 청사 접대 비용을 확보했으며, 민간에서 별도로 거두어들이지 않도록 엄격히 규제하고 있었다. 칙행의 접대를 걱정해 경기도에 대동미 수취를 견감하는 혜택을 주면서 평안도에는 별다른 조처를 취하지 않은 것도 칙수고가 있었기 때문이다.[81]

그런데 각 읍의 칙수고는 재원을 민간에 흩어 이자를 불려 운영했으므로, 그 방법이나 정도에 따라 재정 규모에 큰 격차가 있었고 폐단의 요소도 많았다. 또한 칙행 빈도가 감소하면서 수령들 가운데는 칙수고의 재정을 다른 용도로 전용해 정해진 액수를 유지하지 못하는 경우도 있었다.

이에 따라 1759년(영조 35) 각 읍 칙수고의 재화를 재분배해 두 차

---

79) 《備邊司謄錄》 第85冊, 英祖 5年 4月 28日(8-578 나). '(大司憲)李(廷濟)
　　日…… 盖關西自丙子以後 勅行連續 搜索多端 故一道貢賦 全屬本道 以爲酬
　　應之資 而近來則勅行稀濶 需用自不至甚煩 箕營貨財之富饒 盖由於此.'
80) 《道內營邑驛鎭摠覽》(규장각 소장) 各房掌摠錄.
81) 《備邊司謄錄》 第99冊, 英祖 12年 1月 14日(10-160 가).

례의 칙수에 소용될 9만 냥을 보관하고 같은 양을 민간에 흩어 이자를 불리게 했다. 그 나머지는 감영에 보관해 칙행이 한 해 두 차례가 넘을 경우에 대비하도록 했다.[82] 이는 칙행 횟수가 적어지면 많은 재화를 축적할 수 있는 방안으로서 평안도의 청사 접대비 마련에 장기간 기여했고 황해도에서도 유사한 개편이 이루어지도록 자극했다.[83]

하지만 칙행의 빈도가 더욱 낮아진 18세기 말에 수령들은 다시 칙수고 재화를 전용했으며, 실제 칙행을 만나면 그 비용을 조달하지 못하는 경우도 있었다. 이는 은결(隱結)의 진납(盡納) 등으로 지방 재정이 압박을 받았던 데서도 연유하지만, 이자 수입을 노리고 무리하게 칙수고 재화를 민간에 나누어주거나 중간 수탈을 자행한 데 따른 것이기도 했다.[84] 이런 상황에서 청사가 방문하면 부민에게 억지로 도감(都監)을 맡기고 접대 비용을 충당하게 하는 폐단이 발생했던 것이다.[85]

19세기에 가서도 같은 문제가 지속되었다. 9만 냥이던 각 읍 칙수고 유치분은 8만 냥으로 축소되었고, 이 역시 실제 칙행 시에는 남은 액수가 적어 접대비 충당에 곤란을 겪기도 했다.[86] 칙수고에 늘 일정한 재원을 유치해 불시의 칙행에 대비하게 했지만, 각 읍에서 전용이나 중간 농간으로 말미암은 부족 현상을 막지 못했던 것이다. 원납(願納)이라는 명분을 띠기는 했지만, 칙수를 부민에게 의존하던 방식도 사라지지 않았다.

칙수 부담이 크고 회감(會減) 대상 지역이 아니었던 의주에서는 원납을 비롯한 다양한 재원 확보 방식을 적극 활용했다. 특히 이 지역은

---

82) 《備邊司謄錄》 第136冊, 英祖 35年 2月 8日(13-209 라).
83) 《備邊司謄錄》 第153冊, 英祖 45年 9月 25日(14-858 나).
84) 《備邊司謄錄》 第164冊, 正祖 6年 5月 10日(16-189 라).
85) 《正祖實錄》 卷23, 11年 4月 癸丑(45-647 다).
86) 《箕營勑庫節目》(高宗 3年, 《各司謄錄》 40에 수록).

무역세 수취를 통해 부족한 재정을 보충하고 있었으므로, 그 일부가 칙수에 사용될 가능성이 언제든지 있었다. 홍삼 무역이 확대되는 과정에서 만들어진 보칙곡(補勅穀)은 무역세를 칙수에 투여한 단적인 예이다. 즉, 1841년(헌종 7)에 홍삼 원포(原包)분 외의 수세로 얻어진 5만 2,395냥을 미곡으로 바꾸어 5분의 1은 의주에, 5분의 4는 도내 다른 지역에 유치해 의주의 칙수를 보충하게 한 것이다.[87] 이 보칙곡은 의주의 재정이 곤란한 상황에서 방문한 청사의 접대 비용 마련에 유용하게 쓰였다.

의주의 예는 칙수를 마련하기 위해 새로운 재원을 확보하려는 노력의 일단을 보여주는 것이다. 그러나 전반적으로는 칙행 빈도가 연평균 1회를 상회했던 18세기 중엽 이전에 견주어 평안도 재정에서 청사 접대 부담이 차지하는 비중이 현격하게 줄어들었다고 할 수 있다. 청사의 숙소인 관사가 쇠락하고 그곳에 보관된 물건이 상당수 유실될 정도로 칙행은 뜸해졌고, 더불어 청사에게 지급하는 현물이나 은자의 품질도 갈수록 열악해지고 있었다.[88] 조정에서는 사행 접대 소홀에 대해 여러 차례 엄칙했으나 잘 지켜지지 않았다.

당시 칙수 확보는 한 도 전체의 재정을 좌우하는 문제가 아니라 칙수고 차원으로 한정되었다. 따라서 청사 접대 비용 마련에 대한 논란은 칙수고 운영에서 기인했던 것으로 이해할 수 있다. 다시 말해서, 접대비의 절대 액수에 따른 부담보다는 재정의 효율적인 관리와 더 밀접하게 관련된 문제였던 것이다.

---

87)《承政院日記》第2387冊, 憲宗 7年 1月 24日(118-702 다).
88)《承政院日記》第1573冊, 正祖 8年 12月 24日(84-698 다). '(領議政徐)命善曰 此平安監司鄭民始狀啓也, 以爲本道支勅 已近十年 館舍旣皆頹傷 屛帳器皿 等物 殆半闌失 不得不修補新備…….'

2. 연행 지원 양상의 변화

(1) 인마의 동원 양상

18세기 중·후반 이후에는 조선의 대청 사행 빈도 역시 감소 추세를
보여, 연평균 2.7~5.5회의 연행(燕行) 횟수는 이 시기에 2.1~2.5회로
줄어들었다. 연행에는 동지행 같은 정기적인 사행이 매년 포함되어
있었고, 청의 정세 파악이나 무역의 통로로 활용되었기 때문에 칙행
처럼 급격하게 감소하지는 않았다. 양국 관계의 안정이 지속되는 가
운데 조선에서는 매년 두 차례 정도의 대청 사행을 파견했던 것이다.

연행과 관련한 평안도의 부담은 이 지역을 통과하는 사행에 대한
직접적인 접대와 공용은 확보에 필요한 경비 지원으로 나눌 수 있다.
앞의 〈표 2-11〉에서 본 것처럼, 연행에 참여했던 인마의 규모는 점차
축소되었으므로 그 접대나 동원 비용도 줄어들었다고 할 수 있다. 다
만 의주에서 유숙 일수가 길어진 탓에 평안도에서 전체 체류 일수는
오히려 늘어났으므로, 의주의 부담이 반드시 감소되었다고 말하기는
어렵다.

평안도에서 연행에 대한 직접적인 부담으로 제공했던 인마 동원의
내용이나 성격은 전 시기에 견주어 크게 달라지지 않았다. 1777년(정
조 1) 동지행에 참여했던 하급 수행원인 서자(書者)·마두(馬頭) 가운
데 35명의 출신지가 드러나 있는데, 이 가운데 평안도 청북인이 23명,
청남인이 5명, 황해도인이 7명으로 청북 지역민이 다수를 점했다.[89]

사행 경험이 풍부한 청북인을 동원했던 관례는 19세기에 가서 더욱
확대되었다. 1832년(순조 32) 동지행에서 출신지가 기재된 하급 수행
원 가운데 청북인이 36명으로 가장 많았으며, 청남인은 2명, 황해도인

---

89) 李坤, 《燕行記事》, 丁酉 11月 27日, 一行人馬員額.

은 1명에 지나지 않았다.[90] 이 가운데 마부 명색은 원래 역노(驛奴)로
충당했지만, 무역에 관여해 모리하려는 청북의 무뢰배들이 대개 역노
의 이름을 빌어 참여하고 있었다. 때때로 이들이 사행에 제공된 '불우
비은(不虞備銀)'의 포흠을 유발한 탓에 귀환 뒤 족징의 폐단이 난무하
기도 했다.[91]

사행 구성원의 가장 많은 수를 점하는 쇄마구인(刷馬驅人) 역시 의
주부에서 고용한 청북인들이 다수였다. 1777년 동지사행에 참여한
320명 가운데 쇄마구인은 124명이었고 기타 명목의 구인도 93명에 이
르렀으며, 나머지는 사행 원역(員役)과 하급 수행원 그리고 부경노(赴
京奴) 등이었다.[92] 쇄마구인은 원래 의주부에서 은자를 주고 고용했으
나 재정 절감을 명목으로 그 값을 계속 줄이다가 이때에 이르러 피잡
곡 약간 석만 지급하고 있었다. 때문에 이들이 사행 도중에 절도나 구
걸하던 폐단이 전 시기와 마찬가지로 끊이지 않았다.[93]

조정에서는 그들의 폐단에 강경한 처벌로 대응했고, 의주부에도 은
자가 아닌 피곡의 지급을 금지시켰다. 그럼에도 지급받은 은자를 미
리 사용하고 빈손으로 사행에 참여하는 예가 빈번하자 은자의 지급
기일을 가능한 한 늦추었다.[94] 그 뒤로 폐단은 다소 완화되었지만 쇄
마구인의 잠매(潛賣)나 절도 행위가 근절된 것은 아니었다. 더구나 사
행 도중 도태되는 이들도 많아 쇄마구인을 혁파하고 수레를 빌리는
방안이 제기되기도 했다.[95] 이러한 논란은 의주부의 재정 절감과 잔약
한 쇄마구인들의 생계 방편 혹은 모리 행위가 충돌하면서 일어난 결

90) 金景善, 《燕轅直指》 卷1, 出彊錄, 壬辰 11月 21日, 一行人馬渡江數.
91) 金景善, 《燕轅直指》 卷1, 出彊錄, 壬辰 11月 1日.
92) 李坤, 《燕行記事》, 丁酉 11月 27日, 一行人馬員額.
93) 《備邊司謄錄》 第99冊, 英祖 12年 4月 20日(10-233 가).
94) 《備邊司謄錄》 第104冊, 英祖 14年 7月 4日(10-652 나).
95) 《備邊司謄錄》 第176冊, 正祖 14年 4月 30日(17-571 나).

과였다.

사행 원역이 타는 말 40여 필은 삼남과 함경·강원도의 역마를 두 달 전에 의주에 대기시켰다가 출발에 즈음해 골라 가도록 했다.[96] 해당 역에서는 마부에게 미리 노비(路費)를 지급했는데, 퇴짜를 맞을 경우 이를 다시 반납하게 해 당사자는 큰 손해를 보았다. 이때 평안도에서 는 본 도의 역마를 지급해야 했으므로 부담이 추가되었다.[97] 양국 사 신 행차 시 경내 이동을 위한 역마 동원으로 고통받았던 평안도의 각 역은 이로 말미암은 피해까지 떠안아야 했던 것이다.

역마 외에 복쇄마(卜刷馬) 20여 필은 평안감영, 쇄마 80여 필은 관 향(管餉)·운향(運餉)·해서고(海西庫)의 재원으로 고립(雇立)했다. 건량 을 실은 쇄마를 의주부에서 고립해 책문까지 실어보내면, 책문에서 다 시 수레를 빌려 운반하고 쇄마는 돌려보냈다.[98] 사행이 잇달을 때는 전체 쇄마의 규모를 줄이고 그 고가(雇價)와 노비로 책문에서 수레를 빌려 운반하기도 했다.[99] 이는 쇄마구인의 폐단을 막기 위해 일찍부터 제시되었던 방안이었으며, 이후로도 활용되어 책문에 실제 들어가는 인마는 갈수록 줄어들었다.

한편 1806년부터 방물은 책문에 도착한 뒤 봉성장군(鳳城將軍)에게 교부해 북경까지 운반하게 했다.[100] 원래 세폐와 방물은 심양까지 가 져가 청의 관원에게 넘기고, 운반에 동원된 인마는 단련사(團練使)가 인솔해 나왔다. 중간에 난두(攔頭)들이 그 운반을 장악하기도 했는데, 1729년(영조 5)에 단련사가 폐지된 뒤 세폐와 방물은 책문에서 사람을

---

96)《薊山紀程》卷1, 出城, 癸亥 11月 15日.

97) 徐有聞,《무오연행록》권1, 무오년 11월 13일.

98) 李坤,《燕行記事》, 丁酉 11月 29日.

99)《備邊司謄錄》第189冊, 正祖 23年 7月 26日(19-47 가).

100) 金景善,《燕轅直指》卷1, 出彊錄, 壬辰 11月 22日 ;《萬機要覽》財用編5, 柵 門後市.

고용해 심양까지 운반했다.[101] 이를 책문에서 청의 관원에게 교부한
것은 그만큼 조선의 운송 부담이 줄어들었음을 의미한다. 따라서 18
세기 말 이후 책문에서 수레를 빌려 운반하는 짐은 사행 자체에 필요
한 것과 상인들의 개인 물건뿐이었다.

이 무렵 역관이나 비장(裨將)들도 말보다는 태평차(太平車)라는 수
레를 즐겨 탔다.[102] 19세기 전반에는 상인들까지 모두 수레를 타, 가져
간 역마는 하례배(下隷輩)들이나 이용했다. 1832년 동지행에서는 수레
한 대에 은자 30냥씩 모두 100여 대의 태평차를 빌려 가는 바람에, 서
장관이던 김경선(金景善)은 연행 시의 사치와 낭비가 근래 고질적인
폐단이 되었다고 지적할 정도였다.[103]

수레를 대여하는 비용은 쇄마와 쇄마구인의 고립가로 충당했지만,
부족분은 원역에게서 추렴했다. 전체 사행 규모는 방물 운반 부담의
감소 그리고 쇄마와 쇄마구인의 축소로 줄어드는 추세에 있었기 때문
에, 평안도의 인마 동원 부담 또한 다소 완화되었을 것으로 보인다.
하지만 사행에 대한 규제 이완과 대청 관계의 안정이라는 분위기에
편승해 수레 이용의 확대와 같은 새로운 비용 지출 요인들이 발생했
던 것이다.

(2) 무역 구조의 변화와 공용은 부담

연행에 대한 평안도의 또 다른 부담은 공용은 확보를 위한 관은 대
출이나 불우비은(不虞備銀)·별공용은(別公用銀)의 지급에 있었다. 중
국 내부에서 인정비와 교제비 그리고 정보 수집비 등으로 지출되는
공용은의 안정적인 확보야말로 사신 파견을 앞둔 조선 정부의 변함없

---

101) 《通文館志》 卷3, 事大 渡江狀.
102) 徐有聞, 《무오연행록》 권1, 무오년 12월 5일.
103) 金景善, 《燕轅直指》 卷1, 出彊錄, 壬辰 11月 22日.

는 주 관심사였다. 평안도로서는 관은 대출을 통해 무역에 직·간접적
으로 참여함으로써 재정 보용의 계기를 마련할 수도 있었다.

하지만 사행 원역들의 상환 지체나 불능에 따른 손실의 위험은 갈
수록 커졌고, 조정에서는 이로 말미암은 폐단과 공용은 마련이라는
필요성이 상충하면서 관은 대출의 금지와 용인을 되풀이했다. 역관들
의 부채 상환을 독려하기 위한 상재청(償債廳)까지 운영되었던 상황
에서 각 관청은 가능한 한 대출을 기피하려 했고, 조정에서는 결국 중
앙의 몇몇 아문과 군영 그리고 평안감영과 병영에 은화 분정(分定)을
강요했다.

재정 운영에 여유가 있었고 다량의 은화를 보유했던 평안도는 이에
따라 독자적으로 혹은 다른 관청과 함께 오랫동안 관은 대출에 참여
했다. 더구나 팔포를 채울 은이 부족했던 반면 공용은 지출은 늘어나
면서 관은 대출이 더욱 조장되었다. 당시 왜은의 고갈 등으로 역관들
이 팔포를 채우지 못하면서 으레 평안도의 은을 빌려주고 있었던 것
이다.[104] 팔포에서 추렴하는 공용은의 액수는 1712년의 동지행에서는
3,700냥이었지만, 이후 그 규모는 갈수록 늘어나 18세기 후반에는 대
개 5~6,000냥 수준이었다.[105] 관은을 빌려주지 않으면 이처럼 증가 추
세에 있던 공용은 조달 역시 어려웠다. 따라서 관은 대출이든 사용하
고 남은 액수의 상환을 전제로 한 백급(白給)이든, 연행 경비 부담에서
차지하는 평안도의 비중은 여전했다.

관은 분정의 경우 1710~1720년대 평안도 은의 비중은 40퍼센트선
이었다. 1737년(영조 13) 주청행(奏請行)에서는 분정된 7만 93냥의 은

---

104)《備邊司謄錄》第95冊, 英祖 10年 6月 23日(9-828 다) ; 第98冊, 英祖 11年
    10月 20日(10-107 나) ; 第99冊, 英祖 12年 2月 16日(10-190 나).
105) 崔德中,《燕行錄》, 日記, 癸巳 1月 22日 ; 徐浩修,《燕行紀》卷4, 起燕京至
    鎭江城 10月 8日.

가운데 평안감영과 병영이 약 30퍼센트인 2만 1,000냥을 배정받았고,[106] 이때 지방 관청 가운데는 평안도 외에 처음으로 통영과 강화가 포함 되었다. 연행 팔포가 부족해지면서 지방 주요 군사 기지의 군수용 은 으로 분정 범위가 확대된 것이다. 다만 통영과 강화은은 육성(六成)으 로 품질이 떨어지고 강화은은 곧 분정이 취소되었으므로 평안도 은의 비중은 그만큼 늘어났다.[107] 이듬해 진하행(進賀行)에서는 1만 냥의 분 정액 가운데 중앙의 군·아문과 평안 감·병영이 절반씩 부담한 것으로 볼 때,[108] 당시까지 평안도 은의 분정 비중이 매우 높았음을 알 수 있다.

공용은 확보를 위해 관은을 대출했지만 미상환의 걱정을 불식시킬 방안이 있었던 것은 아니었다. 상채청을 통한 상환도 별다른 효과가 없자 평안도에서는 이를 혁파했고, 뒤이어 중앙에서도 미상환분을 탕 감하고 혁파해버렸다.[109] 따라서 남은 방법은 관은 대출을 가능한 한 억제하는 것이었다. 하지만 이는 다시 공용은 마련 문제를 야기했으 므로 논란만 되풀이될 뿐이었다.

사행 경비의 팔포 추렴과 팔포의 부족 현상이 지속되는 한 대안 없 는 관은 대출 억제는 비현실적인 주장에 지나지 않았다. 결국 관서은 의 대출이 다시 재개될 수밖에 없었으며, 1746년(영조 22) 진주행(陳奏 行)에 대한 4만 냥의 은자 분정에서 평안감영과 병영은 전체의 43퍼 센트인 1만 7,000냥을 부담했다.[110]

관은 대출이 지속되자 평안감영에서는 강압적인 방법을 동원해서 라도 이를 돌려받으려 했다. 일례로 1755년(영조 31) 동지행의 귀환 때

---

106) 《備邊司謄錄》 第102冊, 英祖 13年 7月 2日(10-447 가).
107) 《承政院日記》 第854冊, 英祖 13年 8月 5日(47-171 다).
108) 《備邊司謄錄》 第104冊, 英祖 14年 7月 19日(10-667 라).
109) 《平壤續誌》 倉儲 ; 《備邊司謄錄》 第112冊, 英祖 19年 4月 17日(11-370 가).
110) 《備邊司謄錄》 第115冊, 英祖 22年 4月 6日(11-597 가).

평안감사는 역관들의 물건을 의주에서 압류하고 빌려간 은을 갚은 뒤 찾아가도록 강요했다.[111] 관은 미상환으로 말미암은 재정 운영의 피해를 사전에 차단하려 한 것이다. 이에 대해 조정에서는 감사에게 물건을 내주고, 역관들은 즉시 본은을 상환하며 이후 관은 대출도 엄금하도록 결정을 내렸다.

그러나 감사 이후(李㷂)는 두 날이 지나도록 물건을 내주지 않고 본은을 먼저 갚도록 해 추고를 당했다.[112] 조령을 어기며 본은 상환을 독촉한 사례를 통해 평안감사의 막강한 권력을 엿볼 수 있지만, 한편으로는 관은 대출에 따른 피해가 그만큼 컸음을 알 수 있다. 평안병영역시 오랜 관은 대출로 18세기 후반에는 은자가 거의 바닥났을 정도였다.[113]

이러한 분위기에서 새로운 공용은 확보 방안으로 제시된 것이 모자무역이었다.[114] 1758년(영조 34) 모자 무역의 일환으로 실시된 관모제(官帽制)는 각 관청의 은자 4만 냥을 사행 원역에게 지급해 경비를 제외한 나머지 액수로 모자를 수입해 오도록 한 것이었다. 이때 평안도에서는 은자의 절반인 2만 냥을 부담했고, 수입한 모자는 호조와 의주부가 절반씩 관리해 상인들에게 값을 받고 내주었다. 그 값은 최소4만 4,000냥으로, 4만 냥은 이듬해 동지행에 지급하고 4,000냥은 별사나 기타 연행 경비에 사용하도록 했다.[115]

111)《備邊司謄錄》第130冊, 英祖 32年 3月 26日(12-787 다) ; 4月 6日(12-791 라).
112)《備邊司謄錄》第131冊, 英祖 32年 7月 17日(12-838 나).
113) 蔡濟恭,《樊巖集》卷30, 論平安兵營及各山城封椿銀錢布木申嚴典守啓 戊申 (正祖 12年). '雖以日前本營之報備局成冊見之 天銀條初行 書以日萬三千餘兩 而盡歸於前後赴燕譯官所貸去 年去年來 不捧一錠 時留庫懸以六錢幾分 雖非 時兵使所作爲 事之寒心 莫此爲甚.'
114) 모자 무역의 전반적 흐름에 대해서는 이철성, 앞의 책, 61~111쪽 참고.
115)《備邊司謄錄》第135冊, 英祖 34年 11月 6日(13-166 가).

관모제는 팔포의 추렴에 맡겨두었던 공용은을 호조와 의주부의 관리 아래 체계적으로 운영하고 역관의 잔폐도 막아보려는 의도가 반영된 것이었다. 이는 절행에 대한 평안도의 관은 대출 폐단을 일시 막아주었지만, 별행에 대해서는 여전히 관은 대출이 이루어지고 있었다.[116] 그런데 관모제도 10여 년 이상 유지되는 사이 상인들의 모자가 상환이 지체되면서 관모가은(官帽價銀)의 마련이 점차 어려워졌다. 이는 공용은 확보의 문제로 이어져 관모제도 1774년(영조 50) 혁파되었다.[117]

대신 모자의 수입과 판매를 모두 사상에게 넘겨주고 그들로부터 수세해 공용은을 충당하는 세모법을 추진했다. 1777년(정조 1)부터 본격적으로 시행된 세모법은 모자 무역으로 공용은을 마련한다는 점에서 관모제와 다를 바 없었으나, 무역이나 그 재원의 주체가 사상이며 모자 수입에서 나온 수세액으로 공용은을 충당한다는 차이가 있을 뿐이었다. 관모제가 제 기능을 상실하면서 공용은 확보를 위한 운영상의 효율을 꾀한 것이 세모법이라 할 수 있다. 이 역시 관은 대출의 대안으로 실시된 것이므로 평안도 재정에는 긍정적인 기여를 했다.

세모법 아래에서 사상은 한 해 동안의 모든 연행에서 모자를 1,000척(隻)까지 수입해 올 수 있었고, 의주에서는 매 척당 세전(稅錢) 40냥씩 모두 4만 냥의 수세가 가능했다. 이것으로 절행과 역행(曆行)의 공용, 의주부의 수세 비용, 사역원의 공용을 충당하고, 나머지는 저축해두었다가 별행의 공용에 쓰도록 했다.[118] 이는 사상들이 모자 1,000척을 모두 수입해 온다는 전제 아래, 관은 대출 없이 공용은을 마련할 수 있는 방안이었다.

세모법 아래에서 공용은 확보는 초기에는 큰 문제가 없었던 것으로

116)《備邊司謄錄》第155冊, 英祖 47年 5月 24日(15-85 가).
117)《英祖實錄》卷123, 50年 10月 己酉(44-482 라).
118)《萬機要覽》財用編5, 公用 稅帽之法.

보이며, 평안도 은의 대출도 자연스럽게 중단되었다. 그런데 1784년
(정조 8) 연행이 연속되는 가운데 의주부의 남은 모세은(帽稅銀)이
1,000냥으로 줄어들었다. 이것으로는 출발을 앞둔 사은행의 공용이 충
분하지 않게 되자 또다시 평안도 은 3,500냥을 대출했다.[119] 공용 마련
을 위한 관은 대출이 재개된 것이다.

　다만 세모법이 흔들릴 정도의 전면적인 관은 대출로 곧바로 이어진
것은 아니었다. 충분하지는 않지만 모세가 꾸준히 들어오고 있었기
때문이다. 따라서 평안도 은자는 모세의 부족분을 채우는 데 동원되
었다. 절행의 공용은으로 지급하는 모세 6,000냥이나 별행에 주는
4,500냥의 부족분을 평안도 은으로 충당했던 것이다.[120]

　대출한 은자는 모세가 넉넉해지면 상환한다는 조건을 내걸었지만
상황은 갈수록 악화되었고, 평안도 은의 대출 폐단에 대한 걱정 속에
서 모세를 여유 있게 확보할 방안이 강구되었다. 하지만 조정의 신료
들이 별다른 개선책이 없다고 고백할 정도로 그것은 구조적인 문제를
안고 있었다.[121] 모세를 통한 공용은 확보는 모자 1,000척이 모두 수입
될 때 가능한 것이었지만, 은자 부족과 모자전민(帽子廛民)에게 인정
된 면세 무역으로 그 수를 채울 길이 없었던 것이다.[122] 따라서 후시수
세(後市收稅) 등을 통해 모세의 부족분을 보충했으나, 평안도 은의 대
출 역시 필요했다.

　무역의 구조적 문제로 모세가 늘어나지 않았던 상황에서 평안도 은
대출은 결국 지역 은화의 고갈을 가져왔다. 세모법 아래에서 부족한
공용은을 전적으로 평안도에만 부담지웠기 때문이다. 그럼에도 공용

---

119)《承政院日記》第1570冊, 正祖 8年 11月 3日(84-553 다).
120)《承政院日記》第1695冊, 正祖 15年 10月 11日(90-28 다) ; 第1737冊, 正祖
　　 18年 10月 15日(92-184 라).
121)《備邊司謄錄》第182冊, 正祖 18年 11月 2日(18-284 나).
122)《萬機要覽》財用編5, 公用 公用艱難.

은 마련 대책이 없었던 정부로서는 부족한 모세만큼 평안도 은을 계
속 대출해줄 수밖에 없었다.[123]

그 사이 조선의 대청 무역은 새로운 전환을 맞고 있었다. 1797년(정
조 21) 팔포에 은과 함께 홍삼을 채워 갈 수 있게 한 포삼제(包蔘制)가
실시된 것이다. 왜은의 단절 등으로 부족한 은자 외에 역관들은 잡물
을 팔포에 넣어 갈 수 있었으나, 이마저도 채우지 못하는 경우가 허다
했다. 포삼제는 절행과 역행을 합쳐 팔포에 120근의 홍삼을 넣어 가
도록 해 역관을 부양하려는 것이었는데, 포삼제의 실시를 계기로 세
모법이 혁파된 것은 아니었으므로 모세를 통한 공용은 확보 방식은
그대로 유지되었다. 이는 모세의 부족분을 평안도 은으로 충당해 공
용은을 지급하는 방식이 19세기 초에도 지속되었음을 의미한다.[124]

포삼제는 1802년(순조 2) 홍삼 무역의 주체를 경상(京商)과 만상(灣
商)으로 바꾸고 그들에게 포삼 1근당 200냥의 포세를 거두어 절반은
사행 원역에게 지급하고 절반은 사역원 경비에 충당하는 방식으로 전
환되었다.[125] 이때 사행 원역에게 지급한 포세는 공용은이라기보다 사
행 노비였던 것으로 보인다.[126] 왜냐하면 공용은은 여전히 모세와 평
안도 은에서 나오고 있었기 때문이다.

사행 노비는 호조와 선혜청에서 상당 부분을 부담했고, 지방에서도
'구청(求請)'의 명목으로 일부 분담했다. 이는 청에서 예단비와 사신
이하 역졸까지 사행 구성원의 왕복 경비에 사용되었다.[127] 그렇다면

---

123) 《備邊司謄錄》 第191冊, 純祖 卽位年 7月 20日(19-227 나).

124) 《備邊司謄錄》 第192冊, 純祖 元年 7月 17日(19-347 나) ; 第196冊, 純祖 5
年 10月 24日(19-772 라) ; 第202冊, 純祖 12年 9月 20日(19-568 라) 등을
통해 매년 모세의 부족을 이유로 평안도 은을 대출했음을 확인할 수 있다.

125) 《萬機要覽》 財用編5, 燕行八包 變遷沿革.

126) 《備邊司謄錄》 第200冊, 純祖 10年 6月 19日(20-205 가).

127) 《通文館志》 卷3, 事大 京外路費.

수출품인 홍삼에서 나오는 포세를 통해 사행 노비와 사역원 경비의 일부를 충당하고 모세와 평안도 은을 통해서는 사행 공용은을 충당한 것으로 이해할 수 있다.

모세 부담자인 만상들은 모자 수입의 감소와 상관없이 원칙적으로 매년 4만 냥의 공용을 마련해야 했다. 따라서 만상들은 1796년(정조 20)부터 10년에 걸쳐 무려 수십만 냥의 부채를 진 상태였다.[128] 이는 만상의 피폐와 평안도 은의 지속적인 대출을 유발했다. 잔폐한 만상을 구제하기 위해 평안감영은을 그들에게 빌려주기도 했지만, 모세 부족으로 말미암은 공용은 대출도 계속되었던 것이다.

이러한 상황이 발생한 근본 원인은 19세기에 들어와서 모자 무역이 겨우 명맥만을 유지할 정도로 쇠잔했던 데서 찾을 수 있다. 1,000척의 모자를 모두 수입해야 4만 냥의 모세가 들어오는데, 1812년(순조 12) 당시 수입량은 2~300척에 그쳤다. 여기에 청포전민(靑布廛民)을 위해 설치한 무세모(無稅帽) 100척을 제외하면 수세량은 4,000냥에 불과했다.[129] 결국 후시 수세 등으로 보충한다고 해도 만상의 잔폐나 관서은 대출에 따른 폐단을 막기에는 역부족이었던 것이다.

이로 말미암아 잔폐한 만상들의 호소나 의주부·평안감영의 이정안 요청이 이어지자 1813년에 일련의 개선책이 마련되었다.[130] 감사나 부윤은 근본 대책으로 1796년(정조 20)부터 만상에게 맡겨진 모세 수세와 책응을 관청에서 주관할 것을 제안한 반면, 조정에서는 운용상의 폐단을 바로잡는 것으로 충분하며 새로운 제도를 만들 필요가 없다는 견해

---

128) 《備邊司謄錄》第197冊, 純祖 6年 5月 27日(19-825 가). '司啓曰 …… 卽見 平安監司李勉兢所報 則以爲使行公用之移付灣商也 劃給帽稅 後市馬窠馬貰海 帶等諸條 四萬兩公用 使之責應矣 年來帽數 逐年減縮 許多所用 拮拒無策 斂 錢擔當 出債彌縫 自丙辰至十年負債 殆近數十萬 商失其業 莫可收拾.'

129) 《備邊司謄錄》第202冊, 純祖 12年 11月 25日(20-603 가).

130) 《備邊司謄錄》第203冊, 純祖 13年 6月 5日(20-657 가).

제2절 외교 관계의 안정과 사행 비용 지원 229

를 가지고 있었다. 그리하여 정부는 모세 수취의 기본 틀을 유지한 채
중간 침탈을 막거나 면세의 범위를 줄여 수세액을 늘리고 만상에 대
한 직접적인 지원을 확대해 안정적인 공용은 확보를 보장받고자 했다.

이러한 개선책으로 공용은 확보 문제는 다소 완화되었던 것으로 보
인다. 하지만 몇 년 지나지 않아 평안도 은의 대출은 재개되었다. 만
상의 부담액 부족이 다시 누적되고 있었기 때문이다. 1820년의 경우
연속된 진향행(進香行)과 동지행에 필요한 공용은은 1만 500냥이었지
만 남아 있는 모세는 1,500냥에 지나지 않았다. 결국 평안감영은 5,000
냥을 빌려주어 모세에 여유가 생기면 갚게 하고, 나머지 4,000냥은 돌
아오는 역행에게 모세를 미리 받아 충당하도록 했다.[131] 1813년의 개
선책 이전 상황으로 돌아가버린 것이다.

한편 포삼으로 가져가는 홍삼은 1811년에 200근으로 늘어나고, 그
세액은 여전히 공용은과는 상관없이 사행 노비와 사역원 경비에 활용
되었다. 사행 노비가 부족한 별사행에는 먼저 선혜청에서 비용을 대
주고 역절행(曆節行)의 포삼을 나누어준 뒤, 포세를 거두는 대로 선혜
청에 갚도록 한 데서도 이를 확인할 수 있다.[132]

그런데 홍삼 밀무역이 성행하자 정부는 포삼수를 늘리고 세율을 줄
여 밀무역을 억제하는 방향으로 포삼제를 운영했다. 1823년(순조 23)
800근이라는 포삼의 대거 증액은 그러한 정책에서 나온 산물이었다.
이는 공용은 마련과 관련해 중요한 의미를 지닌다. 전체 1,000근의 포
삼 가운데 200근은 사행 원역이 가져가고 늘어난 800근은 포세를 내
고 경상과 만상이 가져가도록 했다. 이때 늘어난 포세 가운데 매년
5,000냥을 따로 떼어내고 3년 동안 저축해 한 번의 별사행 공용은에

131) 《備邊司謄錄》 第209冊, 純祖 20年 10月 7日(21-305 나).
132) 《備邊司謄錄》 第207冊, 純祖 18年 4月 20日(21-102 나) ; 207冊, 純祖 19年
    5月 21日(21-183 나).

충당하도록 했다.[133] 3년 동안 모은 1만 5,000냥을 은으로 환산하면 별
사행 공용은 4,500냥에 이르는 것이다.[134] 원칙적으로 모세로 충당하고
부족분을 평안도 은에서 대출했던 공용은의 일부를 포세에 부담시켰
다는 점에서 새로운 공용은 확보 대책이 마련되었다고 할 수 있다.

이로써 반복되었던 모세 부족과 평안도 은자 고갈의 폐단을 부분적
으로나마 보완할 수 있게 되었다. 물론 이 조처가 효과를 보기까지 부
족한 공용은을 평안도 은으로 지원했던 관례는 지속되었다. 하지만
꾸준히 포삼수가 늘어나는 가운데 별사의 공용은 지원에 실효가 나타
나면서 포세는 별사의 공용은 마련과 사역원 경비에 활용된다는 인식
이 정립되어나갔다.[135]

포세는 사행 노비와 사역원 경비, 다시 별사의 공용은으로 사용처
를 확대해나갔으므로 평안도 관은의 부담은 그만큼 줄어들었다고 할
수 있다. 그러나 공용은의 기본 출처는 여전히 모세였고, 그 바탕이
되는 모자 무역은 침체를 벗어나지 못했다. 모세를 보충했던 후시 잡
세의 수취액도 충분하지 않아 4만 냥의 공용을 부담해야 하는 만상의
폐단이 근본적으로 개선되지는 않았다. 별행의 공용은을 포세에서 분
담했다고 해도, 모세가 부족한 상황에서 평안도는 공용은 부담으로부
터 완전히 자유로울 수는 없었던 것이다.[136]

그런데 유명무실했던 모자 무역은 침체 상태에서 점차 단절로 이어
지고 있었다. 반면 120근에서 시작한 포삼 무역 액수는 19세기 중반 4

---

133) 《承政院日記》 第2168冊, 純祖 23年 7月 4日(111-417 바).
134) 당시 공용은 1냥은 전 3냥 3전으로 정해놓고 있었다.(《備邊司謄錄》 186冊,
    正祖 21年 8月 22日[18-685 나]).
135) 《備邊司謄錄》 第216冊, 純祖 28年 8月 30日(21-977 라). '司譯院官員 以都
    提調提調意達曰…… 盖此包蔘之設施 一以爲別使公用 一以爲一院屢百官生之
    資生 則其所支保之方 專在禁潛商一款.'
136) 《備邊司謄錄》 第219冊, 純祖 31年 11月 2日(22-248 라).

만 근으로까지 증가했고, 수세액도 2만 4,000냥에서 최고 20만 냥으로 늘어났다. 따라서 포세의 사용 범위는 더욱 확대되었으며 사행의 공용에서도 모세를 대체했다. 사행의 공용은 부담을 대표했던 세액이 모세가 아니라 포세라고 인식하기 시작한 것이다.[137] 이때도 사행이 연속되거나 이용할 수 있는 포세액이 한정되면 이를 뒷받침한 것은 역시 평안도 은이었다.[138]

결국 연행 시의 전체 경비 가운데 주요 부분이었던 공용은의 확보 방식은 대청 무역의 내용과 주체에 따라 변화했다고 할 수 있다. 사행 원역의 팔포에 맡겨두었던 공용은은 모자 무역 아래 관모(官帽)에서 모세로, 다시 홍삼 무역 아래 포세로 출처가 옮겨간 것이다. 그럼에도 변하지 않았던 사실은 부족한 공용은을 보충한 것이 언제나 평안도 은이었다는 점이다. 안정적인 공용은 확보를 위한 관은 분정에서 평안도는 늘 중심 위치에 있었지만, 세모법 이후 관은 대출 대상은 아예 평안도로 한정되었다. 급속하게 줄어든 칙행 빈도와 접대 부담의 감소에 견주어 연행의 공용은 확보와 관련한 평안도의 부담은 지속적이었다. 그렇지만 관은 대출을 억제하고 공용은 확보와 관리의 효율을 높이려는 일련의 과정을 통해 평안도의 부담은 전 시기보다 많이 완화될 수 있었다.

3. 대청 무역 지원과 수세책

대청 무역의 양상 변화에도 불구하고 평안도의 관은은 공용은 지원에 단속(斷續)적으로 활용되었다. 공용은은 연행 경비의 주요 부분을

---

137)《備邊司謄錄》第223冊, 憲宗 元年 3月 28日(22-617 나).
138)《承政院日記》第2326冊, 憲宗 2年 1月 5日(116-603 바).

차지했지만, 관아 무역이나 관은 대출의 형식을 통해 평안도 재정은 무역에도 직·간접적으로 투여되고 있었다. 무역에 참여하는 것은 양국 사행 접대 부담으로 말미암은 재정 손실을 부분적으로나마 만회할 수 있는 기회이기도 했지만, 사상인이 개입된 평안감영과 병영 그리고 의주부 등의 심양팔포 무역은 역관층의 공세로 1728년(영조 4)에 이미 혁파되었다.

심양팔포의 권한을 가장 폭넓게 인정받고 있던 의주부는 그것의 혁파로 말미암은 재정 손실을 막기 위해 복설을 요청했으나 받아들여지지 않았다.[139] 직접적인 무역 참여의 기회를 잃은 평안도 재정은 사행 원역에 대한 관은 대출을 통해 간접적으로 무역에 참여할 수 있었다. 그렇지만 1720년대 이후의 은화 고갈은 평안도를 비롯한 각 관청의 관은 대출을 사실상 어렵게 만들었고 대출된 관은도 상환이 지체되었다. 이후로도 공용은 마련이 곤란하면 정부에서는 평안도 은의 대출을 요구했으나, 상환이 보장되지 않은 상황에서 자발적인 협조를 얻기는 어려웠다. 평안도의 처지에서 보자면 관은 대출에 따른 재정 보용의 효과가 사라지고 있었던 것이다.

모자 무역이 적극 추진된 18세기 후반, 공용은은 모세에서 나왔고 이의 부족은 역시 평안도 은으로 해결했다. 그런데 이 시기 평안도 은이 서울의 시전에 대규모로 투여되고 있었다는 점은 주목할 만하다. 이는 재정 보용을 위한 자발적 관은 대출이 아니라 시민(市民)을 부양하려는 정부의 요구에 부응한 것으로, 평안도 재정은 이제 시전에 대한 지원을 통해서도 무역에 간접적으로 참여했다.

시전민 가운데 모자전민은 세모법 아래 모자 무역을 주도했던 만상과 송상에 견주어 상대적으로 열세에 있었으므로 정부는 200척의 모

---

139) 《備邊司謄錄》第96冊, 英祖 10年 11月 3日(9-916 나).

자 수입 권리와 면세의 특권을 그들에게 주었다.[140] 또한 청포전(靑布廛)에는 모자 무역의 자금으로 평안도에서 2만 5,000냥의 돈을 빌려주도록 했다.[141] 이러한 조처는 사실 1,000척으로 규정된 일반 모자 무역의 침체를 가져왔고 이는 모세의 부족을 초래했다. 모세의 부족은 다시 평안도 은의 대출을 유발했으므로 시전민의 부양은 오히려 평안도 재정에 악영향을 줄 수 있었다.

그럼에도 이들에게 특혜를 주거나 자금을 지원한 것은 평안도 재정이 적극적으로 중앙에 흡수되고 있던 당시의 분위기와도 관련된 것이었다. 19세기에 접어들자 앞서 평안도에서 시전에 빌려준 돈을 매년 2,500냥씩 10년에 걸쳐 갚도록 보장해주었으나[142] 평안도로서는 이자 수입이 뒤따르지 않았기 때문에 이는 이익이 담보되지 않은 일방적 지원에 지나지 않았다.

1810년 모자전민들은 평안도 돈 2만 5,000냥의 대출을 다시 요청했고, 조정에서는 액수를 2만 냥으로 줄여 재정상의 여유가 발생하는 대로 빌려주도록 했다.[143] 이후로도 모자전민들은 무역 자금 조달의 곤란을 들어 지원을 호소했지만, 평안도에서도 역시 재정 부족을 내세워 협조하지 않았다. 하지만 대개의 경우 조정에서는 결국 모자전민들의 손을 들어주었다.[144]

정부의 적극적인 후원을 배경으로 모자전민들은 평안도에서 무이자로 대출받은 자금을 다 갚을 무렵 또다시 지원을 얻어냈다. 상환 기간은 10년으로 장기였지만, 이마저도 연장을 꾀하고 있었다.[145] 모자전

---

140) 《備邊司謄錄》 第163冊, 正祖 5年 11月 17日(16-83 나).
141) 《備邊司謄錄》 第188冊, 正祖 22年 11月 17日(18-962 나).
142) 《承政院日記》 第1855冊, 純祖 2年 7月 5日(98-609 바).
143) 《備邊司謄錄》 第201冊, 純祖 11年 3月 19日(20-313 라).
144) 《備邊司謄錄》 第208冊, 純祖 19年 1月 17日(21-156 다).
145) 《承政院日記》 第2364冊, 憲宗 5年 2月 21日(117-905 가).

민에 대한 지원은 모자 무역의 쇠퇴를 배경으로 하고 있으며, 평안도 자금이 무역에 투여되었다는 점에서 일정한 의미를 지닌다. 하지만 그것은 처음부터 평안도 재정에 대한 보용의 효과가 고려되지 않았고, 중앙의 요구에 따른 비자발적인 지원이라는 점에서 한계를 가지고 있었다.

평안도와 관련된 또 다른 방식의 무역으로는 중강개시와 책문후시를 들 수 있다. 중강개시에서는 조선 측 물화의 절반 이상이 평안도에서 나오는 등 평안도의 부담이 컸다. 그러나 개시 자체가 청의 요구에 따라 설치되었으므로, 19세기까지 평안도나 다른 지역에 별다른 이익을 가져다주지는 못했다. 1832년(순조 32) 동지행의 서장관이었던 김경선이 중강개시에 대해 말했던 다음과 같은 내용, 즉 "사실상 사고파는 것이 아니라 거저 주는 것이나 다름없다.…… 경기와 양서 지방의 수고나 비용은 매우 크지만 소득은 청포(靑布) 몇 척에 불과할 뿐이다"라는 것이 현실이었다.[146]

의주부 재정에 일정한 기여를 했던 중강후시는 일찍이 1700년(숙종 26)에 혁파되었다. 여마(餘馬)나 연복제(延卜制)를 통해 이루어졌던 책문후시도 1720년대 중개 무역 쇠퇴와 역관·사상 사이의 갈등을 통해 심양팔포 무역과 함께 혁파되었다. 양국 사행 접대에 따른 평안도의 재정 손실 보전이라는 측면을 지닌 각종 무역의 혁파로 특히 의주부는 많은 타격을 받았다.[147] 그리고 18세기 중엽 이후 양국을 오가는 사행은 대폭 줄어들었지만, 연행의 의주 체류는 오히려 늘어났고 사행 접대 비용은 여전히 회감에서 제외되고 있었다.

책문 무역에 대한 수세 이익을 상실한 의주부는 사행 원역의 교역품 가운데 관동(關東) 물화에 별도의 수세를 했다.[148] 또한 사행 원역

---

146) 金景善, 《燕轅直指》 卷1, 出彊錄, 壬辰 11月 21日.
147) 《正祖實錄》 卷30, 14年 7月 癸卯(46-159 라).

이 은으로 팔포를 다 채우지 못하면서 가져갔던 잡물에도 수세를 시
도했으나, 조정 신료들은 이를 부당하게 여기고 잡물로 팔포를 채우고
난 잉여 물화만 관리하도록 했다.[149] 책문후시 금지 뒤 의주부는 무역
과 관련된 다양한 수세원을 확보하는 데 주력하고 있었던 것이다.

하지만 이것으로는 한계가 있었으며, 책문후시에 의존해 생활을 영
위했던 의주인들의 잔폐도 심화되었다. 이에 따라 1745년(영조 21)에
서 1746년 사이에 평안감사를 지낸 이종성(李宗城)은 10만 냥에 해당
하는 잡물을 연복편에 들여보내 교역하게 하고, 의주부가 10분의 1을
수세하도록 했다.[150] 평안감사의 이 같은 책문후시 재개 움직임은 1754
년에 공식적으로 인정을 받았다.[151] 이때부터 절행 1만 냥, 별행 5,000
냥, 재자행에는 1,000냥에 해당하는 피잡물을 연복으로 가져가 교역할
수 있었고, 의주부에서는 역시 10분의 1을 수세했다.

책문후시의 재개는 의주부와 상인들에게 이익을 가져다주었지만, 전
통적인 논란을 재연시켰다. 역관들은 후시에서 과다한 불법 거래량을
문제 삼으며 이 때문에 자신들은 팔포를 채울 수 없을 정도로 피해를
보게 되었다고 호소했다.[152] 역관들의 반발에 대해 평안감사나 의주부
윤은 후시의 혁파가 칙행이나 연행 비용 마련에 타격을 주고 상인들
도 쇠락하게 만든다는 논리로 대응했다.[153]

역상 사이의 갈등 및 의주부 재정 보용과 공용은 마련 등의 문제가
개입되어 논란을 거듭했던 책문후시는 1787년(정조 11)에 혁파되었다

148) 《備邊司謄錄》第102冊, 英祖 13年 7月 26日(10-453 라).
149) 《備邊司謄錄》第123冊, 英祖 27年 9月 12日(12-206 가).
150) 《正祖實錄》卷30, 14年 7月 癸卯(46-160 라).
151) 《萬機要覽》財用編5, 柵門後市.
152) 《備邊司謄錄》第167冊, 正祖 8年 8月 19日(16-462 라) ;《正祖實錄》卷21,
    10年 1月 辛亥.
153) 《備邊司謄錄》第167冊, 正祖 8年 10月 29日(16-514 나).

가 1795년에 다시 공인되었다. 대립되는 내용을 모두 만족시킬 수 없는 상황에서 현실 논리에 따라 치폐를 거듭한 것이다. 그런데 1795년의 공인은 공용은 확보가 최우선인 상황에서 이루어진 것이었다. 당시 공용은은 모세에서 나왔지만 모자 무역의 침체로 안정적인 확보가 용이하지 않았는데, 부족한 공용은을 보충하기 위해 수세원을 다양하게 늘려가는 과정에서 책문후시도 공인된 것이다.[154]

공용은의 원천인 모세의 수응이 만상의 책임 아래 있었고, 그 부족분을 후시 수세로 보충하면서 의주부는 소외되었다. 따라서 의주부는 후시 수세를 만상에게 넘기지 말고 이전처럼 의주부 재정으로 돌려줄 것을 요구했다. 이에 대해 조정에서는 수세액을 운향고(運餉庫)에 저축하되 비변사가 회계를 감독하도록 했다.[155] 만상에 넘기지도 않고 그렇다고 의주부에서 자율적으로 활용하지도 못하도록 중앙에서 관리를 하겠다는 것이다. 이때의 운향고는 사행에 소용되는 의주부의 은자가 보관된 창고로, 19세기 초 여유분이 계속 고갈되고 있었다.[156]

당시 책문후시에서 규정된 수세전은 6,000냥이었다. 이것으로 4만 냥인 모세의 부족분을 채우도록 한 것인데, 이를 운향고에 귀속시킴으로써 만상의 모세 확보는 어려워질 수밖에 없었다. 결국 이 조치는 얼마 지나지 않아 취소되고 후시 수세액은 만상에게 돌아갔다.[157] 이러한 논란은 공용은 확보라는 현실 문제에 직면해 중앙이나 지방 관청 모두 자유롭지 못하다는 것을 단적으로 보여준다. 책문후시의 오랜 치폐 과정이 역상 사이의 갈등이나 의주부 재정 보용 등에서 기인한 것이었다면 이제 그 핵심은 공용은 확보로 옮겨졌으며, 이 때문에

154)《萬機要覽》財用編5, 公用·柵門後市.
155)《備邊司謄錄》第196冊, 純祖 5年 3月 1日(19-702 라).
156)《備邊司謄錄》第191冊, 純祖 卽位年 8月 29日(19-241 나) ; 第197冊, 純祖 6年 2月 24日(19-797 라).
157)《承政院日記》第1912冊, 純祖 6年 5月 27日(101-656 마).

대안이 없는 한 쉽게 혁파하기도 어렵게 되었다.

후시 수세를 비롯한 모세의 안정적인 확보를 위한 일련의 개혁안들이 추진되는 가운데 1814년(순조 14)에는 의주부윤 오한원(吳翰源)에 의해 관세청이 설치되었다.[158] 모세의 수납을 만상이 담당하고 있었다는 점을 감안한다면, 관세청의 설치는 의주부에서 이를 체계적으로 관리하려 했음을 보여준다. 이후 관세청은 만상의 책임 아래 모세와 후시세 등 무역세를 거두어 사행 경비를 충당했다.

그런데 관세청의 운영 주체는 만상이었기 때문에 그들이 중간에서 농간을 부릴 가능성도 커졌다. 1824년 평안도 청북암행어사 김로(金鏴)에 따르면, 관세청 설치 뒤 10여 년간의 수세액이 62만여 냥이고 이 가운데 각종 공용과 관세청 잡비에 45만여 냥이 지출되었으므로 17만여 냥이 남아 있어야 한다는 것이다.[159] 하지만 실상이 이와 다르자 그는 만상들이 추가 지출을 명분으로 중간에 투식했을 가능성을 제기했고, 문서 관리 또한 허술하다는 점을 들어 의주부의 관리 강화를 요청했다. 의주부에 따라 관세청이 설립되었지만 여전히 만상들의 자율성이 보장되고 있었던 것이다.

19세기 전반 무역 물종의 중심은 이미 모자에서 홍삼으로 바뀌어 있었고, 공용은이나 노비와 같은 사행 경비도 모세에서 포삼세로 중심축이 이동하는 과정이었다. 확산 일로에 있던 포삼 무역에서 의주부가 수세 이익을 얻기 위해 고안한 것은 규정 외의 홍삼 무역을 묵인하는 대신 받아들인 합안세(闔眼稅)였다. 하지만 합안세는 잠상을 용인하는 것이나 마찬가지였으므로 정부에 의해 혁파당했으며, 포삼세의 일부가 의주부와 관세청에 이전되었다.[160] 이는 지방 관청 차원의

---

158) 관세청에 대해서는 이철성, 앞의 책, 226~232쪽과 李姮俊, 〈19세기 中·後半 管稅廳에 대한 정책과 그 성격〉, 서울여자대학교 석사학위논문, 1999 참고.
159) 《承政院日記》 第2174冊, 純祖 24年 1月 10日(111-616 마).

규정 외 무역 수세를 인정하지 않으려는 것이었다.

당시 무역세의 중심에 위치했던 포삼세는 사행이나 사역원의 경비
는 물론 호조 재정에도 이용되었는데, 관세청의 관리 강화를 위해
1854년(철종 5) 중앙에서 감세관(監稅官)이 파견된 것도 그러한 분위
기의 연장이었다.[161] 감세관의 파견은 관세청의 수세와 그것의 관리를
강화해 무역세에 대한 중앙의 상악력을 높이려는 것이었다. 결국 의
주부의 재정에 기여했던 후시세는 모세를 포함한 만상의 공용 확보로
기능이 확대되었고, 이는 다시 무역세의 중앙 재정 보용과 중앙의 장
악력 강화라는 특징을 띠게 되었다.

---

160) 《備邊司謄錄》 第234冊, 憲宗 13年 8月 1日(23-836 가).
161) 《備邊司謄錄》 第241冊, 哲宗 5年 8月 14日(24-686 다).

제3절 중앙의 평안도 재정 장악과 흡수

1. 중앙의 임시 재정 보용

평안도는 다른 지역과 달리 토지나 인신으로부터 수취한 물품을 오랫동안 자체적으로 관리했고,[162] 전세와 수미 역시 군량인 관향으로 전량 본 도에 비축했다. 토지로부터 거두어들인 수세분을 중앙에 상납하지 않고 본 도에 비축한 데는 여러 가지 이유가 있었다. 무엇보다도 변방 방비를 위해 군수물자를 확보해야 했는데, 평안감사가 관향사(管餉使)의 직책을 계속 겸했던 것도 이 때문이었다.

재정 비축은 또한 외교 경비의 지원과도 관련이 있었다. 평안도가 대청 외교의 관문에 위치해 있는 이상 양국 사행의 접대나 연행 비용 지원에 대한 부담이 클 수밖에 없었기 때문이다. 부차적으로는 평안

---

162) 《關西良役實總》. '顧此本道 規模制置 異於諸道 凡出於民出於土者 專付於本道 而不問其出入者 朝家本意 豈嘗使爲官長者 私其財而利其身哉 實所以重邊門寬民力也.'

도의 낮은 토지 생산성이나 수전 비율, 장산곶을 통과하는 해로의 지형적인 문제도 영향을 주었다.[163] 군사·외교상의 필요와 일부 기술적인 문제로 전세와 수미의 본 도 비축이 이루어졌던 것이다.

정부는 평안도의 토지 수세분을 자체 비축하게 하는 한편, 그 부담 비중은 다른 도보다 낮게 책정했다. 평안도는 삼수미(三手米) 부담에서 자유로웠을 뿐만 아니라 전세 부담은 다른 지역의 3분의 2, 대동의 성격을 지닌 수미의 부담은 2분의 1 수준에 지나지 않았다. 이는 낮은 토지 생산성과 더불어 군사나 외교상의 또 다른 부담들을 이 지역이 안고 있었기 때문이다.

그런데 토지세 비중이 다른 지역보다 낮았다고 해도, 이것이 지속적으로 비축되고 환곡으로 운영되는 과정에서 전체 액수가 증가할 가능성은 열려 있었다. 호란 이후 군비 지출 요인의 감소와 지역 경제의 점진적인 성장 역시 재정 운영에 여유를 가져다주었다. 이러한 재정상의 여유는 외교 경비 지원에 대한 집중적인 투여에도 불구하고 중앙의 관심을 끌기에 충분했으므로, 필요에 따라서는 비축분이 중앙으로 이전될 가능성도 얼마든지 있었던 것이다.

후금의 성장에서 병자호란 시기까지 평안도의 토지에서 거두어들이는 다양한 수세 명목은 군사적 수요에 충당되었는데, 때로는 다른 도로부터 군량을 지원받기도 했다. 이 시기에는 평안도의 군량이나 기타 재정원이 중앙으로 이전될 만한 여유가 없었다. 청의 견제로 군비 재건이 어려운 가운데 호란의 피해를 점차 극복해나갔던 17세기 후반 이후, 중앙에서는 평안도 재정의 활용에 관심을 보이기 시작했다. 본 도 비축분이 점차 늘어나고 있었던 것이다.

1656년(효종 7) 무렵 평안도의 한해 전세와 수미는 모두 2만 1,630석

---

163) 吳洙彰, 《朝鮮後期 平安道 社會發展 硏究》, 一潮閣, 2002, 135~150쪽.

이었다.[164] 당시 호조판서였던 홍명하(洪命夏)는 이 가운데 수미의 일
부를 해마다 중앙 경비에 활용할 것을 건의했다. 재정 아문인 호조에
서 먼저 평안도 재정에 관심을 표명한 것인데, 즉각적인 동의를 얻어
내지는 못했다. 그렇지만 토지 결수가 완전히 회복되지 않은 상황에
서도 점차 비축액을 늘려나갔던 평안도의 군량을 활용하자는 논의는
언제든지 다시 제기될 수 있는 것이었다.

그리고 그것이 현실화된 것은 1660년(현종 1) 삼남과 경기의 혹심
한 기근 때였다. 기근 구제에 따른 경비 보용으로 평안도는 관향 각
곡 3만 석과 감·병영 등의 무명 700동을 지원했다.[165] 이때는 평안도만
이 아니라 중앙과 지방의 여유 있는 군·아문이 총동원되었다. 다만
곡물류는 전액 양서의 관향으로 충당했다. 평안도만의 지원은 아니었
고 일부가 다시 본 도 진휼에 쓰였지만, 이로써 평안도 비축 재원이
중앙 재정에 보용될 수 있는 길이 열리게 되었다.

현종 초에는 기근의 연속으로 호조의 세곡 수입이 감소하면서 잇달
아 관향을 끌어다 썼고, 때로는 인접한 함경도 구제를 위해 병영목(兵
營木)을 지원하기도 했다.[166] 평안도의 군역자들은 감영·병영·방어영
을 비롯한 도 안의 군사시설에 소속되었고, 그들로부터 수취한 군포
는 중앙에 상납되지 않았다. 이렇게 비축된 군포 역시 부분적으로 활
용되었으며, 그 중심 대상은 병영에 유치된 면포였다.[167]

현종 초 이후, 호조에서 평안도 관향에 다시금 관심을 기울인 것은
1670년에서 1671년(현종 12) 사이의 이른바 '경신대기근' 기간이었다.[168]

---

164) 《承政院日記》第139冊, 孝宗 7年 閏5月 29日(7-833 가).
165) 《備邊司謄錄》第20冊, 顯宗 元年 12月 4日(2-645 나).
166) 《備邊司謄錄》第23冊, 顯宗 4年 9月 8日(2-799 나).
167) 《備邊司謄錄》第26冊, 顯宗 8年 11月 17日(2-940 가).
168) '경신대기근'에 대해서는 김성우, 앞의 글, 23~32쪽 참고.

재정 운용에 큰 타격을 받은 호조는 평안도 대·소미 5만 석을 진휼과
일반 경비 보충을 위해 가져다 쓰기로 결정했다. 당시 호조의 재정 보
용은 평안도에 의존하는 길밖에 없다는 것이 정부의 인식이었다.[169]

숙종 초에도, 흉년으로 세수가 줄어들면 호조에서는 평안도 곡물의
사용을 원했다. 그런데 당시까지만 하더라도 "본 도의 전세는 군량이
므로 호조에서 사용할 수 있는 것이 아니"라는 인식이 강했다. 호조의
형편상 마지 못해 그 사용을 인정한다 하더라도 이것이 특별한 조처
임을 밝히고 있었다.[170]

전대와 마찬가지로 진휼청이나 함경도에서도 평안도 비축곡이나
무명을 간헐적으로 활용했다.[171] 활용의 명분은 진휼 자원이라는 것
외에 흉년이라도 평안도는 비축곡에 여유가 있다는 것이었다. 1682년
(숙종 8) 문서상의 평안도 연해읍 관향곡은 31만 석이었고, 중앙에서
는 실제 수봉액이 10만 석이 넘을 것으로 추정했다. 이는 곧 흉년에
중앙 재정을 보용할 수 있는 곳은 평안도뿐이라는 것이다.[172]

여기에서 주목되는 것은 강화나 남한산성에도 비축곡이 있었지만
옮겨올 수 없다는 견해를 보인 점이다. 그 바탕에는 평안도 관방의
요충지이기는 하나 유사시 보장처인 강화나 남한산성에 견주어 중요
성이 낮다는 인식이 깔려 있었다. 또한 숙종대 전반까지만 하더라도
도내의 방어체제 복구가 지연되면서 군량이 본래의 목적으로 적극 활
용되지 않았던 점 역시 고려되었을 것으로 보인다.

169) 《備邊司謄錄》 第30冊, 顯宗 12年 2月 1日(3-83 라).
170) 《承政院日記》 第262冊, 肅宗 3年 11月 5日(13-951 다). '領議政許積曰 關
西田稅本爲軍餉 非戶曹應用之物 而今年則戶曹經費 果爲不足 稅收米特給戶
曹 而自戶曹料理作木 從便運來 以補經費 則可除民弊矣 上曰 事勢如此 則今
年稅收米 並爲割給可也.'
171) 《備邊司謄錄》 第36冊, 肅宗 8年 3月 24日(3-493 다) ; 9月 25日(3-559 다).
172) 《備邊司謄錄》 第36冊, 肅宗 8年 12月 5日(3-585 가).

주로 흉년과 같은 불가피한 상황에서 호조나 진휼청 혹은 인근 지역의 경비를 보조했던 평안도 재정에도 위기는 있었다. 17세기 말 조선 사회를 일대 혼란에 빠트린 '을병대기근'의 최대 피해 지역이 평안도 일원이었다. 그 조짐은 1693년(숙종 19)부터 나타나 당시 평안감사는 본 도의 진휼곡을 미리 확보하기 위해 감영의 은화로 다른 도의 곡식 2만 석을 사들였다.[173]

1699년에는 다시 연속적인 기근에 따른 기아와 전염병 피해가 속출하는 가운데 강화로부터 전후 4만 석을 지원받았다.[174] 보장처의 군량으로 다른 지역 이전이 극도로 제한되었던 강화곡을 재해 구제에 활용했던 것이다. 평소 비축곡에 여유가 있어서 중앙의 진휼 비용으로 평안도곡이 이전되었다는 사실을 고려한다면 당시 이 지역의 피해상을 짐작할 수 있다. 하지만 군수 재정의 측면에서 강화곡은 평안도곡이상의 비중을 가졌으므로 적극적인 환납을 요구받았다.

장기간의 대기근을 겪으면서 군량으로 비축된 서북이나 강화 및 남한산성의 곡물은 크게 감축되었다. 평안도 군량의 전체 규모는 100만여 석에서 14~15만 석으로, 함경도는 10만여 석에서 수만 석으로 줄어들었다.[175] 기근과 전염병으로 다른 도보다 사망자가 두 배 이상 발생한 평안도에서는 1694년에 25~26만 석의 환곡을 탕감한 데 이어 1702년에 다시 32만 석을 탕감했다.[176]

비축곡이 이렇게 줄어들자 정부는 보유량을 늘리기 위해 평안도곡의 관리를 강화했다. 전세와 환곡의 혼재를 막고 도회(都會)나 산성을 정해 전세를 별도의 창고에 비축해 군량이나 진휼에 쓰도록 했던 것

---

173) 《備邊司謄錄》 第48冊, 肅宗 20年 1月 21日(4-573 라).
174) 《承政院日記》 第387冊, 肅宗 25年 9月 11日(20-620 다).
175) 《承政院日記》 第391冊, 肅宗 26年 8月 5日(20-938 나).
176) 《備邊司謄錄》 第52冊, 肅宗 28年 8月 7日(5-63 라).

이다. 그리고 전체 액수는 호조에 보고해 관할하게 했으며, 감사도 조정에 알리지 않고서는 임의로 사용하지 못하도록 만들었다. 또 수미의 경우에는 각 읍의 사용분을 제한 나머지를 전세와 같이 별도로 관리하게 했다.[177] 평안도 비축곡에 대한 중앙의 경비 활용 차원을 넘어서 통제가 서서히 강화되기 시작한 것이다.

기근의 여파로 평안도곡의 보유가 강조되자 중앙에서는 병영의 군포를 활용했다. 원래 평안도에서는 군량과 함께 군포를 비축하거나 외교 경비에 주로 사용하고 있었다. 그렇다고 본 도 방비를 전적으로 포기하거나 중앙에서 군포를 마음대로 끌어다 쓸 수 있는 것은 아니었다.

청의 견제로 군사 조련이 쉽지 않자 평안도의 착호군(捉虎軍)을 금위영에 상번시켜 훈련을 받도록 한 적이 있었다. 이때 훈련 비용을 어떻게 조달한 것인지가 논란이 되었는데, 중앙에 상납한 전례가 없었던 평안도의 군포를 옮겨오는 데는 대부분 반대했다.[178] 평안도 군사의 훈련 비용이지만 본 도 군포 상납의 길을 쉽게 열어놓지 않으려는 것이었다.

훈련도감의 경비 보충이나 군영의 도성 수축 비용 지원을 위해 수백 동씩 평안 병영목을 옮겨올 때도 마찬가지였다. 이에 대해서도 많은 반대가 있었는데, 그것은 평안도가 관방의 요충지이며 중앙 군영에서 지방의 군포를 사용한 전례가 없다는 이유에서였다. 하지만 이를 관례화하지 않겠다는 전제 아래 중앙 군영은 병영목의 사용을 용인받았다.[179]

177)《承政院日記》第392冊, 肅宗 26年 8月 5日(20-938 다).
178)《承政院日記》第316冊, 肅宗 12年 6月 23日(16-779 다). '領議政金壽恒所啓…… 此事卽當覆啓 而廟堂多有異同 至於自管餉每年運送粮餉 必有難支之弊…… 諸議又以爲 關西軍布之上納於京中 乃是無前之規 不可創開.'
179)《承政院日記》第403冊, 肅宗 28年 3月 6日(21-610 다).

기근의 피해에서 어느 정도 벗어난 18세기 초, 평안도곡을 둘러싼
인식의 전환과 새로운 논란의 조짐이 일어났다. 1706년(숙종 32)에 영
의정 최석정(崔錫鼎)은 호조의 경비는 부족한데 변방에는 당장의 시급
한 일이 없으므로 평안도의 전세를 상납하도록 해야 한다고 주장했다.
호조판서 조태채(趙泰采)도 평안도의 환곡은 여유가 있으므로 중앙에
서 취용해도 방해될 것이 없다는 논리로 이에 동조했다. 이에 대한 반
대도 변방의 군량을 마음대로 이전할 수 없다는 전통적인 인식에서가
아니라 오랜 흉년을 겪은 뒤라는 상황 논리에 기반한 것이었다.[180]

이는 앞으로의 평안도곡 활용이나 지역 재정과 관련한 중앙 당국자
들의 인식에 의미 있는 변화가 일어나고 있음을 보여주는 것이다. 그
들은 흉년을 계기로 일시적으로 활용한 경험이 있는 평안도곡의 일부
를 중앙 재정에 공식적으로 이용할 수 있는 길을 열고자 했다. 더구나
평안도에서는 환곡의 양이 계속 늘고 있었으므로 반드시 전세를 군량
으로 비축할 필요가 없다는 주장도 공감을 얻고 있었다.[181]

평안도의 흉황으로 실시가 다소 지체되었지만, 중앙 상납에 반대하
는 논리는 힘을 얻지 못했다. 이로부터 평안도 전세의 중앙 상납이 부
분적으로 이루어졌다.[182] 그리고 호조는 이를 독점적으로 활용하고자
했다. 1713년(숙종 39) 평안도 전세미 일부를 재정이 악화된 개성에
지원하자는 논의가 일어났을 때 호조가 보인 견해는 이를 명확히 알

---

180) 《備邊司謄錄》 第57冊, 肅宗 32年 4月 22日(5-546 다). '領議政崔(錫鼎)所
　　啓 西關北道不納田稅者 盖爲其邊上留儲故也 卽今則姑無邊上時急之事 故頃
　　有西穀移轉他道之擧…… 行戶曹判書趙泰采曰 關西還穀頗優裕 小邑或至三四
　　萬石 今雖取用其賦稅 似無所妨…… 右參贊閔鎭厚曰 關西還穀 雖曰優裕 而
　　向來連歲凶荒 至今尙多未捧 此則似不可取來 而今年秋事 如不至失稔 則一年
　　田稅 使之上納 固無所妨.'

181) 《備邊司謄錄》 第59冊, 肅宗 34年 8月 23日(5-815 라).

182) 《備邊司謄錄》 第60冊, 肅宗 36年 3月 7日(5-908 라) ; 第65冊, 肅宗 39年 3
　　月 6日(6-462 가).

려준다. 당시 호조판서 조태구(趙泰耉)는 호조 역시 경비가 부족하며 환곡과는 차이가 있는 '유정지공(惟正之貢)'을 다른 지역에 쉽게 허여할 수 없다고 주장했다.[183] 평안도 군량을 중앙으로 이전할 수 없다는 견해에서 이전은 가능하되 호조가 이를 독점적으로 관리해야 한다는 견해로 정리되고 있었던 것이다.

전세와 달리 군포에 대해서는 더 이상 진전된 논의가 없었다. 도내의 군포 유출이 억제되는 가운데 비변사 구관목(句管木)을 중앙 군영이나 함경도에서 간헐적으로 이용했고, 주요 보장처인 강화의 축성에도 이를 적극적으로 활용했다. 비변사 소관의 관서목은 매년 300동을 수취했는데, 이 가운데 100동은 자모산성에 비축하고 있었다. 이 부분을 강화 축성을 위해 옮겨준 것이다.[184]

평양 북쪽의 전략적 요충지인 자모산성 비축분을 호란 뒤 보장처로서 입지가 더욱 굳어진 강화 방어를 위해 넘겨준 셈이다. 지배층에게 강화가 가지는 중요성을 차치하고서라도, 이는 평안도에 비축된 군량이나 군포에 그만큼 여유가 있었기 때문에 가능한 일이었다. 북한산성의 수축과 관련해 평안 감영전(監營錢)이나 병영목을 이용한 것도 같은 맥락에서 이해할 수 있는 것이다.[185]

다만 '을병대기근'과 마찬가지로 평안도가 연속적으로 큰 흉년을 만났을 때는, 비축 재정을 자체 기근 구제에 활용했을 뿐만 아니라 드물게는 다른 지역의 지원도 받았다. 1717년에서 1719년(숙종 45) 사이의 흉년으로 강화와 진휼청 등지에서 미곡 2만 석 이상을 지원받은 것이 그러한 경우에 해당한다.[186] 이 시기에는 이전이 극히 제한되었던 강

---

183) 《備邊司謄錄》第65冊, 肅宗 39年 2月 12日(6-453 라).

184) 《承政院日記》第456冊, 肅宗 36年 8月 24日(24-722 다).

185) 《備邊司謄錄》第65冊, 肅宗 39年 5月 21日(6-514 다) ; 第68冊, 肅宗 41年 4月 22日(6-736 나).

186) 《備邊司謄錄》第70冊, 肅宗 43年 12月 25日(6-1004 다) ; 第71冊, 肅宗 44

화곡이 원래의 수량 16만 석에서 6만 석으로 크게 줄어 있었다. 다른 지역에서 빌려간 액수가 많았던 것이 주요 원인이었는데, 그 최대 사용처는 평안도였다.[187] 이는 평안도곡과 마찬가지로 강화곡도 적극 재정에 활용되기 시작했다는 점과 평안도를 지원할 만큼 군량이 비축된 곳이 강화라는 사실을 보여주는 것이다.

그런데 흉년의 여파라 하더라도 진휼곡을 평안도 바깥에서 옮겨왔다는 것은 이 지역 군량 비축에 문제가 있었음을 암시한다. 평안감사 오명항(吳命恒)은 도내 산성의 군량이 고갈되었음을 지적하면서 그 원인을 전세의 발매(發賣) 상납에서 찾았다. 호조에서는 평안도 전세를 발매 작전(作錢)해 상납하게 했는데, 변방 군량의 이전도 문제이지만 그 과정에서 모리배들에 따른 농간이 개입한다는 이유에서였다.[188]

평안도 전세는 일찍이 이건명(李健命)이 호조판서 재임 시에 10만여 석을 발매한 적이 있었다. 그런데 발매가가 낮아 각 아문과 군영에서 대거 참여해 소요를 일으키는 폐단이 발생했고, 오명항은 이러한 문제를 도내 군량 비축 주장과 함께 제기한 것이다. 이에 따라 평안도 전세의 발매 관행을 막고 군량으로 유치하며 기타 여유 재원도 군량에 덧보태게 하자는 그의 요청이 수용되었다.

평안도 전세 사용의 길이 차단되자 호조에서는 경비 부족을 들어 이의 해제를 요구했다. 대신 발매가를 올리되 시가(市價)보다는 낮게 책정하고, 발매 대상은 평안도민으로 한정하자는 대안을 제시했다. 평안도 전세를 본 도에 판매한 대금으로 호조 경비에 보태자는 것인데, 군량 비축 문제에 대해서는 적극적으로 고려하지 않았다.[189] 결국 이

年 1月 12日(7-9 나) ; 第72冊, 肅宗 45年 2月 5日(7-121 가).

187) 《承政院日記》 第517冊, 肅宗 45年 7月 25日(28-58 라).

188) 《備邊司謄錄》 第74冊, 景宗 3年 7月 5日(7-423 가).

189) 《承政院日記》 第591冊, 英祖 元年 4月 21日(32-254 나).

시기 평안도 군량은 기근과 같은 특수한 상황이 아니라도 일상적인 호조의 경비를 보충하는 데 활용되기 시작했던 것이다.

당시 호조의 1년 경비는 미 10만 석, 목 1,500~1,600동, 돈 17만 냥 정도였다. 하지만 1726년(영조 2)의 경우만 하더라도 실제 수입은 미 6만 석, 목 500~600동, 돈 4~5만 냥에 지나지 않았다. 호조는 수시로 재정 부속을 호소했는데, 부족분은 평안도 등지에서 옮겨올 수밖에 없었다. 이해에 평안도 각 창고의 목 5,000여 동 가운데 700동, 돈 32만 냥 가운데 6만 냥을 가져왔다.[190] 호조의 평안도 재정 활용 범위는 갈수록 확산되고 있었던 것이다.

반면 평안도에서는 전세의 상납이나 발매와 같이 비축곡이 호조로 이전되는 것에 대해 수시로 문제를 제기했는데, 평안감사들은 일반적으로 평안도의 군량 감축 원인을 호조의 취용에서 찾고 있었다. 감사 윤유(尹游) 역시 선조대에 평양성 한 곳의 군량이 18만 석이나 되었으나 현재는 2만 석에도 미치지 못한다면서, 그 이유가 환곡의 미수분 증가와 호조의 이용에 있다고 보았다.[191]

평안감사의 반발이 이렇게 커지면 중앙에서는 본 도의 군량 발매나 유출을 억제했다. 하지만 이는 다시 경비 부족에 시달리던 호조의 불만을 초래할 수 있었다. 이에 따라 1729년(영조 5) 감사 송인명(宋寅明)이 제안한, 전세 발매가 불가피한 일이 생기더라도 감사가 발매를 주관하도록 하는 방안이 인정을 받게 되었다.[192] 이는 평안도의 군량 비축을 전제로 하면서도 호조의 부분적인 활용을 인정한 것이다. 다만 호조의 필요에 따라 마음대로 군량을 이전해 올 수 있는 것이 아니라 감사의 일정한 제재를 받도록 하는 타협 방안을 찾은 것이라고

190) 《承政院日記》第614冊, 英祖 2年 4月 10日(33-560 나).
191) 《備邊司謄錄》第82冊, 英祖 3年 10月 8日(8-149 가).
192) 《備邊司謄錄》第86冊, 英祖 5年 9月 24日(8-736 나).

도 할 수 있다.

이상에서 병자호란 이후 18세기 초까지, 군수 재정으로 본 도에 비축되었던 평안도 재원의 중앙 재정 보용 과정에 대해 살펴보았다. 전쟁의 피해가 극복되고 방어체제 복구가 쉽지 않은 상황에서 평안도 재정은 청의 잠재적인 위협에 대비해 본 도에 비축되었다. 이는 양국의 사행을 접대하는 데 활용되었으며, 대기근 시 중앙 아문이나 다른 지역의 지원에도 사용되었다.

17세기 후반까지는 대기근과 같은 불가피한 경우가 아니라면 본 도의 군량이나 군포 유출이 적극 억제되었고, 유출되더라도 일시적인 데서 그쳤다. 하지만 호조는 점차 경비 부족을 이유로 평안도 재정의 활용 확대를 원했다. 그 주 대상은 본 도의 전세로, 18세기 초에는 호조의 독점적인 평안도 전세 발매 권한이 일시적으로 인정되기도 했고 그 사이 평안도의 군포나 기타 재원도 일부 이용되었다. 그러나 군량 유출을 걱정한 본 도 감사의 요청으로 호조는 지속적인 견제를 받으면서 군량 활용의 절충적인 방안을 찾을 수밖에 없었다. 그럼에도 지역 재정을 중앙에서 흡수하는 길이 한번 열린 이상, 이는 점차 구조화할 가능성을 보이면서 일단의 갈등을 예고하고 있었다.

2. 평안도 재정의 장악과 흡수

(1) 호조의 장악력 강화

● 수세미

평안도에 비축된 군수를 활용하는 길이 열리면서 호조는 이를 일상적으로 이용하려 했다. 호조가 내세운 명분은 무엇보다도 1년 세입이 지출 경비를 감당하지 못한다는 데 있었다. 1730년(영조 6)의 경우를 보면, 호조의 1년 세입은 포목 1,600여 동과 돈 9만 5,000여 냥이었던 반면 지출은 포목 1,800여 동과 돈 21만여 냥이었다.[193] 호조의 재정 부족은 불시적인 수요의 증가에도 원인이 있었지만, 세입의 감소에 기인한 측면이 컸다.[194]

호조는 주 수입원인 전세 외에도 다양한 세목을 가지고 있다. 하지만 화전(火田)·어전(漁箭)·염분(鹽盆) 등을 점차 궁가에 빼앗기고 있었으며, 2,000여 동에 이르렀던 노비 공목(貢木)도 절반 수준으로 줄어들었다.[195] 전세 역시 전면적인 양전 실시의 부담에 가로막혀 수취량 증가를 기대하기 어려웠다. 이러한 상황에서 호조는 재정 문제의 해결을 고식적이고 편의적인 방편에 의지하려 했다. 청과 군사적 대결이 사라진 뒤 비축되고 있었던 평안도 군수에 주목했던 것도 이 때문이었다. 더구나 18세기 중엽 이후로는 양국 사이의 외교 관계가 장기적인 안정 기조 속에 접어들면서 평안도의 외교 경비 부담도 감소되었다.

호조로서는 기존 세목에서 수취량 증대를 꾀하기보다는 불시의 수요에 대비하기 위해 비축했던 이러한 재원들을 끌어들이는 것이 손쉬웠다. 가장 적극적으로 고려된 것은 평안도 수세미였으며, 이미 흉년과 기근을 이유로 여러 차례 활용한 경험도 있었다. 문제는 군량 비축론에 맞서 이를 지속적으로 이용할 수 있는 명분을 찾아야 한다는 점이었다. 영진어사(營賑御史)로 평안도를 방문했던 이종백(李宗白)은 본 도 곡식의 이전을 반대하는 감사를 비판하면서, 군량으로 비축한 수세미를 호조가 발매해 사용하는 이상 이는 본 도의 것이 아니라는

193) 《承政院日記》第722冊, 英祖 7年 5月 14日(39-993 라).
194) 徐榮輔, 《竹石館遺集》冊7, 度支經費議.
195) 《備邊司謄錄》第79冊, 英祖 2年 2月 1日(7-833 라).

논리를 펼쳤다.[196]

1733년(영조 9) 호조판서로 있던 김재로(金在魯) 역시 "중외의 재화는 모두 국가의 것"이라고 함으로써 평안도 재정의 활용을 정당화했다.[197] 반면 평안감사 송진명(宋眞明)은 1년분 수세미의 호조 이전은 물론 은이나 목의 상납 요구에도 응하지 않았다. 그는 "호조판서가 지출을 줄였다면 어찌 호조가 지탱할 길이 없었겠는가"라며 도리어 호조판서를 질책했다.[198] 평안감사들은 기본적으로 수세미의 본 도 비축 관행을 지키고자 했으며, 이용을 하더라도 자체적인 진휼 등을 우선에 두려 했다.

호조와 평안감영 사이의 이러한 논란에 대해 조정 신료들은 대개 호조의 견해를 두둔했다. "외방은 호조의 요청을 사용(私用)으로 잘못 인식하고 있다"든지 "세수미는 호조에 속한 것이지 감사의 사재(私財)가 아니"라는 목소리들이 주류를 이루었던 것이다.[199] 최종 결정권자인 국왕 영조도 조령을 번번이 어기는 감사를 비난하며 호조 낭청을 현지에 보내 강제적으로 세미를 운반해 오도록 했다.[200]

이에 따라 매년 3만 석가량을 수취했던 평안도 수세미는 호조 소관이라는 인식이 확립되어나갔다. 더욱이 영조는 그 절반을 경비로 사

196) 《承政院日記》 第735冊, 英祖 7年 11月 22日(40-695 라).
197) 《備邊司謄錄》 第90冊, 英祖 9年 2月 13日(9-548 다). '戶曹判書金在魯曰 關西銀木上納地部之朝令 出於迫不得已 中外財貨 莫非國家之藏 有無相資 事理當然 況君上累勤下敎 而道臣終不變動 今此狀啓 尤爲未妥.'
198) 《備邊司謄錄》 第90冊, 英祖 9年 2月 17日(9-558 다).
199) 《備邊司謄錄》 第90冊, 英祖 9年 2月 2日(9-535 나) ; 2月 17日(9-558 가). '(領議政)沈(壽賢)曰 關西則異於他道 錢布財貨之多數儲積 非不知意有所在 而緣國用蕩然 着手無處 不得已有此取來之計矣 至於稅米 本是地部所屬 旣平安監司私財 則朝令之下 尤何可以一向牢拒乎 藩臣事體 極爲不當 當爲嚴關申飭矣.'
200) 《備邊司謄錄》 第90冊, 英祖 9年 2月 17日(9-558 나).

용하고자 했던 호조의 요청에 대해 이미 호조 소관인 이상 전부를 취해도 상관없다는 견해를 보이기까지 했다.[201] 또 일부 인사들은 유사시 청야(淸野)의 전술이 필요한 변방에 반드시 곡식을 쌓아둘 필요는 없다는 논리로 평안도곡 활용을 뒷받침했다.[202] 호조의 평안도 수세미 이용을 막았던 장벽들이 허물어지고 있었던 것이다.

결국 평안도곡은 대기근과 같은 불가피한 상황이 아니더라도 일상적인 호조의 재정 부족을 해결하는 데 동원되었다. 거의 매년 평안도 수세미가 호조로 이전되었으며, 1년 수취량 3만 석을 모두 가져갈 경우 호조는 이를 두세 달의 경비로 활용할 수 있었다.[203]

호조의 지속적인 평안도 수세미 사용이 용인되면서 일정한 규제를 통해 이를 효율적으로 운영하려는 움직임이 뒤이어 일어났다. 1735년 호조판서 이정제(李廷濟)는 평안도 수세미를 3등분해, 3분의 1은 본도 경비에 쓰고 3분의 1은 비축하며 나머지 3분의 1은 은으로 바꾸어 호조에서 사용할 것을 정식으로 삼자고 제안했다. 이 안에 대한 평안감사 역임자들의 찬반이 팽팽하게 맞선 가운데, 수세미를 본 도 경비에 먼저 사용하고 남는 부분을 다시 3등분해, 3분의 2는 비축하고 3분의 1은 은으로 바꾸어 호조로 상납하게 하는 방안이 정식으로 채택되었다.[204]

이는 평안도 수세미 일부의 중앙 상납을 공식화했다는 점에서 의미가 있다. 호조에서 필요할 때마다 조정의 논의를 거쳐 평안도곡을 이전해 오는 것이 아니라, 매년 일정량을 공식적으로 이용할 수 있게 된 것이다. 여기에서 세곡을 은으로 바꾸게 한 데는 1720년대 이후 왜은

---

201) 《備邊司謄錄》 第95冊, 英祖 10年 1月 11日(9-725 나).
202) 《備邊司謄錄》 第97冊, 英祖 11年 3月 29日(9-991 다).
203) 《備邊司謄錄》 第90冊, 英祖 9年 2月 13日(9-549 다).
204) 《承政院日記》 第811冊, 英祖 11年 10月 19日(45-198 라).

고갈에 따른 호조의 은자 부족과 평안도 세곡의 발매 관례가 배경으
로 작용했다. 한편 이 정식에는 평안도 사용분과 비축분을 명시함으
로써 호조의 무차별적 발매를 일정하게 억제하려는 의도도 있었던 것
으로 보인다.

그런데 이듬해부터 정식이 시행되는 과정에서 평안감사는 가능한
한 중앙 이전 폭을 제한하려 했고, 호조는 반대의 견해를 보였다. 감사
는 세곡을 발매해 은으로 바꾸는 양을 강변 7읍 수세미의 3분의 1로
축소시키고자 한 반면,[205] 호조는 재정 부족을 들어 평안도 경비를 제
외한 나머지 가운데 3분의 1이 아닌 전체 수세미의 3분의 1을 발매할
수 있게 해달라고 요구했다.[206] 양자의 대립에서 일단은 호조의 견해
가 반영되었다.

수세미 일부의 공식적인 상납 외에 평안도곡은 비정기적으로도 호
조에 이전되었다. 1740년(영조 16) 다른 지역의 전세를 감면하면서 부
족한 태(太) 3만 석을 호조가 평안도 관향으로부터 보충한 것도 그 한
예이다.[207] 당시 호조에서 1년에 필요한 태가 5만 석이었음을 감안한
다면, 불시에 소요되는 재원까지 평안도에 얼마나 의존했는지를 짐작
할 수 있다. 1745년에도 호조는 미 3만 석을 가져다 썼다.[208] 비정기적
으로 이용한 곡물의 양은 매년 공식적으로 발매되는 액수를 훨씬 능
가할 수 있었던 것이다.

평안도 수세미 3분의 1의 호조 이용 원칙이 얼마나 정확하게 지켜
졌는지는 알 수 없다. 실제 운영 과정에서 반발이 적지 않았기 때문이
다. 그것은 세곡을 발매할 때 호조보다 세곡을 사들인 쪽이 더 이익을

205) 《承政院日記》第821冊, 英祖 12年 3月 11日(45-721 가).
206) 《承政院日記》第825冊, 英祖 12年 5月 9日(45-948 나).
207) 《備邊司謄錄》第107冊, 英祖 16年 11月 25日(11-16 가).
208) 《備邊司謄錄》第114冊, 英祖 21年 12月 21日(11-531 가).

보는 것에 대한 비판이기도 했다. 일찍부터 세곡 발매 이익은 호조가 3분의 1을, 모리배가 3분의 2를 차지한다는 불만이 있어왔다.[209] 그런데 호조에 따라 발매된 평안도 세곡은 주로 평안감영이 다시 사들이고 있었다. 이 과정에서 미곡의 현지 시가 차이를 이용해 감영이나 일부 군현이 큰 이익을 남기고 있었던 것이다.[210] 세곡의 본 도 비축을 원했던 평안감영에서는 호조 이전이라는 현실에 맞서 발매 과정에 적극 개입했던 것이다. 이로 말미암아 호조와 평안감영이 모두 비판을 받았고, 세곡 발매에 대한 규제도 강화되었다.

하지만 세곡을 발매해 작은(作銀) 혹은 작전해 호조에서 이용하는 관례 자체가 폐기되지는 않았다. 세곡을 은이나 돈으로 바꾸어 간 것은 미곡 운반상의 어려움과 현지에서 은자 조달이 더 용이했던 점 등이 작용했다. 호조가 왜인들에게 지급했던 예단삼(禮單蔘)을 구하기가 어려워지자 1753년(영조 29)부터 매년 평안도 수세미 4,000석으로 강계삼(江界蔘)을 구매해 올리도록 한 것도 비슷한 이유에서였다.[211]

그런데 앞에서 지적했듯이, 수시로 사용한 평안도 세곡은 이러한 정기적인 상납을 넘어서고 있었다. 예를 들어 1755년에서 1764년 사이의 10년 동안을 보더라도, 호조에서는 거의 매년 1만 석에서 많게는 4만 석까지 평안도곡을 가져다 썼는데, 때로는 그것이 한 해에 두 차례인 적도 있었다.[212] 평안도 전세와 수미의 연간 수취량이 3만여 석이었으므로, 최소한 3분의 1 이상을 호조에서 사용한 셈이 된다.

평안도 수세미는 이미 호조 소관으로 그 활용에 큰 장벽은 없었지

---

209) 《備邊司謄錄》第95冊, 英祖 10年 1月 3日(9-716 가).

210) 《備邊司謄錄》第109冊, 英祖 17年 10月 20日(11-159 라).

211) 《英祖實錄》卷79, 29年 5月 甲子(43-487 나).

212) 《備邊司謄錄》第136冊, 英祖 35年 1月 16日(13-196 나) ; 第137冊, 英祖 35年 12月 26日(13-359 가) ; 第139冊, 英祖 36年 7月 28日(13-447 나) ; 11月 10日(13-479 나).

만, 이처럼 매년 대규모의 군량이 이전되어 오자 지배층 내부에서 일
부 비판적인 움직임이 일기 시작했다. 즉, 호조의 연례적인 사용이 항
규(恒規)가 되었으나 남용해서는 안 된다는 것이었다.[213] 이는 평안도
곡의 이용 자체를 반대하는 것이 아니라, 그 액수나 활용 범위가 지나
치게 크고 넓은 데 대한 비판이었다. 하지만 호조가 재정 부족을 계속
호소하는[214] 가운데 구체적인 제재는 쉽게 이루어지지 않았고, 예단삼
의 마련과 같이 상납을 정식화한 부분도 그대로 유지되었다.

오히려 호조가 군영에서 빌려 쓴 곡식을 갚는 데도 평안도 수세미
가 동원되는 실정이었다. 1771년(영조 47) 호조가 사용한 남한산성 군
향미(軍餉米) 1만 석을 평안도곡으로 갚으면서 영의정 김치인(金致仁)
은 "평안도 수세미를 매번 사용하는 것이 민망하지만 평안도에 있으
나 수어청(守禦廳)에 있으나 모두 조정의 곡식"이라는 논리를 내세웠
다.[215] 권력의 최상층에서부터 평안도에 군량을 비축하기보다 중앙 재
정의 일부로 활용하려는 견해가 이미 대세를 이루고 있었던 것이다.

이러한 분위기에서 평안도 전정(田政)의 문란이 지적되고 각 읍 은
결의 자수가 촉구되었다.[216] 평안도 수세미를 활용하는 차원을 넘어서
서 이 지역 토지에 대한 파악과 장악력을 강화하겠다는 의도였던 것
이다. 그러나 토지를 개량하자는 논의는 지역민의 부담 가중에 대한 격
정 때문에 실행으로 이어지지는 못했다. 다만 평안도 수세미에 대한
호조의 활용은 18세기 중·후반 내내 지속되었다.

---

213) 《備邊司謄錄》 第141冊, 英祖 38年 2月 5日(13-661 다).
214) 1774년(영조 50)을 기준으로 볼 때 1년 수입은 미 8만 6,000석과 돈 19만
냥이었으나, 지출은 미 11만 6,000석과 돈 22만 냥이었다(《備邊司謄錄》 第
156冊, 英祖 50年 3月 13日[15-173 나] ; 5月 26日[15-197 가]).
215) 《備邊司謄錄》 第155冊, 英祖 47年 1月 15日(15-36 가). '領議政金(致仁)曰
戶判雖不敢指的以奏 其意則欲以關西稅米還報矣 此穀之每每取用 非不可悶 而
以大體言 則在關西在禦廳 均爲朝家之穀矣.'
216) 《備邊司謄錄》 第152冊, 英祖 44年 12月 16日(14-748 나).

이에 대한 좀더 강력한 문제 제기는 1780년대에 가서야 이루어졌다. 평안도의 비축 재정이 갈수록 줄어들고 있다는 지적이 간간이 나오는 가운데, 1784년(정조 8)에는 국가의 큰 경비나 진휼 비용이 아니면 평안도곡의 이용을 요청할 수 없도록 했다.[217] 그리고 1788년에 국왕 정조는 발매가 환곡의 폐단보다 더 크다는 평안감사의 지적을 받아들여, "비록 호조의 경비라도 앞으로 5년간 서곡(西穀) 두 자는 입에도 담지 말라"는 지시를 내렸다.[218] 그것은 호조의 일상적인 평안도곡 활용 외에도 중외의 여러 관청들이 수시로 이를 사용해 비축 물량이 크게 줄어든 현실에서 내려진 조처였다.

이해에는 평안도 수세미의 중앙 이전과 관련한 의미 있는 논쟁이 벌어지기도 했다. 평안도 수세미를 다른 지역과 마찬가지로 조운(漕運)을 통해 상납하게 하자는 주장이 제기된 것이다. 우통례(右通禮) 우정규(禹禎圭)는, 평안도에서 오랫동안 조운이 실시되지 않은 것은 장산(長山)의 해로가 위험해서만이 아니라 호란 이후 사신 접대 부담이 컸기 때문이지만 현재는 상황이 달라졌다고 보았다. 사신 행차는 대폭 감소하고 변방의 소요도 없어 평안도는 '방백지국(方伯之國)'이 되었으며, 저축된 수많은 재화는 유용되고 양안의 미비로 은루결도 많다는 것이다.[219] 이는 평안도 세곡과 관련해 군량 비축론보다 호조 활용론이 우위를 점한 가운데 나온 완전한 중앙 상납론이었다.

이에 대한 반론은 평안도가 여전히 사신 왕래 부담을 가지고 있으며, 특히 민고나 칙고를 통한 민간 부담이 크다는 것이었다. 또한 농업 인구는 적고 토지 생산성은 삼남에 견주어 낮은데다 불시의 수요에 대비한 저축의 필요성 때문에 조운을 실시하지 않았다는 것이다.

---

217) 《正祖實錄》 卷17, 8年 2月 甲子(45-426 나).
218) 《備邊司謄錄》 第172冊, 正祖 12年 1月 30日(17-48 나).
219) 《備邊司謄錄》 第173冊, 正祖 12年 8月 18日(17-130 라).

여기서 주목할 만한 것은 평안도가 '호조의 외부(外府)'나 '외탁지(外度支)'로 일컬어지듯이,[220] 조운이 아니더라도 얼마든지 지역 재정을 중앙에서 활용하고 있다는 지적이다. 사실상 필요할 때마다 중앙에서 끌어다 쓰고 있는데, 굳이 조운으로 제도화할 것까지는 없다는 논리인 것이다.

이러한 의견 대립에서 지지를 얻은 것은 후자의 논리였다. 이는 당시 지배층의 평안도 재정에 대한 인식을 엿볼 수 있게 해주는 부분이다. 평안도 수세미가 이미 호조 소관으로 중앙에서 얼마든지 이용하고 있는 이상, 조운의 길을 열어 군량 비축이라는 명분을 상실하고 지역민의 반발까지 초래할 필요는 없다는 생각인 것이다. 양전에 대해서도 평안도만의 문제는 아니나 특히 문란하므로 엄칙해야 한다는 미봉책으로 일관했다.

따라서 남용 문제 때문에 일시적으로 제재를 받기는 했지만 평안도 수세미의 호조 활용 자체가 부정되지는 않았다. 17세기 후반 대기근을 계기로 일시적으로 이용된 평안도의 비축 군량은 이 시기에는 정기·비정기적인 발매나 이전을 통해 거의 매년 호조 재정을 보충했다. 조운의 길만 열리지 않았을 뿐이지 이 지역의 세곡은 명분이나 실상에서 '호조의 지역 창고'로서의 역할을 충실하게 수행하고 있었던 것이다.

● 군포와 은점

군포는 수세미만큼 호조에서 적극적으로 이용하기는 어려웠다. 평안도 군사들은 본 도에 소속되어 중앙에 상번하거나 군포를 상납하는 관례가 없었으며, 평안도에서 수취된 군포는 주로 지역 재정에 활용

---

220)《備邊司謄錄》第173冊, 正祖 12年 10月 4日(17-185 다).

되거나 군수로 비축되었다. 다만 부족한 중앙 재정을 일시적으로 지원한 일은 여러 차례 있었다. 이 시기에도 군포는 재정 부족에 시달리던 호조의 요청에 따라 간헐적으로 중앙에 이전되곤 했다.

그 대상은 주로 평안감영이나 병영에 비축되어 있던 면포였으며, 1750년대에 그 비축액은 만여 동을 넘어서고 있었다. 재정 부족을 호소했던 호조는 이 가운데 일부를 취해다 썼는데, 세수미를 이용할 때와 마찬가지로 모든 재화는 국가의 것이라는 논리로 본 도의 반발을 무마하려 했다.[221] 더구나 비축된 면포 가운데 수백 동을 은으로 바꾸어 다시 저축한 뒤 필요할 때마다 가져오려는 의도도 내보였다.

이 시기 평안감사가 임기 뒤 호조판서로 오거나 혹은 그 반대의 경우도 많았는데, 호조에서는 호조판서를 역임한 평안감사를 통해 본도 재정의 호조 활용을 원활히 보장받고자 했다.[222] 이러한 일련의 움직임은 국가의 평안도 재정 장악력 강화와 일정한 관련이 있는 것으로 보인다. 이후 평안도 면포는 수백여 동씩 호조의 필요를 충족시키는 데 이용되었다.[223]

한편 18세기에 들어 호조는 전국의 은 생산지에 대한 설점수세권을 독점해 은점(銀店)을 장악했는데, 이 과정에서 가장 늦게까지 설점수세권을 유지한 곳이 평안도였다.[224] 평안도 재정은 독자성이 강했고 외교나 무역 경비 지원에 많은 은을 지출하고 있었기 때문이다. 하지

---

221) 《備邊司謄錄》 第93冊, 英祖 9年 2月 13日(9-548 다).

222) 《承政院日記》 第755冊, 英祖 9年 1月 30日(41-1020 가). '(戶曹判書金)在魯曰…… 關西木儲置最多 爲先以數百同 入送山邑産銀處 換銀以置 則可爲日後緊急國用 而道臣嫌於轉動 不欲爲之 宜自朝家分付 此外亦不無與本道變通之道 新監司權以鎭 曾經戶判 備諳國計 辭朝時 同入稟定 以送何如 上曰 依爲之.'

223) 《備邊司謄錄》 第105冊, 英祖 15年 4月 24日(10-783 가) ; 第132冊, 英祖 33年 2月 21日(12-936 다) ; 第139冊, 英祖 36年 11月 10日(13-479 나) 등.

224) 柳承宙, 앞의 책, 275~302쪽.

만 호조는 평안도로부터도 설점수세권을 빼앗기 위해 지속적인 노력을 기울였다. 이는 왜은의 단절로 호조의 비축은이 감소하고 있었던 데다가 평안도가 최대의 은 생산지였던 점에 기인한 것이다.

호조는 평안감영이 도내 수십 곳에 은점을 가지고 있으며 그 생산량은 호조가 가진 일곱 개 도 은점의 합보다 많을 것으로 추측했다.[225] 호조는 우선 이 가운데 생산량이 많은 은점 한 곳을 넘겨받으려 했다. 은산(殷山) 은점의 수세권을 5년간 호조로 귀속시킨 조처는 그러한 노력의 결과였다.[226] 하지만 평안감사는 이러한 조처에 협조하지 않았으며, 오히려 호조에서 파견한 산원(算員)이 은점에 접근하는 것조차 막고 있었다.[227]

평안감사 역임자들의 기본 견해는 은점을 호조가 전관하게 할 것이 아니라 본 도 천류고(川流庫) 소관으로 남겨두고 일정한 세은(稅銀)만을 납부하자는 것이었다. 천류고는 1623년(인조 1) 평안도 관향사 정두원(鄭斗源)이 창설했으며, 청사의 접대와 연행의 반전(盤纏) 비용 마련에 주로 이용되었다.[228] 그 보유 은화가 30여만 냥에 이르렀던 적도 있었으나, 해마다 연행에 대출되어 큰 폭으로 감소했다.[229] 평안도 각지의 은점들은 바로 이 천류고에 소속되어 있었다.

은산 은점의 소속처를 바꾸지 않고 세은만을 납부하려 했던 평안감영에서는 그 액수를 처음에는 매달 30냥으로 요청했다가 다시 50냥으로 올렸다.[230] 반면 호조는 이를 전관할 경우 매달 백여 냥은 충분히

225) 《備邊司謄錄》 第84冊, 英祖 4年 12月 17日(8-507 나).
226) 《備邊司謄錄》 第87冊, 英祖 6年 5月 1日(8-838 가).
227) 《備邊司謄錄》 第88冊, 英祖 6年 11月 25日(8-922 가).
228) 《平壤續志》 倉儲(韓國人文科學院 영인, 《朝鮮時代私撰邑誌》 46).
229) 《謄錄類抄》 29, 法禁, 辛丑(景宗 1) 3月 9日.
230) 《備邊司謄錄》 第85冊, 英祖 5年 2月 23日(8-536 라) ; 第88冊, 英祖 6年 11月 25日(8-922 나).

수세할 수 있을 것으로 보았기 때문에 감영의 제의를 받아들이지 않았다. 결국 정부는 해당 감사를 종중추고(從重推考)하면서 호조의 전관을 재차 확인해주었다. 은산 은점은 1737년에 평안감영으로 환속되었으며, 호조는 이해에 상원(祥原) 은점을 새로이 넘겨받았다.[231] 은산 은점을 둘러싼 일단의 논란에서 알 수 있듯이, 중앙에서는 재정이 부족한 호조의 견해를 옹호했고 평안감영에서는 이에 저항했던 것이다. 그것은 오랫동안 독자적으로 비축된 평안도 재정에 대한 호조의 장악력이 강화되면서 일어난 불가피한 마찰이기도 했다.

은산 은점을 일시적으로 전관하기는 했지만 여전히 은화가 부족했던 호조는 한걸음 더 나아가 천류고에 대한 이용 권한의 확대를 꾀했다. 천류고는 형식적으로 호조 소관이었으나, 물자의 비축이나 운영은 사실상 평안감영의 관리 아래 있었다. 1733년(영조 9)에 호조는 장기간 비축했던 천류고의 면포 사용을 용인받았다.[232] 이해에 호조는 다시 평안감영에서 매년 추봉(秋捧) 뒤 은 1만 냥을 별도로 마련해 천류고에 두고 그 현황을 호조에 보고하도록 건의했다.[233]

이는 즉각적인 상납이 아닌 본 도 비축이라는 형식으로 평안감사의 반발을 막으면서도 호조에서 회계 상황을 파악해 언제든지 필요할 때 가져다 쓰려는 의도를 드러낸 것이다. 조정에서는 논의 끝에 이를 정식 시행하기로 결정을 내렸다. 그리하여 이듬해 진주사행(陳奏使行)에 빌려준 1만 냥의 은화를 호조는 바로 이 천류고 은으로 충당했다.[234] 이후로도 호조는 종종 감영에서 별도로 비축한 천류고 은을 취해 썼다. 천류고 별비은의 호조 활용이 확대되면서 평안감영의 불만도 늘어

---

231)《備邊司謄錄》第101冊, 英祖 13年 2月 28日(10-399 가) ; 第102冊, 英祖 13年 11月 15日(10-527 다).
232)《承政院日記》第758冊, 英祖 9年 3月 13日(42-137 나).
233)《承政院日記》第767冊, 英祖 9年 10月 14日(42-754 나).
234)《備邊司謄錄》第95冊, 英祖 10年 6月 23日(9-828 라).

났다. 1743년(영조 19)에 감사 김약로(金若魯)는 별비라는 명칭이 명분
에 맞지 않을 뿐만 아니라 호조의 남용으로 평안도 재화가 축나고 있
다며 항변했다. 조정 대신들은 호조의 무분별한 사용에는 제재를 가
해야 한다면서도 별비은의 존속 여부에 대해서는 견해가 달랐다. 영
조의 최종 결정은 별비의 명목을 없애고 전과 같이 비축하며 호조의
이용을 불허한다는 강경한 방안이었다.[235] 하지만 이러한 조처는 중앙
의 필요가 상존하는 한 일시적일 수밖에 없었다. 별비은이라는 명목
이나 이의 활용이나 모두 사라지지 않았던 것이다.[236]

　호조는 한편 매장량이 많았던 평안도 이산이나 벽동(碧潼) 지역에
서 새로운 은점 개설을 추진했다. 하지만 관방의 요충지인 압록강변
읍에, 더구나 국경에서 얼마 떨어져 있지 않은 지역에 설점하는 것을
반대하는 의견이 적지 않았고 국가의 정책도 전반적으로는 설점을 억
제해나가는 과정에 있었기 때문에, 이들 읍에 대한 호조의 설점은 곧
부인되었다. 1764년(영조 40)에 창성(昌城)에서 설점이 인정되지 않은
것도 같은 이유에서였다.[237] 그렇다고 평안감영이 그 권한을 넘겨받을
수 있었던 것은 아니었다.

　18세기 중·후반 전국적으로 신설된 은점은 강계·강릉(江陵)·단천(端
川)·정주(定州) 네 곳에 불과했다.[238] 이 가운데 평안도 지역 두 곳이 포
함되어 있지만 모두 호조 소관이었다. 호조의 설점수세권 독점화 과
정에서 평안도의 대점(大店)들이 일시적으로 호조에 귀속되었고, 일부
논란이 있었지만 신설 은점도 호조로 넘어간 것이다.[239] 이것으로도

235) 《備邊司謄錄》第112冊, 英祖 19年 2月 24日(11-354 다).
236) 《備邊司謄錄》第122冊, 英祖 27年 1月 20日(12-111가).
237) 《備邊司謄錄》第146冊, 英祖 40年 12月 6日(14-270 나).
238) 柳承宙, 앞의 책, 301쪽.
239) 蔡濟恭, 《樊巖集》卷30, 論江界銀店屬之戶曹事宜啓.

은화의 부족을 해결할 수 없었던 호조는 평안도 천류고 은의 일부를 사실상 장악해 들어갔다.

결국 정규의 수세미에서 은점과 별비 재원에 이르기까지 평안도 재정은 호조에 의해 광범위하게 장악되어나갔다.[240) 시차나 명분상의 차이는 존재했을지라도 18세기 중·후반 이후 평안도 재정의 중앙 이전은 하나의 대세였던 것이다. 호소의 상악과 중앙의 통제 강화는 한편으로 평안도 재정 운영의 독자적인 면모를 감소시켰다. 일찍이 영조가 "근래 번신(藩臣, 평안감사를 지칭함)은 힘이 있으나 조정은 미약하다"고[241] 한탄했듯이, 재정 운영의 독자성이 보장되었을 당시 평안감사의 영향력은 막강했다.

그들은 호조의 논리를 비판하며 본 도 재정의 중앙 이전을 막으려 했다. 하지만 평안도 재정의 지출 요인 감소와 호조의 재정 부족은 더 이상 재정의 본 도 비축이라는 오랜 관행을 용인하지 않았다. 국왕과 중앙 관료들의 비호 아래 평안도 재정의 호조 이전은 갈수록 확대된 반면 현지 감사들의 반발은 줄어들 수밖에 없었다. 그 과정에서 호조판서가 평안감사로 나가거나 평안감사가 호조판서로 옮겨오는 경우도 많았다. 평안도 재정의 독자성 약화는 긍정적으로는 일원화된 재정 운영으로 나아가는 과정을 보여주는 것이다. 하지만 이것은 적극적인 재정 개혁보다는 예비 재정을 끌어들여 현상을 타개하려는 고식적인 재정 운영의 한 단면을 드러내는 것이기도 했다.

---

240) 별비 재원의 호조 활용에 대해서는 權乃鉉, 〈조선후기 戶曹의 平安道 재정 활용〉, 《東洋學》 35, 단국대학교 동양학연구소, 2004, 232~234쪽 참고.

241) 《備邊司謄錄》 第93冊, 英祖 9年 2月 2日(9-535 나). '上曰 戶判不獲已爲此 辭免 而近來藩臣則有力 朝廷則弱矣 屢次申飭 終不擧行 則請罪可也 而爲此 辭免 可謂疲軟矣 然平安監司之事甚非……'

(2) 경외 군·아문의 이용 확대

호조에 따른 평안도 재정의 이용 확대는 여타의 중앙 관청이나 군영에도 자극을 주었다. 이들은 호조와 마찬가지로 재정 부족을 호소하며 평안도 재정을 이용할 수 있도록 적극 요청하고 나서면서 호조의 독점적 활용을 무너뜨리고 있었던 것이다.[242] 그렇지만 모든 곳에 균등하게 기회가 돌아갈 수는 없었다. 호조만큼은 아니더라도 평안도 재원으로 재정을 보용할 수 있었던 관청은 진휼청(賑恤廳)·선혜청(宣惠廳)·균역청(均役廳) 그리고 중앙군영인 훈련도감(訓鍊都監)·수어청·총융청(摠戎廳) 등이었다.

진휼청은 기근 구제용 곡식 비축을, 선혜청은 공물가 확보를 명분으로 여러 차례 평안도의 재정 지원을 요청했다. 현지 감사의 반발이나 호조 이외 중앙 관청의 평안도 재정 활용에 대한 논란은 있었으나 이러한 요구는 결국 수용되었다.[243] 균역청의 경우 균역법 시행으로 발생된 손실을 보전받는 과정에서 평안감영의 면포를 별도로 확보할 수 있었다.[244] 다만 호조의 독점적 이용 관행이 균역청에도 적용되어 수세미의 지원은 인정되지 않았다.

균역법에서도 그러했지만 중앙에서는 부족한 재정을 보충하기 위해 급대(給代)의 방식으로 여러 관청에 부담을 지우고 있었다. 급대는 어떤 지역이 어느 정도의 부담을 떠안았는지 파악할 수 있게 해주기도 한다. 일례로 1784년(정조 8)의 '신군포미급대마련별단(身軍布米給代磨鍊別單)'에서 부족한 돈 19만 4,608냥을 확보하는 데 중앙 세 개와 지방 다섯 개의 군·아문이 동원되었고, 그 가운데 평안도는 전체 액

---

242) 蔡濟恭, 《樊巖集》 卷30, 請禁各衙門請得關西小米啓.
243) 《承政院日記》 第683冊, 英祖 5年 4月 25日(37-725 라) ; 《備邊司謄錄》 第 143冊, 英祖 39年 4月 29日(13-928 라).
244) 《承政院日記》 第1594冊, 正祖 10年 1月 20日(85-559 라).

수의 46.3퍼센트를 부담했다.[245]

이 밖에도 평안도 재정은 중앙 각사의 재정을 보충하거나 시설을 정비하는 데 두루 활용되었다. 한편 평안도 재정의 중앙 각 군영에 대한 지원은 훨씬 더 적극적으로 이루어지고 있었는데, 그 우선 대상은 훈련도감이었다. 평안도는 훈련도감에 귀속되는 삼수미 부담에서는 자유로웠으나 수시로 재정 지원에 동원되었던 것이다.[246] 이는 지방 군영의 재정을 중앙 군영으로 옮기는 데 대한 반대가 팽배했던 전 시기와는 분명 다른 현상이었다. 훈련도감의 재정 상황이 악화되었다 할지라도 평안도 재정의 이용이 확대되었던 시대 분위기가 작용했던 점을 간과할 수 없는 것이다.

시기는 다소 늦었지만 다른 중앙 군영 역시 재정 지원 대상에 포함되었다. 이것은 북한산성 축성과 남한산성의 정비, 중앙 군영의 확대 등 조선의 방어체제가 수도 방어 중심으로 재편되었던 시대 상황을 반영하는 것이기도 했다. 이 과정에서 수어청과 총융청은 강화와 함

---

245) 《備邊司謄錄》 第167冊, 正祖 8年 10月 18日(16-508 나). 이 당시 동원된 軍衙門과 액수를 도표로 나타내면 다음과 같다. 이 표에서는 木 1同을 50필로 그리고 1필을 2냥으로 계산했는데, 기록상의 19만 4,608냥과는 약간의 오차가 발생한다. 돈 외에 부족한 미곡 7,922석은 영남의 5,000석과 호남의 2,922석으로 충당했다.

軍衙門	平安 監營	均役廳	禁衛營	御營廳	慶尙 監營	江華府	全羅 左水營	全羅 右水營
액수	錢9만냥 木2백동	錢5만냥	錢1만냥	錢1만냥	木1백동	錢9천냥	木85동	木70동
비중	46.3%	25.7%	5.1%	5.1%	5.1%	4.6%	4.4%	3.6%

246) 《備邊司謄錄》 第93冊, 英祖 9年 5月 8日(9-600 라) ; 第108冊, 英祖 17年 3月 25日(11-76 가) ; 第166冊, 正祖 8年 1月 13日(16-323 다) 등.

께 연례적인 지원 대상으로 정립되어나갔는데, 그 시작은 1732년 예
조판서 송인명의 제안에서 비롯되었다. 송인명은 평안도 관향모미(管
餉耗米) 1,500석을 포함해 경상도·황해도·통영에서 모두 매년 5,000석
을 마련하고 남한산성과 강화에 돌아가며 군량으로 납부하도록 제안
했다.[247] 첨향미(添餉米)로 불렸던 이 곡식은 다시 평안도 1,500석, 황
해도 500석으로 한정되어 양서, 특히 평안도에 부담이 집중되었다.

1750년(영조 26)에는 수어청이 관리하던 남한산성의 군량에 여유분
이 증가한 것을 계기로 첨향미 지급 대상을 그 이듬해부터 북한산성
을 관리하는 총융청으로 바꾸도록 했다.[248] 하지만 1750년 균역법의
실시로 새로운 재원 확보가 절실했던 균역청에 이를 귀속시키는 바람
에 1753년에 가서야 총융청에 대한 획급이 이루어졌다.[249] 곧 이해부
터 양서의 소미(小米) 2,000석으로 해마다 돌아가며 총융청과 강화에
군량을 덧보태도록 한 것이다. 따라서 지급 대상에 차이가 발생했을
뿐 평안도의 부담에는 별다른 변화가 없었다.

그런데 이듬해에는 북한산성의 군량이 부실하다는 이유로 첨향미
획급을 총융청으로 일원화하도록 했다.[250] 이 조처는 오랫동안 유지되
었는데, 호조와 선혜청의 대출로 남한산성의 군량이 부족해지면서
1770년 수어청에 대한 첨향미 획급이 재개되었다.[251] 양서 첨향미는 이
후 액수에 변동은 있었지만, 수어청과 총융청에 대한 지원은 계속되
었다.

또한 정조대에 새로운 군영으로 발전한 장용영(壯勇營)에도 평안도

---

247) 《承政院日記》 第744冊, 英祖 8年 閏5月 10日(41-281 다).
248) 《備邊司謄錄》 第121冊, 英祖 26年 1月 2日(12-25 라).
249) 《英祖實錄》 卷79, 29年 1月 辛酉(43-475 나).
250) 《備邊司謄錄》 第127冊, 英祖 30年 11月 24日(12-567 가).
251) 《備邊司謄錄》 第154冊, 英祖 46年 11月 11日(15-22 나).

재정은 어김없이 투여되었다.[252] 평안도 재정은 자체 재정이 상대적으로 풍부했던 어영청(御營廳)과 금위영(禁衛營)을 제외한 모든 중앙 군영에 정기 혹은 비정기적으로 지원되었다고 할 수 있는 것이다. 평안도 재정의 이와 같은 이전은 중앙의 재정 부족을 해결하려는 방편이었다. 하지만 변방 방어와 사행 지원을 위한 재정이 수도 방어와 왕권 강화에 관련된 중앙 군영에 부분적으로나마 투여되었다는 점에서 당시의 변화된 현실과 정치 권력의 속성, 재정 정책의 단면을 엿볼 수 있게 한다.

그 연장선 위에서 수도와 가까운 강화에도 정기적인 첨향미 외에 비정기적인 지원이 이루어졌다. 군기를 마련하고 시설을 정비하는 데 평안도 재정이 동원되었던 것이다. 군수(軍需)와는 별도로 강화에서는 재해 시 '공제지의(共濟之義)'를 내세워 평안도곡을 진휼에도 사용했다.[253]

중앙 관청이나 군영 그리고 강화 외에 여타 지방 관청의 평안도 재정 이용 또한 확대되어나갔다. 지방 관청 역시 초기에는 평안도의 반발 과정을 겪었다. 호조도 평안도와 대립을 거쳐 재정에 대한 장악력을 강화할 수 있었지만, 지방 관청의 이용은 더욱 어려울 수밖에 없었다. 어떤 경우에는 호조와 지방 관청의 요구가 맞물리기도 했는데, 이때는 호조의 영향력이 더 크게 작용했다.[254]

하지만 점차 공제(共濟)의 논리가 힘을 얻으면서 재정 지원에 대한 승인은 거부된 건수를 압도해나갔다. 그리고 중앙에서 평안도 재정 활

252) 《備邊司謄錄》 第170冊, 正祖 11年 3月 6日(16-832 가) ; 第181冊, 正祖 17年 5月 16日(18-152 라).

253) 《承政院日記》 第750冊, 英祖 8年 10月 7日(41-687 나). '江華留守尹游疏曰…… 至於賑活之資 無他別般經紀 所恃惟關西米請買一事 而特敎之下 地部已許和賣 道臣獨爲持難 無意出給…… 關西米事 亦願申飭道臣 使盡共濟之義 公私不勝至幸.'

254) 《備邊司謄錄》 第90冊, 英祖 7年 11月 23日(9-173 라).

용이 일부 재정 아문과 중앙 군영에 집중되었듯이, 지방에서도 이용 빈도가 높은 지역이 존재했다. 평안도에서 지리적으로 가까운 함경도와 사행 접대 부담이 컸던 개성이 그곳이었다. 함경도에서 재정 지원을 요청한 명분은 흉년에 따른 진휼이나 군수 확보 등이었다. 개성에서는 진휼 외에 칙수 마련을 주요 명분으로 내세웠으며, 재정이 고갈되면 으레 평안도 소미로 충당하는 것이 관례가 되었다.[255]

함경도나 개성만큼은 아니었지만 나머지 지역의 평안도 재정 이용도 적지 않았는데, 대개는 진휼이나 군수 마련이 목적이었다. 그 액수가 많았던 1731년(영조 7)의 삼남 진휼 비용을 보면, 평안감영과 병영의 미 5만 석과 면포 1,200동 그리고 돈 2만 2,500냥이 투여되었다.[256] 이 시기에는 중앙과 지방의 평안도 재정에 대한 이용이 늘어나면서 특정 지역의 요청을 배제하기도 어려운 상황이었다.

이러한 분위기가 장기간 지속되면서 경외의 빈번한 요청으로 평안도 전곡의 비축이 크게 줄어들자 이를 걱정하는 목소리도 높아졌다.[257] 1784년(정조 8) 국왕 정조는 결국 평안도 재정 이용에 대한 요청을 엄격히 규제하고, 1788년에는 당분간 금지시키기까지 했다.[258] 하지만 이듬해 사도세자(思悼世子)의 능을 수원으로 옮기면서 들어간 비용을 평안도곡으로 충당함으로써 정조 스스로 그 결정을 뒤엎었다.[259] 뒤이어 장용영에 대한 지원과 동일하게 수원부 관아 정비나 전민(廛民) 지원에도 평안도 재정이 사용되었다.[260] 이는 정조의 왕권 강화 과정에

---

255) 《備邊司謄錄》第169冊, 正祖 10年 9月 21日(16-748 라).
256) 《承政院日記》第735冊, 英祖 7年 11月 17日(40-682 다).
257) 蔡濟恭, 《樊巖集》卷30, 請關西錢穀勿許各衙門陳達取用啓 乙未(英祖 51年).
258) 《備邊司謄錄》第166冊, 正祖 8年 2月 9日(16-348 가) ; 第172冊, 正祖 12年 1月 30日(17-48 가).
259) 《備邊司謄錄》第175冊, 正祖 13年 11月 24日(17-442 라).
260) 《備邊司謄錄》第177冊, 正祖 14年 12月 14日(17-685 다) ; 第181冊, 正祖

서 평안도 비축 재정이 일정하게 투여된 것으로 해석할 수 있겠지만, 지배층 내부의 비판적 인식이 있었음에도 평안도 재정의 이용이 이미 대세가 되었던 상황을 간과할 수 없는 것이다.

이 시기 평안도 재정은 호조의 장악력 강화와 함께 중앙과 지방의 일부 관청 그리고 중앙 군영의 이용 확대라는 특징을 지닌다. 여기에는 새정 부족, 군수 확보, 기빈 구제라는 명분이 뒷받침되어 있었고, 일부의 반발에도 불구하고 지원 빈도나 비중은 갈수록 확대되었다. 남용과 비축 축소에 대한 문제 제기 역시 대세를 돌려놓을 수 있는 것은 아니었으며, 재정 개혁의 대안이 제시되지도 못했다.

3. 평안도 환곡 운영의 모순 심화

18세기 중·후반 평안도 재정에 대한 경외 군·아문의 이용이 확대되면서 평안도에는 다양한 명목의 곡물들이 만들어졌다. 그러나 그 명목이 지나치게 번다해 관리가 어렵고 중간 농간이 개입될 가능성이 커지자 평안감사의 건의를 받아들여 변통책을 마련했다. 중앙 관청의 곡물 명색 가운데 긴요하지 않은 것을 혁파해 주요 명목에 합록하도록 한 것이다.[261]

이때 호조·비변사·상평청 등 중앙의 세 개 관청에 소속된 평안도 곡물 명색 가운데 모두 18종이 혁파·합록되고 8종이 존속하게 되었다. 평안도 재정의 중앙 흡수 기조를 유지한 채 운영상의 난잡함을 정비해나간 것이다. 이들 존속 곡물들은 대개 환곡으로 운영해 모곡(耗穀)을 재정에 활용했다.

　　17年 2月 10日(18-82 라).
261)《備邊司謄錄》第124冊, 英祖 28年 1月 6日(12-243 나).

그런데 18세기 말 환곡의 재정 보용적 기능이 확대되는 가운데 중앙 군·아문에서 평안도에 설정한 환곡의 명목도 증가했다.[262] 또한 지방 관청인 개성에서도 관리영(管理營) 진분곡(盡分穀)이라는 명목으로 평안도곡 2만 석을 환곡으로 운영해 개시의 비용에 충당하는 것을 인정받았다.[263] 개성에서 평안도에 환곡을 설정할 수 있었던 것은 이미 여러 차례 칙수 마련 등의 이유로 평안도곡을 지원받은 전례가 있었기 때문이다. 정부의 처지에서는, 필요할 때마다 평안도곡을 지원하는 것보다는 본 도에서 환곡으로 운영하는 것이 훨씬 안정적이며 원곡의 손실을 피할 수 있다고 보았던 것이다. 이러한 조처는 평안도에서 중앙이나 지방 관청에 지원할 환곡 명색을 확대하는 결과를 초래했다.

평안도에서 환곡을 운영한 중앙 관청은 1769년(영조 45)에는 호조·비변사·상진청(常賑廳) 세 곳이었으나, 1776년에는 여기에 형조 한성부(漢城府)가 추가되었고, 1797년(정조 21)에는 병조·장용영·총융청·수어청·균역청이 다시 추가되어 모두 아홉 곳으로 늘어났다.[264] 다양한 군·아문의 참여는 평안도 재정에 대한 이용이 확대되었던 당시의 분위기와 일치하는 것이었다. 1797년 이들 중앙 각사의 환곡 액수는 다음 〈표 3-6〉과 같다.

1797년 평안도에서는 주자소와 사복시를 제외한 중앙 군·아문의 환곡을 모두 가지고 있었다. 이 가운데 병조와 형조 한성부 환곡의 전체, 수어청과 장용영 환곡의 3분의 2 이상이 이 지역에서 운영되었다. 액수가 많은 호조·비변사·상진청 3사(司)의 환곡도 상진청을 제외하면 비중이 높은 편인데, 전체적으로는 중앙 각사에서 전국에 설정한

---

262) 《備邊司謄錄》第160冊, 正祖 3年 8月 13日(15-761 나) ; 第162冊, 正祖 5年 2月 20日(15-942 라) ; 第164冊, 正祖 6年 4月 15日(16-176 라).
263) 《備邊司謄錄》第169冊, 正祖 10年 9月 21日(16-749 가).
264) 《穀摠便攷》平安道 京司穀都摠.

환곡의 18퍼센트가 평안도에서 운영되고 있었다.[265]

3사와 균역청곡을 제외하면 대개 진분곡이었으므로 이들 관청을 제외한 중앙 각사에서는 재정 보용을 목적으로 평안도에서 많은 환곡을 운영했다고 할 수 있다. 그런데 중앙 각사에서 평안도에 운영한 환곡은 그 모조(耗條)만을 이용한 것이 아니라 원곡 자체를 발매 작전하는 부분이 많았다. 이는 평안도곡의 감축을 초래하는 하나의 요인이기도 했다.

구관관청	환곡 액수		평안도 비율
	평안도	전국	
戶曹	260,201	813,011	32.0%
備邊司	538,436	2,513,161	21.4%
常賑廳	159,286	2,617,664	6.1%
均役廳	13,156	524,596	2.5%
守禦廳	3,018	4,118	73.3%
摠戎廳	705	4,205	16.8%
壯勇營	238,145	359,788	66.2%
兵曹	27,543	27,543	100.0%
刑曹漢城府	892	892	100.0%
鑄字所		14,703	0%
司僕司		1,599	0%
합계	1,241,382	6,881,280	18.0%

※ 단위 : 石(斗 이하는 생략)

〈표 3-6〉 1797년 중앙 각사의 환곡 액수

265) 환곡에는 다양한 곡물이 포함되어 있으므로, 여기서의 비중은 그 질적 가치까지 고려된 절대적 비중은 아니다.

1787년(정조 11)에 평안감사 이명식(李命植)은, 환총 100만여 석 가운데 30만 석은 산읍(山邑)에 저축해 움직일 수 없고 나머지 70만 석으로 약 4만 석 정도의 모곡을 얻어 발매한다고 했다. 이 4만 석은 대부분 중앙 각사의 재정에 이용되는 부분을 지칭한 것이다. 그는 예상하기를, 4만 석의 모곡을 얻기 위해서는 40만 석을 분급해야 하므로 유치곡이 적을 수밖에 없는데, 흉년으로 미봉이 발생하면 비축곡은 더욱 감소해 위기에 직면할 것이라고 했다. 그 해결 방안으로 꼭 필요한 발매조 외에는 모두 반유반분(半留半分)할 것을 제안했다.[266]

그런데 조사 결과를 보면 발매의 폐는 훨씬 심각해서, 4만 석 가운데는 모곡 외에 원곡을 발매한 것이 상당량 포함되어 있었다.[267] 평안도에서 여러 군·아문에 지원한 곡물의 상당수가 환곡 원곡을 그대로 발매한 것이었다. 진분곡도 미봉이 생기면 곡물 액수가 줄어들게 되지만, 원곡 발매는 처음부터 지속적으로 곡물을 감축시켜나갈 수밖에 없었다.

따라서 발매를 억제하고 반유반분곡을 늘려나가는 것이 해결책이라는 점에는 정부도 인식을 같이했다. 하지만 얼마나 시행이 강제되었는지는 알 수 없다. 시간이 갈수록 반유반분곡보다는 오히려 진분곡이 급증하고 있었기 때문이다. 18세기 말 평안도 환곡의 명색과 분급 내용을 정리한 〈표 3-7〉을 보자.[268]

이 표를 보면 1797년 당시 평안도의 환총은 158만여 석이었으며, 그 가운데 중앙 군·아문 소속이 122만여 석에 달했고 재정 보용의 성격이 큰 진분곡은 전체의 절반 수준이었다. 정부에서는 비축곡을 일정량 유지하기 위해 반유반분의 원칙을 강조했지만, 가분(加分)이나 진

266) 《正祖實錄》 卷24, 11年 12月 戊申(45-679 나).
267) 《備邊司謄錄》 第172冊, 正祖 12年 1月 30日(17-47 나).
268) 《穀摠便攷》 平安道內各樣還穀摠數.

분곡은 계속해서 증가했다.[269] 평안도에서 환총의 감소에도 불구하고 운영상의 폐단이 컸던 것도 진분곡의 증가에 기인했다.

분급 구분	곡물 명색	곡물 액수	합계	비율
半分穀	戶曹穀	244,663-01	716,868-08	45.2%
	常平廳穀	141,697		
	備局句管穀	330,508-07		
二留一分穀	戶曹穀	170-06	44,886-09	2.8%
	備局句管穀	44,716-03		
盡分穀	戶曹穀	15,368-05	740,579-02	46.7%
	常賑穀	4,433-07		
	備局句管穀	93,992-07		
	壯勇營穀	238,145-03		
	兵曹穀	27,543-13		
	刑曹漢城府穀	892-06		
	摠戎廳穀	705-12		
	守禦廳穀	3,018		
	監營穀	207,922		
	兵營穀	60,317-09		
	中營會外穀	1,374-01		
	各邑會外穀	86,865-14		
改色穀	均役廳穀	13,156-06	82,375-08	5.2%
	備局句管私賑穀	69,219-02		
전체 합계		1,584,709-12	1,584,709-12	100.0%

※ 단위 : 石-斗

〈표 3-7〉 1797년 평안도의 환곡 명색과 분급 내용

269) 文勇植, 《朝鮮後期 賑政과 還穀運營》, 景仁文化社, 2001, 181~194쪽.

평안도 진분곡 74만여 석의 형성 과정을 나타내는 다음 〈표 3-8〉을 통해 평안도 진분곡의 증가 추세를 이해할 수 있다.[270] 이 표는 평안도 진분곡이 1776년에서 1797년 사이에 대폭 늘어나고 있음을 보여준다. 또한 이 단계에서 중앙 각사 소속 진분곡 비중도 급격하게 증가했다. 그리하여 전체 진분곡의 47퍼센트, 중앙 각사 소속 진분곡의 75.7퍼센트가 이 시기에 형성되었다. 이는 18세기 후반 이후에 진분곡이 크게 늘어났으며, 특히 중앙의 재정 보용을 위한 환곡 운영이 확대되었음을 뜻한다. 〈표 3-7〉에서 보는 것처럼, 평안도의 환총에서 진분곡이 차지하는 비중은 46.7퍼센트로, 전국 환총에서 진분곡이 차지하는 비중 39.9퍼센트보다 다소 높은 편이었다.[271]

가분이나 진분곡의 증가 외에 환곡의 재정 보용적 성격이 강화되면서 나타난 정퇴(停退)·탕감(蕩減)이나 미봉(未捧)·포흠(逋欠)의 확산은 평안도에서도 일반적인 현상이었다. 그럼에도 정부는 평안도의 환곡 폐단이 가장 심한 것으로 인식하고 있었다. 왜냐하면 산군(山郡)의 경우에는 '곡다민소(穀多民少)'로 말미암아 포흠이 증가하고 연읍(沿邑)은 매년 되풀이되는 발매로 곡식이 대폭 줄어드는 등, 지역 차이에 따른 모순이 어느 곳보다도 컸기 때문이었다.[272]

산군이나 진보와 같은 군사시설이 설치된 지역은 곡물 비축이 강조되고 유통이 이루어지지 않아 곡다민소의 폐가 컸다. 청북수군방어영(淸北水軍防禦營)이며 동림성(東林城)의 성향곡(城餉穀)까지 떠맡았던 선천(宣川)의 경우, 1781년(정조 5) 환곡 분급의 과다로 말미암은 미봉

---

270) 《穀摠便攷》盡分穀撮要 平安道.

271) 1797년 전국의 환총은 938만 654석이었고 진분곡은 374만 6,154석이었다.

272) 《備邊司謄錄》第168冊, 正祖 10年 4月 20日(16-675 라). '(領議政鄭存謙) 又所啓 卽見前都承旨李敬養所啓 則以爲還穀之弊 西路最鉅 山郡則穀多民少 每有虛逋之患 沿邑則逐年發賣 漸至空匱之境 就還穀原簿 或爲移轉 或加厘正 以爲裒益之政爲辭.'

	~1724년	1725~1775년	1776~1797년	시기 미상	합계
京司 (비율)	2,109-03 (0.6%)	38,815-02 (10.1%)	290,837-05 (75.7%)	52,337-13 (13.6%)	384,099-08 (100%)
外衙門 (비율)	133,116-01 (37.3%)	63,883-08 (17.9%)	57,348-06 (16.1%)	102,131-09 (28.7%)	356,479-09 (100%)
합계 (비율)	135,225-04 (18.2%)	102,698-10 (13.9%)	348,185-11 (47.0%)	154,469-07 (20.9%)	740,579-02 (100%)

※ 합계의 비율은 전체 진분곡에서 차지하는 비율을 나타낸 것임

〈표 3-8〉 1797년 평안도 진분곡의 형성 과정

액이 1만 석을 넘어섰다.[273] 반면 성천(成川)은 곡물의 품질과 가격이 높아 발매가 잇달으면서 환총이 6만 석에서 3만 석으로 줄었다.[274] 그 가운데 유치분을 제외하면 민들이 분급받을 수 있는 환곡이 매우 적은, 선천과는 상반된 모순에 직면해 있었던 것이다.

이러한 모순을 해결하기 위해 곡다민소 지역의 진분조를 반분조로 바꾸거나 발매를 허용해 곡소민다 지역으로 이전하게 했다.[275] 하지만 곡다민소의 폐단은 쉽게 사라지지 않아 병영이 위치한 안주(安州)나 각 진보에서는 매 호당 수십 석의 환곡을 분급받아야 했다.[276] 이는 민의 유산을 초래해 결국 미봉·정퇴·탕감으로 이어질 수밖에 없었다.

19세기에 들어서도 지역간 차이에 따른 환곡의 모순은 지속되었지만, 진분곡의 비중은 다소 낮아졌다. 1807년 평안도 환총 128만 8,689석 가운데 진분곡은 38.3퍼센트인 49만 3,483석이었고 반분곡은 56.1

273) 《承政院日記》 第1498冊, 正祖 5年 11月 30日(81-802 나).
274) 《備邊司謄錄》 第169冊, 正祖 10年 10月 29日(16-774 다).
275) 《備邊司謄錄》 第172冊, 正祖 12年 4月 5日(17-67 가) ; 第174冊, 正祖 13年 3月 29日(17-278 다).
276) 《備邊司謄錄》 第178冊, 正祖 15年 4月 7日(17-767 라) ; 第184冊, 正祖 20年 8月 20日(18-477 다).

퍼센트인 72만 2,983석, 개색곡(改色穀)은 5.6퍼센트인 7만 2,223석으로, 1797년과 비교할 때 환총은 30만 석가량 줄어들었다.[277] 진분곡 비중은 1797년보다 8.4퍼센트 감소한 반면, 반분곡은 10.9퍼센트 상승했다. 진분곡의 비중이 낮아진 것은 1801년에 장용영이 혁파됨으로써 장용영곡이 균역청으로 넘겨진 데 따른 것이다. 장용영곡은 진분곡이었지만 균역청곡은 반분곡이었기 때문이다.[278]

액수가 가장 많았던 중앙 3사의 곡물은 반분곡이었음에도 불구하고 끊임없이 줄어들었으며, 평안도의 비중도 낮아졌다. 원래 호조곡은 매 석당 모곡 1두 5승 가운데 10분의 1인 1승 5홉을 호조에 회록하고, 그것의 규모에 따라 상평회록(常平會錄)의 액수를 달리 정했다. 하지만 평안도와 황해도는 모곡 모두를 관향에 회록했다.[279] 관향은 군사용 예비 재정으로 비축이 강조되었지만, 호조의 재정 보용에 적극 이용됨으로써 평안도 호조곡은 갈수록 감축되었다. 상진청 회부곡(會付穀)은 15분의 12를 상진청에 회록하지만 평안도에서는 모곡 전부를 회록해 총액은 적었으나 이전 비율은 높았다. 이들 3사 곡물량의 변동 내용을 정리하면 다음 〈표 3-9〉와 같다.

이 표를 보면 3사 곡물은 1797년부터 급격히 감소해, 전국 합계는 1788년과 비교할 때 27.1퍼센트, 평안도 합계는 35퍼센트가 감소했다. 평안도곡의 감소 비율이 더 높았던 것이다. 또 1807년에는 전국 합계의 소폭 상승에도 불구하고 평안도 합계는 다시 대폭 감소해, 전국의 3사곡에서 평안도곡이 차지하는 비중도 크게 낮아졌다.

277)《萬機要覽》財用編6, 還摠 平安道.
278) 진분곡인 장용영곡은 1797년에 23만 8,145석이었고, 장용영이 혁파된 이후인 1807년에 반분곡인 균역청곡은 18만 318석이었다.
279)《大典會通》卷2, 戶典 倉庫.

	호조곡		상진청곡		비변사곡		합계	
	평안도	전국	평안도	전국	평안도	전국	평안도	전국
1776	478,959 (28.4)*	1,686,722	218,946 (6.4)	3,444,413	583,699 (19.8)	2,942,792	1,281,604 (16.4)	8,073,927
1788	654,823 (38.2)	1,712,293	198,525 (6.2)	3,227,257	620,081 (20.0)	3,096,358	1,473,429 (18.4)	8,003,934
1797	260,201 (32.0)	813,011	159,286 (6.1)	2,507,489	538,436 (21.4)	2,513,166	957,923 (18.0)	5,833,666
1807	176,622 (19.0)	928,041	118,997 (4.7)	2,515,157	329,856 (10.9)	3,025,603	625,475 (12.5)	6,468,801

※ 괄호 안의 수치는 오른편의 전국 총액에서 평안도가 차지하는 비중을 나타냄(단위 : %)
※ 자료 : 1776년·1797년《穀摠便攷》/ 1788년《增補文獻備考》卷167 市糴考 / 1807년《萬機要覽》(곡물 단위 : 石)

〈표 3-9〉 중앙 3사의 환곡 변동

진휼 기능에서 출발한 상진청곡에서 평안도가 차지하는 비중은 낮은 편이었지만, 군량과 관계된 호조나 비변사곡의 비중은 매우 높은 편이었다. 1788년의 경우 전국 호조곡의 38.2퍼센트 그리고 비변사곡의 20퍼센트가 평안도에서 운영되고 있었던 것이다. 하지만 19세기에 들어 그 비중이 크게 낮아졌다는 것은 평안도 3사곡의 손실이 그만큼 컸다는 것을 의미한다. 이는 평안도 재정이 중앙에 적극 흡수되었던 시대상의 반영이기도 했다.

반면 1807년 지방 아문 소속인 감영곡과 병영곡에는 큰 변화가 없었다.[280] 따라서 평안도의 환총 감소를 주도한 것은 중앙 군·아문곡, 특히 액수가 많은 3사곡이었다. 비축 비중이 높은 반분곡인 3사곡의

280) 1797년 감영곡과 병영곡은 각각 20만 7,922석과 6만 317석이었으며, 1807년에는 소폭 늘어나 각각 22만 4,900석과 6만 5,530석이었다.

감소는 환곡 운영 과정의 모순은 물론 진휼이나 중앙 재정 보용을 위한 발매와 관련이 깊었다. 또한 이향(吏鄕)층이 개입된 중간 농간에 따른 곡물의 감축도 늘어나고 있었다.[281] 특정 명목의 곡물이 감축되어 운용이 어려워지면 다른 명목에서 보충하거나 환곡의 분급량을 늘렸는데, 이는 일시적인 미봉책에 지나지 않았다. 부민들이 환곡받기를 피하는 상황이 만연하면서 빈호에 피해를 가중시켜 다시 미봉을 유발할 수밖에 없었기 때문이다.[282]

이러한 상황에서 중앙이나 다른 지방의 평안도 재정 활용은 지속되어, 1809년에서 1810년 사이에만 총융청 재정 보용에 1만 석 그리고 양호(兩湖) 기민 구제에 4만 5,000석이 이용되었다.[283] 환곡의 미봉이나 다른 군·아문에 대한 재정 지원은 평안도 곡총을 감소시켜, 1810년만 하더라도 전해보다 10만여 석이 줄어들었다. 평안감사는 그 가장 큰 이유를 중앙 군·아문에 따른 발매 작전에서 찾았다.[284] 평안도에서는 다른 지역과는 달리 중앙 재정으로 흡수되는 데 따른 곡물 감소가 심각했던 것이다.

여기에 환곡 운영 과정상의 모순이나 흉년으로 10만 석가량의 진자(賑資)가 요구되었던 1811년과 같은 상황이 겹칠 경우 환총은 더욱 감소할 수밖에 없었다.[285] 더구나 1811년에는 홍경래에 따른 대규모의 저항이 발생한 탓에 정부에서는 민심 수습을 위해 곡총의 감소를 무릅쓰고라도 환곡 탕감 등의 위무책을 실시해야 했다.[286]

---

281) 《備邊司謄錄》 第195冊, 純祖 4年 7月 8日(19-656 라).

282) 《備邊司謄錄》 第197冊, 純祖 6年 2月 28日(19-801 나).

283) 徐榮輔, 《竹石館遺集》 冊4, 論關西穀劃給湖南便否疏 ; 《備邊司謄錄》 第199冊, 純祖 9年 8月 25日(20-103 다) ; 第200冊, 純祖 10年 2月 5日(20-172 나).

284) 《備邊司謄錄》 第200冊, 純祖 10年 9月 25日(20-233 가).

285) 李晩秀, 《屐園遺稿》 卷4, 平安監司時請賑穀疏 ; 《備邊司謄錄》 第201冊, 純祖 11年 10月 16日(20-403 라).

한편, 1807년의 중앙 각사 환곡을 보면 평안도에서는 3사와 균역청 곡을 제외한 나머지 관청의 곡물들이 모두 사라지고 없었다.[287] 진분으로 운영된 이들 곡물들은 19세기 초 이미 원곡 자체가 남아 있지 않았던 것이다. 이 때문에 모곡 상납을 다른 도에서 책임지도록 했다. 평안도 곡물 운영상의 여유분이 그만큼 줄어들고 있었던 것이다.

따라서 환곡 원곡의 감소를 막기 위해서는 부족액을 다른 도에 책임지우거나 본 도에 저축된 다양한 명색의 재원으로 작곡(作穀)해 곡물량을 늘려야 했다. 하지만 대부분의 지역이 재정 부족을 호소하는 상황에서 부족액을 다른 도에 책임지우기란 쉽지 않았다. 결국 본 도의 재정으로 곡물을 마련하고, 부족액은 황해도의 칙수전(勅需錢) 등을 일부 이용할 수밖에 없었다.[288]

그럼에도 환총의 감소는 지속되었으며, 일부 명색은 사라질 위기에 처했다. 관리영 진분곡 2만 석의 경우 매년 모곡 2,000석을 마련하지 못해 원곡을 축내는 바람에 1820년에는 7,083석밖에 남지 않았다.[289] 이러한 추세가 이어지면 원곡 자체가 사라지게 되겠지만, 당장 모조 2,000석의 확보도 어려웠다. 이 때문에 다른 도에서 모조를 임시 취용했으나 그 조처는 장기화되고 있었다. 수어청 첨향조(添餉條) 모곡 역시 다른 도의 대획(代劃)이 19세기 전반 내내 지속되었다.[290]

환곡 운영 과정에서 중간 농간이나 민들의 부담 능력 저하로 말미암은 포흠도 환총 감소로 이어질 수밖에 없었다. 1824년(순조 24) 청북암행어사별단(淸北暗行御史別單)에 따르면, 초산(楚山)의 포흠액만 2

286)《備邊司謄錄》第202冊, 純祖 12年 9月 1日(20-563 가).
287)《萬機要覽》財用編6, 還摠 平安道.
288)《備邊司謄錄》第206冊, 純祖 17年 9月 20日(21-46 라).
289)《承政院日記》第2133冊, 純祖 20年 9月 26日(110-200 마).
290)《備邊司謄錄》第224冊, 憲宗 2年 10月 13日(22-784 가).

만 석이었으나 평안도 전체적으로는 수십만 석의 포흠이 발생했다.[291] 1848년(헌종 14)에는 평양 한 곳의 포흠이 환총 15만 7,000여 석 가운데 11만여 석이나 되었다.[292] 전반적인 포흠액이 갈수록 늘어나고 있었던 것이다. 이 때문에 1776년 16.9퍼센트에 머물던 평안도의 허류곡(虛留穀) 비중이 1862년에는 63.8퍼센트로 급증했다.[293]

그러나 환총의 감소에도 불구하고 연례의 모조 외에 중앙 재정 보용을 위한 별도의 곡물 이전은 멈추지 않았다. 1832년에 호조는 흉년에 따른 세입 감축을 이유로 각 도에서 3만 석을 취용했는데, 그 가운데 평안도에는 5,000석이 배정되었다.[294] 이해에는 다양한 명목의 경사(京司) 작전 등이 잇달아 모두 2만 2,000석의 곡물이 감소했다.[295] 1838년(헌종 4)에도 호조는 경비 부족을 이유로 영·호남과 관서에서 3만 석을 취용했으며, 평안도곡은 호조 소관 7,000석과 비변사 소관 3,000석 등 1만 석에 이르렀다.[296]

평안도에서는 지속적인 곡물 감소를 보완하기 위해 때때로 군포 등 여타의 비축 재원으로 작곡해 곡총을 늘리는 변통책을 취했다.[297] 재정 보용이나 진휼·포흠과 같은 이유로 본 도의 곡물이 감축되면 다시 본 도의 재정으로 이를 일부 보충해 그 고갈을 막고 있었던 것이다. 이는 평안도 비축 재정의 감소나 환곡 운영상의 모순에 대한 개혁이 아닌 일시적인 곡물 고갈 억제책에 지나지 않았다.

---

291) 《備邊司謄錄》第212冊, 純祖 24年 1月 9日(21-536 라) ; 9월 10日(21-595 가).
292) 《承政院日記》第2478冊, 憲宗 14年 10월 10日(121-349 다).
293) 오일주, 앞의 글, 108쪽.
294) 《承政院日記》第2283冊, 純祖 32年 10월 6日(115-230 나).
295) 《承政院日記》第2289冊, 純祖 33年 4月 14日(115-396 가).
296) 《備邊司謄錄》第226冊, 憲宗 4年 8月 23日(23-22 다).
297) 가장 적극적으로 보충이 이루어진 것은 軍餉穀이었다. 《備邊司謄錄》第222冊, 純祖 34年 11월 11日(22-579 가) ; 第229冊, 憲宗 7年 4월 10日(23-315 다).

결국 환곡의 재정 보용적 성격이 강화되면서 18세기 말 평안도에는 중앙 각사에서 설치한 다양한 명목의 환곡이 운영되었다. 이는 18세기 중·후반 평안도 재정의 중앙 흡수 확대와 긴밀하게 연관된 것이었다. 평안도 재정을 수시로 활용한 중앙의 처지에서, 환곡 운영은 지역의 곡물 감축을 막으며 안정적으로 재정을 보용할 수 있는 방안이었다. 하지만 3사를 제외한 중앙 각사의 환곡은 대개 진분곡으로 운영되었기 때문에 시간이 지나면서 원곡의 고갈을 초래했다.

비축이 강조된 3사의 곡물 역시 다른 지역의 진휼이나 중앙의 재정에 적극 활용하면서 지속적으로 감축되어갔다. 이 과정에서 지역간 곡물의 극심한 불균형과 원곡을 포함한 발매 현상이 만연했으며, 환곡 운영상의 일반적인 모순까지 중첩되었다. 이 때문에 19세기 들어 환곡 명색의 일부를 다른 지역에 넘겨주는 등, 전국 환총에서 평안도가 차지하는 비중은 계속 줄어들었다. 물론 다른 지역보다는 아직 여유가 있었으나 예비·비축 재정으로서 성격은 갈수록 탈각되어 평안도 곡물의 대부분이 분급되었다. 이는 19세기 중엽 막대한 허류곡의 출현으로 이어졌으며, 대대적인 이정을 필요로 하게 되었다.

결 론

조선 후기 평안도의 지역성을 규정하는 대표적인 요소는 이곳이 중국 대륙으로 이어지는 외교적 관문이자 군사적 요충지라는 점에 있었다. 이는 예비·비축적 성격을 가진 지역의 재정 운영과 밀접하게 연관되어 있었으며, 그 중심축은 국내외 정세에 따라 변동했다. 필자는 이 책을 통해 군사·외교적 측면에서 평안도 재정의 시기별 양상 및 중앙 재정 사이의 관계를 검토했는데, 그 결과는 다음과 같이 요약할 수 있겠다.

먼저 17세기 전반은 후금(後金)의 성장과 조선 내부의 권력 교체로 안팎의 정세가 급변하면서 변방의 긴장이 고조되던 시기였고, 이러한 상황 아래 평안도 재정 운영에는 어느 때보다 군사적 성격이 강하게 드러났다. 후금의 서진(西進)으로 많은 요동민들이 평안도로 몰려들었고, 그들을 이끌었던 모문룡(毛文龍)은 가도(椵島)에 군사 기지를 설치했다. 이들의 침탈과 군량 요구는 조선에 막대한 부담을 주었지만, 수시로 출몰하던 후금군의 침입 위험도 갈수록 고조되었다.

282

따라서 평안도에서는 자체의 군사력과 재정을 모군(毛軍) 지원과
후금 방어에 적극 투여해야 했으며, 다른 지역으로부터 원조도 필요
로 했다. 그런데 평안도를 중심으로 한 방어 전략은 집권 세력과 시기
에 따라 일정한 차별성이 있었다. 광해군 집권기에는 군사적 충돌을
최대한 피하면서도 성곽 수축과 군사력 증강에 관심을 기울였다. 도
체찰사(都體察使) 중심의 비상 지휘 체계도 줄곧 유지되었는데, 1618
년의 원병 파견과 함께 이는 더욱 강화되었다.

모문룡에 대한 지원 확대 등 명분론적 외교를 강화했던 인조 정권
역시 대후금 방어에 고심했다. 비상 지휘 체계의 지속이나 방어체제
의 정비는 광해군대의 기조를 유지했으나, 반정으로 권력을 장악한 인
조 정권은 중앙군 강화와 보장처 정비에 많은 노력을 기울일 수밖에
없었다. 이는 물력과 동원 가능한 군사의 수가 한정된 상황에서 방어
력의 분산과 평안도 방비의 약화를 초래했다.

이괄의 난과 모군의 침탈로 평안도 방비에 공백과 혼란이 이어지는
가운데 인조 정권은 구체적인 방어책을 두고서도 갈등을 빚었다. 두
차례의 호란을 겪는 과정에서 강변 방어와 내지 요충지 방어 그리고
산성 강화론 등이 충돌하고 있었던 것이다. 당시 집권 세력은 파천 여
부와 직결된 내지의 안주 방어를 중시했으며, 이보다 더 집중적으로
재정과 군사력이 투여된 곳은 중앙의 군문이나 보장처였다.

후금의 위협에서 기인한 준 전시적 비상 체제는 지역 재정 운영에
그대로 반영되었다. 평안도는 조선 전기 이래 재정 운영의 독자성이
상대적으로 강했고, 북방 정세에 따라 임시의 군량 확보 방안이 다각
도로 모색된 지역이었다. 그러한 방안은 이 시기 더욱 확대되어 정규
의 수취 외에 둔전 경영, 공물과 노비신공의 군량화, 임시 부가세인
서량(西糧)의 전면적 수취로 나타났다.

재정 기구의 군사적 면모도 강화되어 광해군대에 사신 접대를 위해

임시로 운영했던 분호조(分戶曹)는 1618년 조선의 원군 파견과 함께 군사 재정 기구로 전환되었다. 분호조는 광해군 말까지 평안도를 중심으로 다수의 군량을 확보해 변방의 위기에 대비했다. 하지만 인조 정권은 광해군대의 임시 재정 기구를 불법적인 수탈 장치로 규정하면서 분호조는 정체 상태에 놓였다가 혁파되었다.

인조 정권은 집권 초 군량 확보를 위해 지방관이 겸임하는 관향사(管餉使)를 새로이 두었다. 전국적으로 설치된 관향사는 군사 재정 기구의 확대에 따른 부담과 가중되는 후금의 위협, 모문룡의 군량 요구에 효과적으로 대처하기 위해 양서 지역을 중심으로 재편되었다. 이 역시 효율적인 운영을 위해 단일의 양서관향사가 군량 확보와 운반 및 출납의 모든 과정을 장악하는 방식으로 전환되었다. 평안도의 지방관 가운데 임명된 양서관향사는 호란 뒤 평안감사가 겸직해 그 권한과 책임이 확대되는 방향으로 나아갔다.

평안도의 전세는 낮은 토지 생산성과 군사·외교적 부담으로 다른 지역보다 가벼웠다. 반면 결당 1두 5승을 수취한 서량의 경우 공물 일부의 삼남 이정(移定)이나 모문룡의 직접적인 주둔과 관련해 7두를 거두었다. 이를 통해 수취한 군량의 총액은 한 해 최고 6만 석 정도로 추정되며, 황해도에서도 많게는 4만 석 이상을 지원했다. 또한 삼남에서 거둔 서량도 5만 석을 넘어서고 있었다. 하지만 후금에 맞서 방어 시설을 구축하고 군사를 조련하는 한편으로 가도의 명군을 지원하는 데 들어가는 비용은 인조 초 12만 석에 이르렀고, 이는 갈수록 늘어났다. 1626년의 경우 가도에 14만 석, 1633년에는 요충지 방어에 12만 석이 소모될 정도로 평안도 재정은 막대한 군량 지출로 압박을 받고 있었던 것이다.

호란 뒤 평안도의 관향은 전후 청의 요구를 충족시키고 그들의 사신을 접대하거나 심관(瀋館)의 수요를 충당하는 데 상당 부분 활용되었다. 수취 명분이 사라진 서량 역시 청과 새로운 외교 관계 수립을 위한 비용을 지원하다가 인조 말에 혁파되었다. 동시에 양호(兩湖)에 이정된 양서의 공물은 평안도로 환속되었는데, 평안도에서는 5~6두를 거두어 군량으로 비축했다. 평안도의 공물 수미(收米)는 다른 도의 대동과 같은 형식을 띠었지만, 낮은 수취량과 본 도[평안도] 비축이라는 특징을 지녔다. 호란을 거치며 공물 부담은 평안도의 재정 운영 과정에 편입되었던 것이다.

이 책에서 다룬 두번째 시기는 17세기 후반에서 18세기 초이며, 이 기간 동안 평안도 재정은 대청 외교와 무역 지원으로 그 중심축이 이동했다. 호란 이후, 사행로에 위치해 청의 직접적이고 강압적인 견제를 받아야 했던 평안도에서는 군제나 방어체제를 복원하기가 어려웠다. 반청 의식의 심화를 배경으로 모색된 북벌의 움직임 속에서도 평안도의 군정은 여전히 포기 상태였다.

현종 말에서 숙종 초에 이르러서야 청의 내부 반란을 계기로 평안도의 군비 재건을 적극 모색하기 시작했다. 숙종대 후반에는 청의 재침입에 대한 걱정과 조선의 방비 강화를 일정 부분 인정한 그들의 정책을 배경으로, 마침내 군사 조련과 성곽 수축 그리고 군제 개편이 대대적으로 추진될 수 있었다. 이러한 분위기는 영조대로 이어졌으며, 그 과정에서 더 이상 청의 견제도 의식하지 않게 되었다.

군제 정비는 전란 뒤 평안병사가 주관해 사행 접대 등에 사용했던 군포의 수취를 중앙에서 통제하고 감축된 군액을 확충하며 역 부담의 균일화를 꾀하는 방향으로 추진되었다. 이는 역 부담이 다른 다양한 군종의 정리는 물론 조련군의 확보와도 연관된 것이었다. 일련의 과정을 거쳐 18세기 초 역 부담은 1필로 균일화되었고, 호란 직후 3만 명으로까지 격감했던 군액은 조련군을 포함해 20만 명을 넘어섰다.

한편 숙종대 평안도에는 세 개의 방어영(防禦營)이 추가로 설치되어 압록강변과 서해안 요충지에 모두 네 개의 방어영이 갖추어졌다. 청의 재침입에 대비하면서 주요 지역 지방관을 방어사로 삼아 방어체제를 정비했던 것이다. 상설 방어영의 운영과 함께 다수의 진영(鎭營)을 설치한 것도 군제 정비를 통한 방비 증강의 일단을 보여주는 것이라 할 수 있다.

군제나 방어체제의 정비가 더디게 진행되는 동안 비축 재정의 규모는 계속 확대될 가능성을 가지고 있었다. 토지 결수의 회복과 호구의 증가 및 군액 증대는 물론, 대청 무역 과정에 대한 참여와 광산 개발 등으로 평안도 재정 수입이 늘어나고 있었던 것이다. 그리고 확보된 재원은 민간에 대여함으로써 그 규모를 늘려나갔다.

이 사이 평안도 재정은 대청 외교와 무역 비용 지원이라는 또 다른 시대적 요구에 부응해야 했다. 우선 두 나라 사이의 공식 외교 통로 가운데 하나인 칙행(勅行)을 보면, 그 빈도는 병자호란 직후 가장 높았으며 18세기 초까지는 대체로 연평균 1회를 상회했다. 한 차례의 사행이라고 해도 조선의 중앙이나 지역 재정 운영에 미치는 파장은 적지 않았다.

그들은 한 달가량의 조선 체류 일정 가운데 평안도에서 절반 정도를 머물었다. 이때 평안도의 각 읍은 인마 동원과 숙소 정비, 연회나 예단 제공의 부담을 안고 있었으며, 18세기 한 차례의 칙수(勅需) 규모는 의주를 제외하고도 5만 냥을 넘어섰다. 이러한 막대한 칙수 부담을 가능하게 한 객관적 조건은 전후의 재정 수입 확대와 군사적 지출 요인의 감소에 있었다.

따라서 군량으로 비축된 관향이나 군포 수입은 칙수 지원에 적극 활용되었다. 칙수는 원칙적으로 관향에서 회감(會減)되었지만, 칙행이 잇달으면서 관향곡이나 군포의 사전 분급 혹은 추가 분급이 수시로 이루어졌다. 뿐만 아니라 중앙이나 사행로 위에 있는 다른 도의 칙수 보조에도 평안도 재정이 투입되고 있었다.

한편 18세기 초 평안도의 각 읍에서는 원활한 칙수 확보를 위해 칙수청(勅需廳)이나 대동고(大同庫) 등의 민고를 설치하고 부민을 동원하는 방식을 확산시켜나갔다. 원래 청사 접대와 관련된 부역이 적지 않은데다가 각 읍의 재정 부족이 심화되자, 민고의 형식을 통해 그 일부를 보충하려 한 것이다. 운영 기구나 형식은 다양했지만 칙수나 혹은 연행(燕行) 경비를 확보하기 위해 민간으로부터 이식을 취하는 방식은 일찍부터 통용되었으며 갈수록 확대되었다.

칙행과는 달리 연행에서 경비 부담은 무역 자금 지원과도 긴밀하게 연관되어 있었다. 연행 빈도는 칙행과 마찬가지로 호란 직후 가장 높았으며, 연평균 3회 안팎에서 움직인 18세기 전반까지는 이후의 시기와 비교할 때 상대적으로 높은 수준을 유지했다. 연행에는 보통 수백의 인마와 5개월 남짓한 기간이 필요했고 방물과 예단의 양도 적지 않아 중앙이나 지방 재정에 역시 부담을 주었다.

18세기 초까지는 단련사제(團練使制)가 유지되는 가운데 심양으로 세폐와 방물을 운반했고 그 수량도 많아서 이후 시기보다 훨씬 방대한 규모의 인마가 압록강을 건넜다. 사행 구성원의 상당수를 차지하는 쇄마구인(刷馬驅人)이나 마부 명색은 대개 평안도에서 동원했으며, 마필도 관·운향 등에 크게 의존했다. 인마의 규모와는 달리 연행 일정은 갈수록 증가했는데, 그것은 잠상의 규제와 관련해 의주에서 체류하는 기간이 길어졌기 때문이다.

평안도에서 연행 접대 비용은 칙행에 견주어서는 적은 편이었다. 하지만 이 지역은 연 75~90일 이상 연행 접대에 시달렸다는 점을 고려할 필요가 있다. 더구나 연행에는 직접적인 접대 외에 중국에서 소요되는 경비는 물론 무역 비용까지 지원되었다. 그러한 경비 가운데 일부는 역관들이 부담한 공용은(公用銀)에서 나왔으며, 역관들은 이를 명분으로 막대한 은화를 끌어들여 무역에 참여했다.

이 은화는 주로 관은(官銀) 대출을 통해 확보했는데, 여기에는 평안감영과 병영은 그리고 관·운향은 등이 포함되었다. 즉, 평안도 재정이 역관이라는 매개자를 통해 연행 경비와 무역에 투여되고 있었던 것이다. 역관들의 상환 능력 감소로 관은 대출을 통한 공용은 확보가 치폐를 거듭하는 가운데 평안도의 대출량은 전체의 40퍼센트 선에 이르고 있었다. 역관 무역의 침체와 왜은의 단절 그리고 공용은 지출 증가로 말미암은 관은의 상환 지체는 계속되었지만, 연행과 무역 경비의 평안도 의존은 줄어들지 않았다.

평안도 재정은 역관을 통해서만이 아니라 중강의 개시와 책문, 심양의 무역에도 개입되었다. 평안도 물화가 전체의 절반이 넘었던 중강개시의 경우는 청의 요청에 따른 의례적인 참여였지만, 중강후시나 책문 그리고 심양에서 무역은 재정 확보의 수단으로 활용되었다. 하지만 역상(譯商)끼리의 대립, 재정 보용과 잠상 억제 사이의 모순, 은화 부족과 공용은 문제 등이 겹치면서 책문 무역은 치폐를 반복했고, 심양팔포(瀋陽八包) 무역은 결국 혁파되었다.

대청 무역이 다양한 형식을 거쳐 변모하는 과정에서도 조선 정부가 역점을 둘 수밖에 없었던 것은 사행 경비 확보를 위한 공용은 마련이었다. 그리고 공용은은 평안도의 관은에 상당 부분을 의존해야 했다. 의주부를 비롯해 평안감영과 병영이 여러 경로를 통해 대청 무역에 참여해 재정 손실을 보전할 수 있었던 것도 이와 관련이 깊었다. 결국 17세기 후반에서 18세기 초까지 평안도 재정은 청과 새로운 관계 정립과 관련한 외교·무역 비용의 지원에 적극적으로 투여되었다고 할 수 있다.

다음 시기인 18세기 중엽 이후에는 군사·외교 재정으로 예비·비축적 성격을 띠고 있었던 평안도 재정에 큰 변동이 일어나고 있었다. 이는 달라진 대청 방어 관념과 외교 관계에서 비롯된 것이었다. 군사적인 면에서 보면 영조대 후반 이후로는 방어 시설 재건의 일정한 성과와 대청 관계의 안정에 따라 군제 정비나 축성 등이 적극적으로 추진되지 않았다. 이러한 분위기 아래 군사 조련은 점진적인 축소를 거쳐 폐기 상태에 이르렀으며, 《관서양역실총(關西良役實摠)》 이후의 군역제 운영에도 많은 폐단이 발생했다.

대청 관계의 안정은 한편으로 지역 개발을 부추기는 긍정적인 효과를 가져다주었다. 유민들의 화전 개간은 요충지의 수목 지대를 파괴해 마찰을 빚기도 했지만, 안주성 확장과 청천강 수축은 방비와 주민들의 삶을 동시에 고려해 지역 개발을 이끈 경우였다. 가장 적극적으로 개발이 고려된 곳은 압록강변과 폐4군지였으며, 이는 토지 결수의 확대로 이어졌다.

정부는 국경 지대의 개간과 촌락 형성을 억제해 범월과 잠상을 규제함으로써 청과 마찰을 피하고 있었다. 압록강변 일대를 개간하고 촌락을 형성해 변방을 충실하게 하는 것이 재정은 물론이고 궁극적으로 방비에도 도움이 된다는 인식은 18세기 말에야 인정을 받았다. 그리하여 폐4군지는 물론 여타 변방 지역의 개간이 추진되었다. 그 가운데 위화도는 국경 관문에 위치했던 상징성에서, 또한 개간의 현실과 명분이 상충하는 대표적인 지역이었다는 점에서 당시 지역 개발의 분위기를 엿볼 수 있다.

18세기 중엽 이후 조·청 관계의 안정은 두 나라 사이의 사행 파견에서도 잘 드러난다. 이 시기 칙행은 급속하게 감소해 평안도의 칙수 조달은 관향곡이나 군포에 수시로 의존했던 전대와는 달리 칙수고(勅需庫)를 통해 체계적으로 운영되었다. 따라서 칙수 확보는 한 도 전체의 재정을 좌우하는 문제가 아니라 칙수고 차원으로 한정되고 있었다.

연행 빈도 역시 줄어들었으며 인마 동원 부담도 완화되었다. 다만 공용은 확보를 위한 관은 대출이나 지원에서 평안도가 차지하는 비중은 여전했다. 그 사이 새로운 공용은 확보 방안으로 전개된 모자(帽子) 무역은 평안도 재정에 한때 긍정적으로 기여했다. 하지만 모세은 (帽稅銀)이 점차 줄어들면서 관은 대출은 재개될 수밖에 없었다. 이때 평안도 은화는 모세의 부족분을 채우는 데 전적으로 동원되었다.

대청 무역이 포삼제(包蔘制)로 전환된 이후에도 모세를 통한 공용은 확보 방식은 유지되었다. 포삼에서는 따로 포세를 수취해 사역원 경비와 사행 노비(路費)에 활용했다. 당시 모자 무역은 침체에서 단절로 이어졌던 반면 포삼 무역과 수세액은 갈수록 증가했다. 이에 따라 사행의 공용은은 모세에서 포세로 대체되어나갔다. 이때도 사행이 연속되거나 이용할 수 있는 포세액이 한정될 경우에는 결국 평안도 은이 동원되었다.

무역의 전개 방식과는 상관없이 부족한 공용은을 보충한 것은 언제나 평안도 은이었던 것이다. 하지만 관은 대출 억제와 공용은 확보를 위한 일련의 과정을 통해 평안도의 부담은 전 시기보다 많이 완화될 수 있었다.

한편 18세기 후반 평안도의 은화는 시민(市民)을 부양하려는 정부의 의도에 따라 서울의 시전에 대규모로 투여되었다는 사실에 주목할 필요가 있다. 시전민의 부양은 모세의 부족을 초래해 평안도 재정에 악영향을 줄 수 있었다. 그럼에도 이들에게 자금을 지원한 것은 평안도 재정이 적극적으로 중앙에 흡수되고 있던 당시 분위기와도 관련된 것이었다.

논란을 거듭했던 책문후시는 부족한 모세의 보충을 위해 18세기 말 재공인되었다. 1814년에는 만상(灣商)의 책임 아래 무역세를 거두어 사행 경비를 담당하게 한 관세청(管稅廳)이 의주에 설치되었다. 그런데 정부는 감세관(監稅官)을 중앙에서 파견해 관세청의 수세와 그것의 관리를 강화해나갔다. 의주부 재정에 기여했던 후시세는 모세를 포함한 만상의 공용은 확보로 기능이 확대되었다. 그리고 이는 다시 중앙의 무역세에 대한 장악력 강화와 재정 보용으로 이어지고 있었던 것이다.

여기에서도 일부 확인되지만, 18세기 중엽 이후 평안도 재정 운영의 가장 큰 특징은 중앙으로 흡수되는 상황과 국가에 따른 장악력 강화에 있었다. 물론 그 전에도 평안도 재정이 중앙이나 다른 지역으로 이전된 적은 있었다. 하지만 그것은 구조적 현상이 아니라 기근 구제나 이로부터 파생된 호조의 재정 부족을 보충하기 위한 임시 방편에 지나지 않았다.

평안도 재정을 둘러싼 인식의 전환과 새로운 논란의 조짐은 18세기 초에 일어났다. 중앙의 당국자들은 평안도곡의 일부를 중앙 재정에 공식적으로 이용할 수 있는 길을 열고자 했다. 논란 끝에 평안도 군량의 중앙 이전은 가능하되 호조가 이를 독점적으로 관리해야 한다는 견해로 정리되었다. 이에 따라 호조는 평안도 전세를 발매(發賣)할 권한을 인정받았으며, 군포나 기타 재원도 일부 이용할 수 있었다.

평안도 재정의 중앙 흡수는 호조의 고식적인 재정 부족 해결책과 관련해 18세기 중엽 이후 점차 구조화될 가능성을 보이고 있었다. 호조판서와 평안감사 사이에 치열한 대립이 전개되는 가운데 평안도 수세미(收稅米)는 호조 소관이라는 인식이 점차 확립되어나갔던 것이다. 결국 평안도 수세미 일부의 공식적인 상납이 이루어졌고, 매년 호조에서 비정기적으로 이용한 곡물의 양은 이를 훨씬 능가했다.

이러한 분위기에서 평안도 수세미를 다른 지역과 마찬가지로 조운(漕運)을 통해 상납하게 하자는 주장이 제기되었다. 평안도 세곡과 관련해 군량 비축론보다 호조 활용론이 우위를 점한 가운데 나온 완전한 중앙 상납론이었다. 이 주장이 굳이 받아들여지지 않은 것은 평안도의 세곡이 명분이나 실상에서 이미 '호조의 지역 창고' 로서 역할을 충실하게 수행하고 있었기 때문이다.

수세미만큼은 아니지만 군포 역시 모든 재화는 국가의 것이라는 논리를 통해 수시로 호조에서 활용했다. 호조는 한편으로 최대 은 생산지인 평안도의 설점수세권(設店收稅權) 확보와 천류고(川流庫)에 대한 실제적인 장악, 감사의 별비(別備) 재원 흡수를 잇달아 추진해나갔다. 이 과정에서 호조는 본조 판서를 역임한 평안감사를 통해 지역 재정의 원활한 활용을 보장받으려 했는데, 이 역시 국가의 평안도 재정 장악력 강화와 일정한 관련이 있었다.

평안도 재정의 중앙 흡수가 확대되면서 호조 외에 경외(京外)의 여러 군·아문에서도 '공제지의(共濟之義)'를 내세우며 지원을 요청했다. 그 가운데는 총융청·수어청·강화와 같이 매년 일정량의 군량을 공급받은 곳도 있었다. 변방 방어와 사행 지원을 위한 재정이 수도 방어와 왕권 강화에 관련된 중앙 군영에 투여된 점은 당시의 변화된 현실과 정치 권력의 속성 그리고 재정 정책의 단면을 엿보게 한다.

다른 지역에 대한 지원은 평안도에서 지리적으로 가까운 함경도와 사행 접대 부담이 컸던 개성이 중심이 되었다. 물론 그 밖의 지역에서도 진휼이나 군수 마련을 명분으로 평안도 재정을 이용할 수 있었다. 이는 평안도 재정의 예비·비축적 성격의 약화와 함께 국가의 주요 수취원이 일원적으로 운영되어나가는 과정을 반영하는 것이기도 했다.

평안도 재정의 중앙 흡수 확대와 함께 이 지역에는 중앙 각사에서 설치한 다양한 명목의 환곡이 운영되었다. 평안도 재정을 수시로 활용한 중앙의 처지에서 환곡 운영은 지역의 곡물 감축을 막으며 안정적으로 재정을 보용할 수 있는 방안이었다. 그리하여 18세기 말 병조와 형조 한성부 환곡의 전체, 수어청과 장용영 환곡의 3분의 2 이상이 평안도에서 운영되었다. 하지만 3사(司)를 제외한 중앙 각사의 환곡은 대개 진분곡(盡分穀)으로 운영되어 곡물의 점진적인 감축을 초래했다.

비축이 강조된 3사의 곡물 역시 다른 지역의 진휼이나 중앙 재정에 적극 활용하면서 지속적으로 감축되어나갔다. 이 과정에서 평안도는 산군(山郡)의 '곡다민소(穀多民少)'와 연읍(沿邑)의 발매에 따른 곡물 감축 등 지역간 극심한 불균형이 만연했으며, 환곡 운영상의 일반 모순까지 중첩되었다. 이 때문에 19세기 들어 환곡 명색의 일부를 다른 지역에 넘겨주는 등 전국 환총에서 평안도가 차지하는 비중은 계속 줄어들었다. 다른 지역보다는 아직 여유가 있었으나, 예비·비축 재정으로서 성격은 갈수록 탈각되어 대부분의 곡물이 분급되었다. 이는 19세기 중엽 막대한 허류곡(虛留穀)의 출현으로 이어졌으며, 대대적인 변통을 필요로 하게 되었다.

이상의 내용을 통해 평안도 재정의 시기별 변동 양상을 검토해보았다. 평안도 재정은 기본적으로 군사·외교용 목적의 예비·비축 재정이었다. 이는 이 지역이 처한 입지적 조건에서 비롯되는 것이었다. 중앙에서는 중국과 관련된 군사·외교 비용의 일부를 평안도에 분담시켜 부세의 본 도 비축과 활용을 용인했다. 따라서 평안도 재정은 각 시기의 성격에 따라 그 운영에 변동이 있었다.

조선 전기 이래 평안도 재정 운영에는 상대적인 독자성이 부여되었으며, 북방 정세에 따라 정규의 수취 외에 임시의 재정 확보책이 다각도로 모색되었다. 임진왜란에 뒤이은 여진의 흥기는 이러한 임시방편책의 전면적 실시와 본 도 재정으로의 흡수로 이어졌다. 다른 지역의 재정 지원은 일시적인 것이었지만, 이 과정에서 전세는 물론 공물과 군포 그리고 환곡의 모조(耗條) 등 재정의 주요 원천이 본 도로 완전히 귀속되었다.

이는 전통적인 북방의 위협 요인이 사라진다면 평안도 비축 재정이 대규모로 확대될 가능성이 있었음을 보여주는 것이다. 조선의 처지에서 명·청 사이의 왕조 교체는 군사 및 외교 재정 지출의 주요 대상 국가가 하나로 통합되었음을 의미하는 것이었다. 왕조 교체 초기 청의 감시와 견제는 조선에 막대한 경제적 부담을 안겨주었지만 양국 관계는 서서히 정상화되어갔다.

그 사이 평안도 경제는 17세기 후반의 전란 피해 극복과 대청 무역의 발전으로 꾸준히 성장했다. 대청 무역은 지역 상업과 수공업의 발전을 가져왔으며, 18세기 후반 이후로는 변방 지역의 개발도 추진되었다. 대청 외교 지원에 평안도 재정이 투입되고 있었지만, 군사적 긴장 완화와 지역 경제 성장으로 재정 운용상의 여유는 갈수록 늘어났다. 이 점은 평안감사로 대표되는 지역 통치 세력의 위상에 영향을 주었으며, 한편으로는 지역민의 성장과도 맞물려 있었다.

하지만 중앙에서 평안도 재정에 대한 장악력을 강화하면서 지역 재정 운영의 독자성은 크게 위축되었다. 당시 중앙에서는 갈수록 줄어드는 재정 수입에 대한 적극적인 해결책을 모색하지 못했다. 양전은 장기간 시행되지 않았고, 민들의 피역(避役) 확산으로 군포 수입은 줄어들었으며, 환곡 운영의 모순도 갈수록 심화되었다. 평안도 재정의 중앙 흡수는 기존의 재정원에 대한 개혁 조처를 도외시한 채 지역의 예비·비축 재정을 끌어다 썼다는 점에서 분명 고식적인 방편에 지나지 않았다. 무역 수세에 대한 중앙의 관심도 이와 관련되어 있었다.

그럼에도 그것은 조선 후기 사회 변화의 반영물이었으며, 국가 재정 운영의 동질성 확대로 나아가는 과정이었다는 면에서 일정한 의미를 지닌다. 다시 말해서, 평안도 재정이 군사·외교적 예비·비축 재정이었던 이상 군사·외교적 필요성의 감소는 평안도 재정의 성격에 영향을 미칠 수밖에 없었다. 이 과정에서 중앙으로 재정 집중 현상이 일어났고 부수적으로 평안도와 다른 지역 사이의 동질성이 확대되고 있었던 것이다.

물론 중앙으로 재정을 흡수하는 일이 원만하게 진행된 것만은 아니었다. 일차적으로 지역 재정 운영의 책임을 맡고 있던 지배 집단의 저항을 고려할 수 있다. 지역 재원의 유출은 재정 운영 과정에서 확보되었던 그들의 정치적 또는 사회·경제적 위상이나 권리의 약화를 초래할 수 있었기 때문이다. 뿐만 아니라 중앙의 장악력 강화와 이에 따른 모순 심화는 지역민들에게 직접적인 경제적 피해를 줄 수 있었다. 이 점은 재정 운영 과정에서 드러난 모순과 이에 관계된 여러 세력의 갈등 양상을 고려한 새로운 분석을 통해 규명될 수 있을 것이다.

용어 해설

가도(椵島) **= 단도**(椴島) ·············

평안도 철산(鐵山) 앞바다에 있는 섬. 광해군과 인조대에 모문룡(毛文龍)을 위시한 명군(明軍)과 요동민(遼東民)들이 이 섬에 주둔하면서 조선에 많은 피해를 주었음.

용례 椵島遼民幾至十數萬 而目今粮儲已竭 將有出陸之計 若分散列邑 各自求食則一時搶掠之弊 故不足言(《備邊司謄錄》第3冊, 仁祖 2年 1月 7日).

공용은(公用銀) ·············

조선의 대청(對淸) 사행에서 정보수집비·교제비·인정비 등의 공적인 명목으로 지출한 은화. **용례** 司啓曰 今番節使公用銀…… 姑依辛巳歲幣使 公用貸下之例 更以關西營邑所在中二千兩 從便取移 與前貸一千兩 合準三千之數 待帽稅有裕 卽令還報 其餘以曆行帽稅條 先爲充給之意 分付關西道臣 及義州府尹處何如(《備邊司謄錄》第219冊, 純祖 31年 11月 2日).

관문취점(官門聚點) ·············

군사 훈련의 일종으로 각 읍의 관문에 군사들을 모아 점고(點考)하는 행위. 특히 평안도의 청천강 이북과 함경도의 북관(北關)에서는 군사 조련을 실시하지 않는 해에도 겨울 3개월 동안 이를 행하게 했음. **용례** 諸道水陸軍 俱有春秋二操 而城操則一年一操 平安道之淸北 咸鏡道之北關 雖値稟旨停操之年 各邑鎭冬三朔 必於官門聚點私操(《萬機要覽》軍政編1, 操點 西北聚點).

관세청(管稅廳) ·············

청(淸)과 무역을 하는 데 따른 수세를 관장하기 위해 1814년(純祖 18) 의주부에 세운 기구. **용례** 義州管稅廳收稅數爻 官不照察 一委灣商 盡爲渠輩偸食之資(《備邊司謄錄》第212冊, 純祖 24年 1月 9日).

관향(管餉)

군량으로 보관하고 관리하던 곡식. 후금(後金)이 흥기하면서 평안도와 황해도를 중심으로 비축했고, 이후에는 평안도에서 독자적으로 관리하게 되었음. **용례** 近年以來 西路往來使命 及勅行時供餽 許多粮料 平安道各官 則例以管餉會穀許減 而黃海道各邑 則皆自其官廳供餽(《備邊司謄錄》第13冊, 仁祖 27年 3月 20日).

관향사(管餉使)

후금의 위협에 대비해 군량을 확보·관리하기 위해 1623년(인조 1)에 설치한 관원. 처음에는 전국적으로 파견되었으나 이듬해 양서관향사(兩西管餉使) 체제로 재편되었음. 이때 양서의 수령 가운데 한 사람이 그 직책을 맡았는데, 1637년 이후로는 평안감사가 겸임했음. **용례** 啓曰 南以雄兼平安黃海兩道管餉使 已爲啓下矣 其應行事目 則以當初管餉使賷去事目 參用通行 如有難便之事 則啓稟定奪之意 下諭宜當敢啓(《備邊司謄錄》第3冊, 仁祖 2年 5月 12日).

단련사(團練使)

① 지방 군사를 지휘한 무관직의 하나. ② 대청 사행에서 심양으로 세폐와 방물을 가져간 인마를 거느리고 돌아오는 관원. 밀무역을 단속하는 일을 맡았으며 무역에 직접 참여하기도 했음. **용례** 義州瀋陽八包 近年不過四五窠而繼用矣 昨年勅使沓至 財用不足 輾轉加請 至於八窠 團練使八包又三窠 俱爲過多 義州除二窠爲六窠 團練除一窠爲二窠 通作八窠 似好矣(《備邊司謄錄》第74冊, 景宗 3年 11月 2日).

만상군관(灣上軍官)

대청 사행에서 사신이 머물 곳이나 매일 소비되는 식량을 관리하는 임무를 맡은 이. 의주인 가운데서 차정했고 무역에 참여할 권리를 줌. **용례** 灣上軍官二員 掌整頓三行下處 及行中逐日糧料等事 以義州人差定(《通文館志》卷3, 事大 赴京使行).

모세(帽稅)

대청 무역에서 역관이나 상인들이 수입해 오는 모자에 매긴 세금. 세전(稅錢)은 모자 1척(隻)당 40냥임. **용례** 年前以帽稅之減縮 貸下關西官銀 以充公用不足之數者 已過累萬 雖曰許貸 還報無路 則其實白給 若此不已 則關西官銀勢 靡有孑遺而止 寧不寒心(《備邊司謄錄》第186冊, 正祖 21年 8月 22日).

별공용(別公用)

진주(陳奏)·주청(奏請)·참핵(參覈) 등 불시의 사행에 주어진 공용은 사신이 양서

(兩西)에 요청해 얻었는데, 사용을 한 경우에는 회감(會減)하고 그렇지 않으면 환납함. **용례** 若陳奏奏請參覈等有事之行 則別公用 使臣量宜請得 於兩西營邑 用則會減 否則還納(《萬機要覽》財用編5, 公用 不時使行).

별무사(別武士)

① 훈련도감의 마병과 금위영·어영청의 기병 가운데 선발해 편성한 군대. ② 평안도의 감영·병영·방어영 등에 속한 기병으로 해마다 시취(試取)해 포상하거나 전시(殿試)에 직부(直赴)하는 혜택을 줌. **용례** 平安監營屬右別武士振武士 兵營屬別武士 清北江界昌城宣川三防營 義州鎭及淸南三和防營別武士…… 並合四等試取 居首及沒技閑良 直赴殿試(《萬機要覽》軍政編2, 兵曹各掌事例 一軍色).

별포(別包)

사행 원역(員役)의 팔포(八包)와 구분되는 또 다른 무역 자금. 상의원(尙衣院)·내의원(內醫院)·호조·5군영 등 각 군아문에서 역관들에게 맡겨 무역을 대행하게 한 자금을 말함. **용례** 癸巳因禮部咨 又定以人蔘八十斤 康熙初始定以銀子 堂上及上通事三千兩 堂下二千兩 尙方貿易內局貿易等別包 不在此中(《萬機要覽》財用編5, 燕行八包 變遷沿革).

별행(別行)

사은(謝恩)·진하(進賀)·진주·진위(陳慰)·진향(進香)·고부(告訃)·문안(問安)·참핵 등의 명목으로 중국에 파견한 부정기적인 사행. **용례** 然其報單 則毋論節行別行計開 使二員 書狀官一員 大通官三員 押物官二十四員 共正官三十員 冠帶朝謁(《通文館志》卷3, 事大 赴京使行).

별향고(別餉庫)

1724년(景宗 4) 평안감사 오명항(吳命恒)에 의해 세워진 감영 창고의 하나. 불시의 수요에 대비해 여유 재원을 별도로 비축했음. **용례** 臣聞前箕伯營中錢木 各別節用別備錢多至四萬餘兩 別備木亦多至千餘同云 而若記付於別餉庫 則新有朝令 勢難依前取用 未記付前 錢萬兩木百同得來 以爲卽下貢價之地何如(《備邊司謄錄》第119冊, 英祖 25年 1月 16日).

분호조(分戶曹)

국가의 중대사가 발생했을 때 호조의 업무 분담을 위해 설치한 임시 기구. 분호조는 주로 중국의 사신을 접대하거나 전쟁에 필요한 군량을 확보하기 위해 운영되었음.

용례 且頃年間 去亂未遠 各該司不成模樣之時 適因詔使之來 恐未成形 本曹盡收 各司貢物 直捧於戶曹 懋遷有無 名之曰分戶曹 推移破補 仍設不廢(《光海君日記》 卷113, 9年 3月 癸酉).

불우비은(不虞備銀)

중국으로 가는 사행에게 지급한 예비비 성격의 은. 관향(管餉)·운향(運餉) 등 평안 도 안 은으로 충당했으며, 사용했으면 회감하고 그렇지 않으면 환납함. **용례** 從前 陳奏奏請等使行 有不虞備銀加送之例 今番奏請 亦不可無備豫之需 以關西營邑所在 儲留銀中 限二千兩付送 如不入用 則回還時還爲會錄之意 分付該道道臣何如(《備邊 司謄錄》第231冊, 憲宗 10年 10月 10日).

삼수군(三手軍)

포수(砲手)·사수(射手)·살수(殺手)로 편성된 중앙이나 지방의 군대를 말함. 평안도에 서는 병영에 소속되었으며, 양삼수(良三手)와 노삼수(奴三手)로 나뉨. **용례** 因關 西御史李宗城歸奏 本道精抄壯武隊良三手軍兵 一倂減布 而當減之布 爲一百七十餘 同 其代以本道所出代充者 終近無名 以本司句管監營之遼軍木 兵營之精壯木 俾充 其代(《英祖實錄》卷29, 7年 6月 甲午).

상채청(償債廳)

역관들이 빚진 관은(官銀)의 상환을 독려하기 위해 중앙과 평안도에 설치한 임시 기구. **용례** 小臣曾經西伯時 因廟堂分付 設立償債廳 令負債人 各以其力 若干物 自官指揮料理 一二年內 徵捧數萬兩矣(《備邊司謄錄》第78冊, 英祖 元年 11月 7日).

서량(西糧)＝모량(毛糧)＝당량(唐糧)

광해군 말에서 인조대에 걸쳐 가도(椵島)에 주둔한 명나라 군대의 군량을 지원하기 위해 전국적으로 수취한 임시 부가세. 토지 1결당 1두 5승을 거두었음. **용례** 所謂西 糧 當初或稱唐糧 或稱毛糧西糧 而丁丑以後不改他名 誠是有司不察之故也 但旣用 於西糧而行之已久 今雖換他名目 旣捧其制 則終不免牽補苟且之歸 仍稱西糧 亦似 無妨 敢啓(《備邊司謄錄》第6冊, 仁祖 19年 5月 28日).

성조(城操)

전국의 주요 성(城)에서 1년에 한 차례 실시하는 군사 훈련. **용례** 三南纔荐賑 畿 甸兩西 連經客使與別使行 雖當農隙 宜念紓力之道 今秋水陸操合操城操巡操面操巡 歷巡點 並姑停止(《備邊司謄錄》第189冊, 正祖 23年 7月 15日).

쇄마구인(刷馬驅人) • • • • • • • •
쇄마는 중국으로 가는 사행에서 세폐나 방물 등을 실은 말을, 구인은 이를 몰고 가
는 사람을 일컬음. 의주부에서 주로 지역민들을 고용했음. 용례 使行時刷馬驅人
自義州給價責立 而當初以三十兩給價 其後減定十五兩 而亦以雜物 苟充預下(《備邊
司謄錄》 第56冊, 肅宗 31年 11月 7日).

수미(收米) • • • • • • • • • • • •
평안도에서 공물가(貢物價)로 거두어들인 미곡. 호란 이후 결당 5~6두를 수취해 지
역에 비축했음. 용례 本道結役 有稅米收米 收米則他道大同之類也 而其數至爲輕
歇(徐榮輔, 《竹石館遺集》 冊6, 關西應旨啓 民庫摠論).

수영패(隨營牌) • • • • • • • • •
평안병영에 소속된 친병(親兵)의 일종으로, 중국에 가는 사행을 호송하기 위해 차출
한 군사였으나 광해군대 정군(正軍)에 편제시켜 정규 군사로 양성했음. 용례 道內
諸色之軍 毋論捉虎遼軍精抄壯武隨營牌合而爲一 一番點視 先抄丁壯者三分之一 作
爲正軍 除其身布 專意練習 順安以南巡營附近之軍 則屬于巡營 肅川以北兵營附近
之軍 則屬于兵營 輪次立番 饋粮訓誨 以爲朝令夕發之地(《肅宗實錄》 卷10, 6年 12
月 丙申).

심양팔포(瀋陽八包) • • • • • • •
심양에서 가지는 무역 권한으로, 중국 사신 접대와 관련된 지방의 주요 관청에 주어
짐. 또는 그 무역 자체나 무역의 자금을 일컬음. 여기에 참여한 관청으로는 의주부·
평안감영·평안병영·황해감영·개성부 등이 있음. 용례 義州瀋陽八包 近年不過四五
窠而繼用矣 昨年勅使杳至 財用不足 輒轉加請 至於八窠 團練使八包又三窠 俱爲過
多 義州除二窠爲六窠 團練除一窠爲二窠 通作八窠 似好矣(《備邊司謄錄》 第74冊,
景宗 3年 11月 2日).

여마(餘馬) • • • • • • • • • • •
사행의 세폐와 방물을 운반하기 위해 책문까지 예비로 들여보내는 말. 이를 통해 책
문에서 무역이 이루어졌음. 용례 還渡之日 更閱啓聞 而入來時餘馬 出來時延卜馬
等 柵門外 如有買賣者 灣尹書狀官 並重論(《通文館志》 卷3, 事大 渡江狀).

역행(曆行) • • • • • • • • • • •
황력재자행(皇曆賚咨行)의 줄임말로, 청의 시헌력(時憲曆)을 받아오기 위해 1661년

(현종 2)부터 파견한 정기 사행의 일종. **용례** 司啓曰 今番節使公用銀…… 姑依辛巳歲幣使 公用貸下之例 更以關西營邑所在中二千兩 從便取移 與前貸一千兩 合準三千之數 待帽稅有裕 卽令還報 其餘以曆行帽稅條 先爲充給之意 分付關西道臣 及義州府尹處何如(《備邊司謄錄》 第219冊, 純祖 31年 11月 2日).

연복마(延卜馬)

귀환하는 사행의 복물(卜物)을 운반해 오기 위해 의주부에서 책문에 들여보내는 말. 이를 통해 책문에서 무역이 이루어졌음. **용례** 還渡之日 史閣啓聞 而入去時餘馬出來時延卜馬等 柵門外 如有買賣者 灣尹書狀官 並重論(《通文館志》 卷3, 事大 渡江狀).

외탁지(外度支)

호조의 지방 창고라는 뜻으로, 평안도 재정에 대한 별칭임. 평안도의 전세와 수미는 본 도에 비축하고 호조에서 관향계사(管餉計士)를 보내 검토하는데, 이를 호조 재정에 적극 활용하면서 이렇게 불린 것으로 추정됨. **용례** 關西庫儲 素稱外度支 戶曹與京兆 相爲隣比(《備邊司謄錄》 第173冊, 正祖 12年 10月 4日).

요군(遼軍)

중국으로 가는 사신을 요동(遼東)까지 호송하기 위해 선출한 군사를 일컬으며, 후기에는 이들 요군으로부터 수포해 사행의 쇄마고가(刷馬雇價)로 활용했음. **용례** 道內諸色之軍 毋論捉虎遼軍精抄壯武隨營牌合而爲一 一番點視 先抄丁壯者三分之一作爲正軍 除其身布 專意練習 順安以南巡營附近之軍 則屬于巡營 肅川以北兵營附近之軍 則屬于兵營 輪次立番 饋粮訓誨 以爲朝令夕發之地(《肅宗實錄》 卷10, 6年 12月 丙申).

운향사(運餉使)

인조대에 군량 운반을 주관하기 위해 설치한 관직. 의주부윤이 겸임했음. **용례** 又告運餉使見 進名帖行禮 又告站官守令見 呈名帖行禮 並如遠接使儀(《通文館志》 卷4, 事大 中江宴享).

장무대(壯武隊)

평안병영에 소속된 기병의 일종. 임란 전의 별시위(別侍衛)·정로위(定虜衛)에서 개편되었음. **용례** 軍威軍則不但精抄軍 乃是諸色軍 輪回之役 擺撥則以壯武隊輪定 精抄軍則元無立撥之規(《備邊司謄錄》 第15冊, 孝宗 3年 4月 19日).

장십부(壯十部) ·········

평안감사 윤지인(尹趾仁)에 의해 창설된 감영 소속 군대의 일종. 착호군(捉虎軍) 가운데 장건한 자를 선발해 10부(部)로 편성하고 겨울에 입번해 조련하도록 했음. **용례** 關西壯十部之限五年改編伍 自是節目 而甲戌改案 今至十年 因循抛置(《英祖實錄》卷101, 39年 5月 辛未).

절행(節行) ·········

삼절년공행(三節年貢行)의 준말로, 정기 사행인 동지(冬至)·정조(正朝)·성절행(聖節行)을 지칭함. 이는 세폐행(歲幣行)과 함께 1645년(인조 23)부터 동지행에 통합되었음. **용례** 灣府帽稅留儲之銀 連作節行及別使公用之需 所餘只是一千兩云 在前如此之時 多有官銀許貸之例 使行公用不足銀三千五百兩 自西路推移貸送事 分付關西道臣何如(《承政院日記》第1570冊, 正祖 8年 11月 3日).

정은(丁銀) ·········

은(銀) 70퍼센트와 연(鉛) 30퍼센트로 이루어진 칠성은(七成銀). 일본에서 수입된 왜은(倭銀)의 대표적 형태. **용례** 凡銀貨視其成數 定爲高下 最上謂之十成 其次謂之九成 又其次謂之八成 又其次謂之七成 最下謂之六成 丁銀是七成卽倭銀(《萬機要覽》財用編4, 金銀銅鉛銀).

정초군(精抄軍) ·········

평안병영에 소속된 보병의 일종. **용례** 軍威軍則不但精抄軍 乃是諸色軍 輪回之役 擺撥則以壯武隊輪定 精抄軍則元無立撥之規(《備邊司謄錄》第15冊, 孝宗 3年 4月 19日).

조도사(調度使) ·········

국가의 주요한 관심 사안을 처리하기 위해 파견한 임시 관직. 양란의 과정에서는 군량을 비롯한 재정의 확보를 위해 주로 파견했음. **용례** 如守令邊將別措備之穀 調度使措置米布 營建都監應上納之穀 姑爲收貯本道 以備軍前需用 允合事宜(《備邊司謄錄》第2冊, 光海君 10年 閏4月 13日).

조도색(調度色) ·········

국가의 주요 행사나 사안의 처리에 들어가는 경비의 운용을 위해 호조에 설치한 임시 기구. 광해군 초 분호조를 혁파한 뒤 호조의 정랑(正郎)과 좌랑(佐郎)을 추가로 차출해 일시적으로 운영했음. **용례** 上年冉使之來 大臣以接應所需 而該儲匱竭 必

有臨時窘迫之患 啓請加出 戶部郎二員 稱爲調度色 使之前期措辦 以除市上勒買之
怨(《光海君日記》 卷36, 2年 12月 丙申).

책문(柵門)

청이 북경으로 들어가면서 만주 지역의 보호를 위해 쌓은 변책(邊柵)의 관문. 조선
에서 청으로 가기 위해서는 봉황성(鳳凰城) 아래의 책문을 반드시 거쳐야 했음.
용례 近來八包定數之後 不得收稅 柵門買賣及中江後市 亦且斷絶 非但官用之苟艱
灣上民人 太半商賈 而買賣路絶之後 擧皆倒懸 雖知潛商之爲邦禁 而無他料生之道
未免每每犯法(《備邊司謄錄》 第71冊, 肅宗 44年 閏8月 6日).

책외삼참(柵外三站)

청에서 조선으로 오는 사행을 맞아들이기 위해 책문에서 압록강 사이의 무인 지대
에 임시로 설치한 세 개의 참. 총수참(葱秀站)·마전참(馬轉站)·삼강참(三江站)을
지칭하며, 의주부에서 접응의 책임을 맡고 있었음. **용례** 勅行到柵前 期十餘日 入
送領軍哨官差備軍 及護送哨官護送軍 於柵外三站 道路橋梁 及假家鋪陳屏帳 預爲
整待(《灣府支勅事例》 迎勅 牌文出來).

천류고(川流庫)

평안도 관향사 정두원(鄭斗源)이 1623년(仁祖 1)에 창설한 창고. 청나라 사신 접대
와 연행(燕行) 경비 마련에 주로 이용했으며, 다량의 은화를 보관했음. **용례** 箕營
以管餉重地 諸處銀店之屬之川流庫者 意有所在 有難輕議移屬 西營蓄儲之稍裕 有
比地部蕩竭之比 雖失一銀店 所損無多(《備邊司謄錄》 第85冊, 英祖 5年 2月 2日).

청북(淸北)

평안도를 크게 두 지역으로 구분할 때 청천강을 기준으로 그 이북을 청북, 이남을
청남이라고 함. **용례** 以林慶業爲淸北防禦使 時備局以爲 兵使入守安州 則淸北列
城 無號令之人 林慶業久在淸北 聲績表著 若差防禦使 常時檢節山城 臨亂領率江邊
精銳 以爲安州聲援 合於機宜(《仁祖實錄》 卷28, 11年 1月 壬戌).

춘조(春操)

각 도의 병사(兵使)가 주관해 실시하는 군사 훈련. 봄에 행하는 것을 춘조라고 하며,
가을에 행하는 것을 추조(秋操)라고 함. 평안도의 청남 지역은 춘조를 행하고, 청북
지역은 추조를 행했음. **용례** 司啓曰 諸道春操稟啓 今已齊到矣 詰戎國之大事 春秋
組練 自是應例 邇來停廢 已多年所值茲少康 宜令設行(《備邊司謄錄》 第206冊, 純祖

17年 1月 11日).

칙수고(勅需庫) ·········

청나라 사신의 접대 비용을 마련하기 위해 평안감영과 각 읍에 설치한 창고. 춘추의 개시(開市)나 각 참의 수리에 들어가는 비용도 여기에서 마련했음. **용례** 凡事稍加 操持 則皆有其効 關西詳定時 各邑勅需庫財物 皆令會計磨勘於營門 營門管察出入 故用度自多節省 邑邑皆有儲積 今經四勅 姑不加賦於民 一路始稱詳定之効矣(《備邊 司謄錄》 第99冊, 英祖 12年 2月 10日).

토병(土兵) ·········

평안도와 함경도의 군사적 요충지에서 여진족의 침입에 대비해 차경차수(且耕且戍) 의 원칙 아래 운용했던 지역의 정예병. **용례** 又問于碧團鎭兵房 則其言亦同 其顯 然有迹者 體府從事官 試才土兵 給賞落幅紙 不給土兵 奪取作衣(崔晛,《認齋集》別 集, 卷1, 關西錄).

통관(通官) ·········

조선과 청 사이의 외교나 무역 행위에서 통역을 맡았던 청의 관원. 호란 당시 끌려갔 던 조선인과 그들의 후손 가운데 이를 세습한 이가 많았음. **용례** 今番出來上勅 卽 庚子年出來者也 壑慾無厭 徵求百端 最是庚子年出來時 以進往山陵事 操縱要索 其時 京中別贈 上副使各千金 五處別求折銀甚多 渠之勒奪通官之銀 亦且不貲 今乃都合 算出 意欲准此數徵出 使譯背累次責諭(《承政院日記》 第550冊, 景宗 3年 2月 1日).

팔포(八包) ·········

중국과 무역을 위해 사행 원역 한 사람이 가져간 80근의 인삼. 인삼 10근을 한 포에 넣어 갔으므로 팔포라고 함. 나중에는 인삼 한 근을 은 25냥으로 계산해, 80근에 해 당하는 은 2,000냥을 한 사람의 팔포로 정해 무역 자금으로 가져갔음. **용례** 近來八 包定數之後 不得收稅 柵門買賣及中江後市 亦且斷絶 非但官用之苟艱 灣上民人 太 半商賈 而買賣路絶之後 擧皆倒懸 雖知潛商之爲邦禁 而無他料生之道 未免每每犯 法(《備邊司謄錄》 第71冊, 肅宗 44年 閏8月 6日).

포세(包稅) = 포삼세(包蔘稅) ·········

중국으로 수출하는 홍삼인 포삼에 매긴 세금. 매 근당 세액은 5냥에서 200냥까지로 시기마다 달랐음. **용례** 司啓辭 使行公用 例以灣府包稅取用 而近來使行相續 餘在 無多云(《備邊司謄錄》 第223冊, 憲宗 元年 3月 28日).

304

합안세(闔眼稅)

눈감아주는 세라는 뜻으로, 규정된 포삼이 아닌 개별적인 홍삼의 거래를 의주부가 묵인하는 대신 받아들인 세금. **용례** 義州府尹致秀 疏請私蔘闔眼稅 特令革罷 而批旨內 所謂闔眼稅之名 未知刱自何年 而壞蔑國綱 胡至此極(《備邊司謄錄》第233冊, 憲宗 12年 12月 22日).

회감(會減)

회계 장부인 회안(會案)에 들어간 재정을 공적인 용도로 지출을 해서 삭감하는 것. **용례** 今番使臣入去之時 彼中事情 不可不探知 而使臣行中 若無所持銀貨 則難以周旋 管運餉銀子 各二百五十兩 使之持去 用之則會減 不用則回還時還納於本所 無妨矣(《備邊司謄錄》第47冊, 肅宗 19年 10月 29日).

회록(會錄)

회계 장부인 회안에 기록하는 것. **용례** 仁祖二十四年 關西安靖 無他需用 亦罷兩湖移貢 還定兩西 而仍減二斗 海西則依前納京司 關西則以雇馬難辦 會錄軍餉 京貢價自戶曹移給(《度支志》卷10, 版籍司 貢獻部2 大同 事實).

참고 문헌

1. 자료

(1) 연대기·법전류

《朝鮮王朝實錄》·《備邊司謄錄》·《承政院日記》·《經國大典》·《續大典》·《大典通編》·《大典會通》.

(2) 연행기

《무오연행록》(徐有聞)·《燕行錄》(崔德中)·《燕行記事》(李坤)·《老稼齋燕行日記》(金昌業)·《燕轅直指》(金景善)·《赴燕日記》(미상)·《壬子燕行雜識》(李宜顯)·《燕途紀行》(李㴭)·《燕行錄》(金正中)·《夢經堂日史》(徐慶淳)·《薊山紀程》(미상)·《心田稿》(朴思浩)·《燕行紀》(徐浩修).

(3) 문집류

《訒齋集》(崔晛)·《碧梧遺稿》(李時發)·《白沙集》(李恒福)·《淸陰集》(金尙憲)·《晚雲集》(鄭忠信)·《谿谷集》(張維)·《樂全堂集》(申翊聖)·《澤堂集》(李植)·《磻溪隨錄》(柳馨遠)·《風泉遺響》(宋奎斌)·《壇究捷錄》(李蘊·崔國亮)·《藥泉集》(南九萬)·《文貞公遺稿》(閔維重)·《醒齋遺稿》(申翼相)·《歸鹿集》(趙顯命)·《樊巖集》(蔡濟恭)·《屐園遺稿》(李晩秀)·《竹石館遺集》(徐榮輔).

306

(4) 地誌·기타

《興地圖書》·《關西邑誌》·《平壤志》·《平壤續志》·《龍灣志》·《萬機要覽》·《增補文獻備考》·《度支志》·《度支田賦考》·《瀋陽狀啓》·《同文彙考》·《通文館志》·《穀摠便攷》·《謄錄類抄》·《平安監營啓錄》·《關西良役實摠》·《關西觀察使先生案》·《平安道內營邑驛鎭摠覽》·《灣府支勒事例》·《關西支勒定例》·《平安道江界府還接新入民戶實數成冊》·《箕營勒庫節目》·《平安道內各邑民庫定例節目》·《平安道慈母山城城操乙亥節目》·《江州邊情彙編》.

2. 연구 논저

(1) 저서

강만길 엮음,《조선후기사 연구의 현황과 과제》, 창작과비평사, 2000.
강석화,《조선후기 함경도와 북방영토의식》, 경세원, 2000.
近代史研究會編,《韓國中世社會 解體期의 諸問題》上·下, 한울, 1987.
金德珍,《朝鮮後期 地方財政과 雜役稅》, 國學資料院, 1999.
金玉根,《朝鮮王朝財政史研究[I]》, 一潮閣, 1984.
_____,《朝鮮王朝財政史研究[II]》, 一潮閣, 1987.
_____,《朝鮮王朝財政史研究[III]》, 一潮閣, 1988.
金友哲,《朝鮮後期 地方軍制史》, 景仁文化社, 2001.
김종원,《근세 동아시아관계사 연구－朝淸交涉과 東亞三國交易을 중심으로》, 혜안, 1999.
金泰永,《朝鮮前期 土地制度史研究》, 知識産業社, 1983.
김한규,《한중관계사II》, 아르케, 1999.
文勇植,《朝鮮後期 賑政과 還穀運營》, 景仁文化社, 2001.
閔賢九,《朝鮮初期의 軍事制度와 政治》, 韓國研究院, 1983.
배우성,《조선후기 국토관과 천하관의 변화》, 일지사, 1998.
송찬섭,《朝鮮後期 還穀制改革研究》, 서울대학교 출판부, 2002.
吳洙彰,《朝鮮後期 平安道 社會發展 研究》, 一潮閣, 2002.

柳承宙,《朝鮮時代 鑛業史硏究》, 고려대학교 출판부, 1993.

柳在城,《丙子胡亂史》, 國防部戰史編纂委員會, 1986.

陸軍士官學校 韓國軍事硏究室 편,《韓國軍制史 近世朝鮮前期篇》, 陸軍本部, 1968.

李景植,《朝鮮前期土地制度硏究》, 一潮閣, 1986.

이기순,《인조·효종대 정치사 연구》, 국학자료원, 1998.

李仁榮,《韓國 滿洲關係史의 硏究》, 乙酉文化社, 1954.

李載龒,《朝鮮初期社會構造硏究》, 一潮閣, 1984.

이재룡,《조선전기경제구조연구》, 숭실대학교 출판부, 1999.

李哲成,《朝鮮後期 對淸貿易史 硏究》, 國學資料院, 2000.

李泰鎭,《朝鮮後期의 政治와 軍營制 變遷》, 韓國硏究院, 1985.

張東杓,《朝鮮後期 地方財政硏究》, 國學資料院, 1999.

全海宗,《韓中關係史硏究》, 一潮閣, 1977.

車文燮,《朝鮮時代軍制硏究》, 단국대학교 출판부, 1973.

_____,《朝鮮時代軍事關係 硏究》, 단국대학교 출판부, 1996.

한명기,《임진왜란과 한중관계》, 역사비평사, 1999.

張存武,《淸韓宗藩貿易 1637~1894》, 中央硏究院近代史硏究所, 1978.

田代和生,《近世日朝通交貿易史의 硏究》, 創文社, 1981.

田川孝三,《毛文龍と朝鮮との關係について》, 靑邱設叢卷三, 1932.

_____,《李朝貢納制の硏究》, 東洋文庫, 1964.

(2) 논문

姜錫和,〈조선후기 平安道의 別武士〉,《韓國史論》41·42, 서울대학교 국사학과, 1999.

高東煥,〈1811~1812년 평안도 농민전쟁〉,《한국사─중세사회의 해체 2》, 한길사, 1994.

高錫珪,〈18세기말 19세기초 평안도지역 鄕權의 추이〉,《韓國文化》11, 서울대학교 韓國文化硏究所, 1990.

권내현,〈조선 숙종대 지방통치론의 전개와 정책운영〉,《역사와 현실》25, 한국역사연구회, 1997.

_____, 〈조선후기 지방사의 모색과 과제〉, 《조선후기사 연구의 현황과 과제》, 창작과비평사, 2000.

_____, 〈조선후기 戶曹의 平安道 재정 활용〉, 《東洋學》 35, 단국대학교 동양학연구소, 2004.

權仁赫·金東栓, 〈조선후기 제주지역의 수취체제와 주민의 경제생활〉, 《耽羅文化》 19, 제주대학교 탐라문화연구소, 1988.

권태환·신용하, 〈조선왕조시대 人口推定에 관한 一試論〉, 《동아문화》 14, 동아문화연구, 1977.

김건태 외, 〈조선후기 戶籍大帳의 '戶'〉, 《大東文化研究》 40, 성균관대학교 대동문화연구원, 2002.

金聲均, 〈朝鮮中期의 對滿關係〉, 《白山學報》 24, 白山學會, 1978.

김성우, 〈17세기의 위기와 肅宗대 사회상〉, 《역사와 현실》 25, 한국역사연구회, 1997.

金聖七, 〈燕行小攷－朝中交涉史의 一齣〉, 《歷史學報》 12, 歷史學會, 1960.

金良洙, 〈朝鮮肅宗時代의 國防問題〉, 《白山學報》 25, 白山學會, 1979.

金鎔坤, 〈朝鮮後期 軍糧米의 確保와 運送－宣祖～顯宗 年間을 中心으로〉, 《韓國史論》 9, 國史編纂委員會, 1981.

김을천, 〈《평양지》(1957년 국립출판사판)와 일반 향토사 편찬에 대한 몇 가지 의견〉, 《력사과학》 4, 과학백과사전출판사, 1958.

金廷美, 〈朝鮮後期 對淸貿易의 전개와 貿易收稅制의 시행〉, 《韓國史論》 36, 서울대학교 국사학과, 1996.

金鐘圓, 〈初期朝淸貿易交涉考〉, 《釜山大社會科學論文集》 20, 부산대학교, 1981.

金泰永, 〈朝鮮前期 貢法의 성립과 그 전개〉, 《東洋學》 12, 단국대학교 동양학연구소, 1982.

金泰雄, 〈朝鮮後期 開城府 財政의 危機와 行政區域 改編〉, 《韓國史論》 41·42, 서울대학교 국사학과, 1999.

_____, 〈朝鮮末 勢道政治下 地方官衙 財政危機의 원인과 실제〉, 《典農史論》 7, 서울시립대학교 국사학과, 2001.

金鉉丘, 〈朝鮮後期 統制營의 財政運營에 관한 研究〉, 부산대학교 박사학위논문, 1994.

박석윤·박석인, 〈朝鮮後期 財政의 變化時點에 관한 考察－1779년(정조 3년)

에서 1881년(고종 18년)까지〉,《東方學志》60, 연세대학교 국학연구소, 1988.

朴鍾守,〈16·17세기 田稅의 定額化 과정〉,《韓國史論》30, 서울대학교 국사학과, 1993.

朴賢淳,〈16~17세기 貢納制 운영의 변화〉,《韓國史論》38, 서울대학교 국사학과, 1997.

백기인,〈18世紀 北伐論과 對淸防禦戰略〉,《軍史》41, 國防部 軍史編纂研究所, 2000.

邊柱承,〈朝鮮後期 流民 研究〉, 고려대학교 박사학위논문, 1997.

徐炳國,〈朝鮮前期의 對女眞關係史〉,《國史館論叢》14, 國史編纂委員會, 1990.

徐台源,〈朝鮮後期 營將制 研究－鄕村支配와 관련하여〉, 동국대학교 박사학위논문, 1998.

송양섭,〈18·19세기 丹城縣의 軍役 파악과 운영－《丹城戶籍大帳》을 중심으로〉,《大同文化研究》40, 성균관대학교 대동문화연구원, 2002.

宋贊植,〈朝鮮時代 還上取耗補用考〉,《歷史學報》27, 歷史學會, 1965.

梁晉碩,〈17, 18세기 還穀制度의 운영과 機能변화〉, 서울대학교 박사학위논문, 1999.

오일주,〈조선후기 재정구조의 변동과 환곡의 부세화〉,《實學思想研究》3, 毋岳實學會, 1992.

禹仁秀,〈朝鮮 孝宗代 北伐政策과 山林〉,《歷史教育論集》15, 역사교육학회, 1990.

柳承宙,〈朝鮮後期 對淸貿易의 展開過程－17·8世紀 赴燕譯官의 貿易活動을 中心으로〉,《白山學報》8, 白山學會, 1970.

_____,〈朝鮮後期 朝淸貿易 小考〉,《國史館論叢》31, 國史編纂委員會, 1991.

_____,〈朝鮮後期 對淸貿易이 國內産業에 미친 영향〉,《亞細亞研究》37-2, 高大亞細亞問題研究所, 1994.

李京燦,〈조선 효종조의 북벌운동〉,《淸溪史學》5, 청계사학회, 1988.

李章熙,〈壬亂前의 西北邊界 政策〉,《白山學報》12, 白山學會, 1972.

_____,〈朝鮮前期 邊界守禦와 土兵〉,《軍史》2, 國防部 戰史編纂委員會, 1981.

李載龑,〈16세기의 量田과 陳田收稅〉,《孫寶基博士停年紀念韓國史學論叢》, 知識産業社, 1984.

310

李姮俊, 〈19세기 中·後半 管稅廳에 대한 정책과 그 성격〉, 서울여자대학교 석사학위논문, 1999.

李憲昶, 〈1678~1865년간 貨幣量과 貨幣價値의 推移〉, 《經濟史學》 27, 경제사학회, 1999.

전장석, 〈향토사 편찬에서 민속에 관한 부문을 어떻게 서술할 것인가〉, 《문화유산》 2, 과학원출판사, 1959.

鄭奭鍾, 〈'洪景來亂'의 性格〉, 《韓國史研究》 7, 韓國史研究會, 1972.

_____, 〈洪景來亂과 內應勢力〉, 《嶠南史學》 창간호, 영남대학교 국사학회, 1985.

鄭演植, 〈均役法 施行 이후의 지방재정의 변화〉, 《震檀學報》 67, 震檀學會, 1989.

_____, 〈17·18세기 평안도 良役制의 변천〉, 《韓國文化》 27, 서울대학교 韓國文化研究所, 2001.

정진영 외, 〈丹城戶籍의 史料的 성격〉, 《大東文化研究》 39, 성균관대 대동문화연구원, 2001.

趙珖, 〈朝鮮後期의 邊境意識〉, 《白山學報》 16, 白山學會, 1974.

趙炳魯, 〈朝鮮後期의 驛誌分析(I)-關西驛誌를 中心으로〉, 《東國史學》 18, 동국사학회, 1984.

_____, 〈조선후기 交通發達에 관한 研究-교통수단으로서의 驛馬確保를 중심으로〉, 《國史館論叢》 57, 國史編纂委員會, 1994.

曹永祿, 〈入關前 明·鮮시대의 滿洲女眞史〉, 《白山學報》 22, 白山學會, 1977.

車文燮, 〈朝鮮朝 孝宗의 軍備擴充〉, 《檀國大論文集》, 단국대학교, 1967.

_____, 〈朝鮮中期 倭亂期의 軍令·軍事指揮權 研究-都體察使·都元帥를 중심으로〉, 《韓國史學》 5, 한국정신문화연구원, 1983.

_____, 〈朝鮮後期 兵馬防禦營 設置考〉, 《國史館論叢》 17, 國史編纂委員會, 1990.

車勇杰, 〈兩江地帶의 關防體制 研究試論-18世紀以後의 鎭堡와 江灘把守의 配置를 中心으로〉, 《軍史》 1, 國防部 戰史編纂委員會, 1980.

_____, 〈朝鮮前期 關防施設의 整備過程〉, 《韓國史論》 7, 國史編纂委員會, 1981.

_____, 〈朝鮮後期 關防施設의 變化過程-壬辰倭亂 前後의 關防施設에 대한

몇가지 問題〉,《韓國史論》9, 國史編纂委員會, 1981.

崔韶子,〈胡亂과 朝鮮의 對明·淸關係의 變遷－事大·交隣의 問題를 中心으로〉,《梨大史苑》12, 이대사학회, 1975.

崔孝軾,〈仁祖代의 國防 施策〉,《東國史學》19·20, 동국사학회, 1986.

_____,〈朝鮮顯宗代의 軍事定策〉,《慶州史學》11, 경주사학회, 1992.

洪種佖,〈三藩亂을 前後한 顯宗 肅宗年間의 北伐論－特히 儒林과 尹鑴를 中心으로〉,《史學研究》27, 韓國史學會, 1977.

홍희유,〈향토지 편찬에 대한 몇 가지 의견〉,《력사과학》3, 과학백과사전출판사, 1959.

_____,〈1811~1812년의 평안도 농민전쟁과 그 성격〉,《봉건지배계급을 반대한 농민들의 투쟁(이조편)》, 과학원출판사, 1963.

鶴園裕,〈平安道農民戰爭における參加層－その中層した性格おめぐって〉,《朝鮮史叢》2, 靑丘文庫, 1979.

_____,〈平安道農民戰爭における檄文〉,《朝鮮史研究會論文集》21, 朝鮮史研究會, 1984.

Michell, Tony,〈조선시대의 인구변동과 경제사〉,《부산사학》17, 부산사학회, 1989.

찾아보기